För den som reser är världen vacker
by Per J. Andersson

旅の効用
人はなぜ移動するのか

ペール・アンデション 著
畔上司 訳

草思社

För den som reser är världen vacker
by Per J. Andersson

Japanese translation and electronic rights arranged with
Ordfront Förlag, Stockholm c/o Agentur Literatur Gudrun Hebel, Berlin
through Tuttle-Mori Agency, Inc., Tokyo

「人は迷った時はじめて、自分のことが分かり始める」

――ヘンリー・デイヴィッド・ソロー

「見知らぬ町で自分が孤独だと気づけば、それは快適この上ない体験の一つだ。その時こそ、冒険のまっただ中にいるのだから」

――フレヤ・スターク

「私は休暇が嫌いだ。身の毛もよだつ。休暇なんか楽しくない。得るところは何もない。みんなは座ってリラックスしているが、私はリラックスなどしたくない。いろいろなものを見ていたいんだ」

――ポール・セロー

まえがき 007
1 閉じられていた戸が開く 015
2 「ここではない、どこか」という憧れ 023
3 「明日は分からない」旅へ 051
4 列車よ、私を遠くに連れてってくれ 065
5 遠く、放浪へ 083
6 さまよう惑星の上を行ったり来たり 105
7 カメのように、カタツムリのように 119
8 何度も戻る。何度も続ける 135
9 いったいなぜ、私たちは旅をするのか 151

10 ヒッチハイクの愉悦と憂鬱 165
11 遠い過去へと戻る旅立ち 187
12 国境を越えて、自由に動き続ける 211
13 自由な旅人、無鉄砲な旅人 223
14 世界の旅行記を旅する 239
15 人は旅で本当に変わるのか 259
16 旅と病の間 279
17 世界の不安と旅不足 301
18 旅の終わりという始まり 335
読めば放浪したくなる旅行記二十二点 345
訳者あとがき 349

凡例

・本書は、Per J. Andersson, *Vom Schweden, der die Welt einfing und in seinem Rucksack nach Hause brachte* (Verlag C.H.Beck, 2018) の全訳である。

・〔　〕は訳者による補足説明を示す。

本文組版

山口良二

本文写真（各章扉）

Adobe Stock（03、07、11、15、17章）

Pixabay（01、02、04、05、06、08、09、10、12、13、14、16、18章）

まえがき

一万三千年前まで、私たちは遊牧民だった。私たちの遺伝子の中には旅心が潜んでいる。地平線や水平線の彼方に行ってみたいという気になるのは遺伝に基づく衝動であり、人類共通の古来の願望だ。旅をしたいという希望は普遍的なのである。

気晴らししたいという欲求は強烈だ。古代スウェーデンの農民たちは初夏になると、敷地内にある質素な「夏のキッチン」と称する建物に移り住むのを常とした。大した移動ではない。五十メートルほど移動するだけのこともあったが、簡素で気ままな生活を体験するにはそれで充分だった。また農民は一家全員で毎年、秋の市と教会の縁日を目的として旅をしたものだ。旅の必要性というよりも、単に何か別のものを見たかったからであった。

しかし、自分の目で世界を見ることができない場合には、世界のほうからこちらに近づいてもらう必要がある。人類が書き記した古代の本はどれも旅日記だ。家族、自宅、畑が理由で旅ができなかったり、あるいは年老いていたり、病んでいたり、ないしは体力の限界があって旅ができない場合には、旅の欲求を満たすそうした本が役立ったと思われる。最古の文学、たとえば叙事詩『ギルガメッシュ』、『オデュッセイア』、そして旧約聖書中のアブラハムの遊牧の旅などはいずれも長旅の話だ。

国連世界観光機関（ＵＮＷＴＯ）によれば、外国旅行を毎年している人は全世界で百万人ほどいる。自国内で休暇旅行をしている人数を加えれば、その何倍にもなるだろう。だがここ何年間か、旅については短所がしばしば論じられるようになっている。たしかに飛行機による環境破壊は否定できない。だが、だからと言って旅の欲求にブレーキをかけることはできないだろう。環境的にはハイキングや自転車という方法はあるものの、飛行機の搭乗回数を減らすことはできないし、列車や船の利用は続くだろう。

旅に出れば、自分の地元集団が抱いている過大な自尊心が抑制される。世の中が、自宅の小部屋に座って思い込んでいたほど奇怪なものではないと知るからだ。だが情報やコミュニケーションが不足すれば、「隣人やオーストラリアの先住民がどうなろうとかまわない」という偏見が生じる。しかし見知らぬ人と接触すればそうした幻想はしぼみ、誤った判断や人種差別は消えてゆく。

外部の情報のみを通じて世間とコンタクトし、居間でメディアにかじりついていると、あっという間に人間嫌いになってしまう。メディアが伝えるのは悲惨な出来事ばかりだから、そんなことばかりに関わっていられないと思うようになるからだ。安全な自宅にいるのがベスト、と考えるようになってしまう。

だが旅をしている人は、新聞が日々報じているほど外がひどい状態ではないことを知っているし、問題が生じている地域にも幸福や美が存在することを心得ている。そして、自分が住み着いている場所だけがノーマルで安全なところではないことも承知しているのだ。

ことによると旅は、世界観を広げる上で有効かもしれない。結局のところメディアの報道だけでは不十分だし、歴史的な見方を怠ることも多い。大体が、もし自然災害が起こらなかったり、選挙が終わってしまったり、ないしは武器が鳴りやんだりするとメディアは沈黙してしまうからだ。

私はスウェーデン人だが、他の文化を体験するために毎回カンボジアやモンゴルといった遠国にわざわざ旅する必要はない。旅を体験して新たな人生認識を得るためには、デンマークやポーランド、ドイツ、スペインなど近隣諸国であってもいい。大事なのは、時間をかけて現実と接触すること。

では旅はどれもすてきなものか？　いや、そんなことはない。世界の人々の多くは貧困や戦争、抑圧から逃げようとして仕方なく旅に出ている。それに、自分の体験の豊富さを友人や隣人相手に話をして自慢するために旅する人たちもいる。だがその一方で、経済的、社会的、ないしは政治的な理由により旅ができない人たちもいる。

さらには国境というものがある。パスポートやビザが人々を分断しているのだ。私たちは、自分たちが特権グループのメンバーだということを忘れてはいけない。スウェーデン人はビザなしで、地球上の百七十六カ国を旅することができる。ドイツ人が旅することのできる国の数はもっと多い。逆に、アフガニスタンやパキスタン、イラク、ソマリア、そしてシリアのパスポートを所持している人たちは、自由に世界中を旅することがひどく困難だ。

それに、旅行をすれば常に新たな見識が得られるというものでもない。地中海ツアーに参加すれば、この上なくすばらしい旅になる場合もあるかもしれないが、同じツアーに参加しても、ウェイターやホテルの清掃係とだけ顔を合わせていたら、帰宅しても外国から戻ってきた感じはしないだろう。いわば閉鎖的な「観光保護区」内にいたようなものだからだ。ツアー参加者が出会う現地の人といえば、ホテル従業員を除けば商店の売り子だけだろう。ツアー参加者は売り子相手に何かを注文したり、値段の交渉をしたり、何らかのサービスを期待したりするだけ。そうしたツアーの参加者は、旅行前から抱いている偏見を強めてしまうだけにもなりかねない。

ツアーの宣伝文句を読むと、旅は日常生活から抜け出すこと、日々の平凡な悩み、ありきたりの苦労からの脱却だと書いてある。ツアーに参加すればパートナーも喜んでくれるかもしれないし、子どももおとなしく振る舞って満足してくれるだろう、とも謳われている。

だがツアー参加者はそうした言葉を信じてなどいない。家庭内の人間関係は改善しないし、子どもたちがけんかをやめないことなどとっくに承知している。それでも旅に出るのは、宣伝文句に記されている「夢の世界」が今度の旅によって実現することを祈っているからだ。現実から離れることで、諸問題が解決することを期待しているのである。

旅とはつまり、仕事から遠ざかる方策であり、「人生に意義を求める日々の闘い」から距離を取る方策なのだ。アリストテレスが「エウダイモニア」（幸福）と呼んだ真の安寧、平穏状態に達しようという野心が旅ほど高まる行動は他にあまりない。

ただし問題は、ツアーの謳い文句である夢が、たいていは夢のままで終わることだ。旅行会社は豪華なホテルと大きなプールを約束する。この世の苦労とは無縁な体験と言っていいだろう。すてきなことだ。

だが「すばらしいと喧伝されていた場所」に実際に着いてみるとがっかりする。レストランの夕食ビュッフェは初日も二日目もほとんど変わりなし。風になびくヤシの葉や、なかば腐っているココナッツは熱帯の美と言えなくもないが、それらが砂浜に散乱しているのを見るのは痛々しい。旅行プランを立てていた時期、あの暗くて寒い冬の時期には暑さに憧れていたくせに、いざ目的地に着いてみると体は汗ばみ息切れがして胸苦しいくらいだ。ツアー参加者の証であるプラスチック・バンドは手首にこすれて痛みを感じる。夢の楽園の地に到着はしたものの、ツアーの雰囲気は相変わらずとげとげしい。

とはいえ、いい面もないではない。だがそのためにはデッキチェアから腰をあげてホテルを離れ、旅先の現実に飛び込んで行かなければならない。そうすればサプライズが目白押しだ。逆説めくが、失望を体験させられたために旅の目的の優先順位を変更し、即興的な行動をとるようになれば、すぐさま幸福が手に入ることもあるのだ。

たとえば、どこかでバスに乗ったり、レンタカーを借りて山中に入ったり、田舎に行ったり、最寄りの町に行ったりすれば、地元の老人たちといっしょにトルコ・コーヒーや一切れのスイカをプラタナスの木陰で味わうことができる。こうした人付き合いをすれば、何らかの政治的対立について別の見方をするようになるかもしれない。またレストランに入れば新たな食体験ができるし、植物園内を散歩すれば、その後自宅の庭のやぶを新たな目で見ることができるようになる――また絶滅に瀕している動物たちをサファリで見かければ、それがきっかけとなって自然保護団体に入るかもしれない。

もし長旅をすれば、帰宅時には生まれ変わったような気がすることだろう。丸々ひと月も旅行すれば、まるで一年間旅していたような感じがするかもしれない。一瞬ごとにさまざまな印象を得ることができるので、人生が濃密になっていく。これに対し、自宅から動かないでいる友人たちは、時間が止まっているような感じを抱いている。不思議なことだが、それが現実だ。

旅嫌いの人は、意外なことが起こると軽いストレスを感じて神経質になることがある。それどころか興奮したり怒ったりすることもある。意外なことはもちろんどこでも起こりうるのだが、できるだけ今までどおりの生活を送りたいと思うのだ。これに反し好奇心たっぷりの旅人は、事態に即応し、異なる習慣や新たな人間関係を理解する。

専門家が言っていることを少しは疑ってみるのもいいことだ。それをまともに信じて不機嫌になったり、何事もうまく行かないだろうと思い込むのは良くない。そうした人たちは世事に異常に無関心になり、引きこもってしまうことになる。

この症状の病因は旅不足だ。これを治すには異文化の地に旅すればいい。不機嫌という病を治すにはまず、自分の安全領域から外に飛び出すことだ。そうすれば、すべてをコントロールしなくても日々がうまく運んでいくと気づくこともある。いったん異文化の中に身を置けば、足が地に着かなくなっても「すべてうまく行くだろう」と信じることができる。

旅とは、未知の音、噂、慣習と相対することだ。当初は不安になり心が混乱したとしても何とかなるものだ。旅に出れば、一つの問題にも解決法が何種類かあることを知って心が落ち着くようになる。そうと分かれば、地下鉄がちょっとやそっと遅れようと、あるいは職場が再編されようと神経にさわることはない。

変化がなければ心は消耗する。だが新たな見方をするようになれば、新たな展望が開ける。旅をすれば感覚が研ぎ澄まされ、世間や家庭内の状況に対して注意深くなる。今まで無関心だったことにも、不意に何かを感じるようになるのだ。今まで見えていなかったことが不意に見えてくるのである。

1

閉じられていた戸が開く

「どうして私は家から外に出たのか？
今から何を始めようというのか？」

1　閉じられていた戸が開く

旅に出る理由

正真正銘の旅人と初めて出会ったのは、私が十四歳の時だった。その旅人（男性）が現れたのは、私が父といっしょにギリシャの島の海辺で居酒屋の日陰の席に座っていた時である。彼は私より年上だったが、父よりは若かった。丈の高いグラスに入ったコーヒーをストローで飲みながら、妙な英語の方言で話しかけてきたのだ。

私は驚いた。私たちのように水着ではなく、これからジャングル探検にでも出かけそうな服装だったからだ。大柄なチェック模様のシャツ、カーキ色の半ズボン、グレーのウールの靴下、そして地中海の夏にしては暑そうな黒のハイキング用ブーツ。

砂浜には脚の長い腰掛けがあり、その脇に彼のリュックが置かれていた。リュックには素材表示の布が縫い付けてあった。その素材がどういうものか、私はよく知らなかったが、あえて訊くほどの勇気はなかった。父がその人に、これからどこに行くかと尋ねるとその人は、まだ決めてないけど、いずれにしてもここには留まらない、とだけ言った。他の島に行くつもりだが、それからまた別のところに行くと。

私はびっくりして耳を澄ませた。私にとって旅とは、ある場所に行ってそこに滞在し、それが終わったら自宅に戻るという日程だった。私たちに限らず、その島に来ていた他の観光客もそう考えていた。

私はその人の言葉をじっと聞いていた。その人の英語は奇妙だったが、それでも大半は私にも理解できた。ただし、その人の話の内容は分からなかった。私にとって旅とはA地点からB地点に行き、それからA地点に戻るものとばかり思っていたからだ。だがその人はAからBに行ったあと、C地点、D地点、そしてE地点に行くと言っていた……その後もずっとそういう風に過ごし、かなりの時間を経てからAに戻るという。ただし、Bに滞在し、そこで新生活を始めるかもしれないとも言った。Bに滞在するかもしれないのだ。ニュージーランド出身で、ずいぶん長い間、家に戻っていないらしい。

彼の話によると、学校の教室では黒板の横に世界地図がかかっていたという。それを見ると、中央にニュージーランドとオーストラリアがあったらしい。

ヨーロッパでよく見かける世界地図ではこの両国は右下の隅にあるが、彼の教室内にあったニュージーランド製の世界地図では、故郷の周囲に壮大な海が広がっていた。他の大陸は左右の隅。

「その世界地図を見た時、とても孤独な感じがした」とその人は口にした。だからこそ今、ギリシャという、地球の反対側の海辺にいるのだとも。

その人はきっとすぐにもバスで港に行き、船でこの島を離れるのだろう。そして、その世界地図の端にある大陸の中を動き回るのだろう。

ずっと後になって私にもようやく、その人のヨーロッパ旅にどういう意味があるかが分かった。見方が変われば、今までずっと宇宙の中心と思ってきた場所が周辺になり、逆に、以前は縁だと思っていたところが中心になるのだ。当時の私にはそのことが分からなかった。だが私はそのニュージーランド人と出会った時、実はその後の自画像を見ていたのである。

とはいえ、その時はすぐさま自宅での日常生活に戻らざるをえなかった。赤レンガ造りの学校、人気《ひとけ》のない郊外の道、暗い秋、静かで無臭の世界へと戻ったのだ。だがその人はその後も半年間、生き生きと旅を続けたことだろう。そう思うと、自分の近未来もそんな風になる気がした。それまで閉じられていた戸が開いたような気がしたのだ。たしかに私は当時まだ十四歳だから一人旅こそできなかったが、心の中でひそかに計画を立て始めたのである。

私の目の前には、おなじみの世界地図があった。子ども時代には地図帳をめくるのが大好きだったが、グリーンランドがひどく広大に見えたこと、そしてスウェーデンがインドとほぼ同じくらいの広さに見えたことに驚いた記憶がある。本当にそうなのだろうか、と思ったものだ。そこで私は定規で測ってみた。私の地図帳では、(『ニルスのふしぎな旅』で有名になった)スウェーデンの南北端の距離と、インドの南北端の距離はぴったり同じだった。なのにインドには五億人の人たちが住んでいて、スウェーデンの人口はわずか八百万人。本当にそうなのだろうか？

ずっとのちになって知ったことだが、私のベッド上の本棚にあったその地図帳は、一五六九年にメルカトルが発表した図法で作成されたものだった。その作図法が原因で、極に近い地域は引きのばされ、赤道近くの地域は縮小されていたのである。だからヨーロッパ、北アメリカ、ロシアが世界を支配しているように見えたのだが、そのことを私は当時、知らなかった。

もし、メルカトルの地図帳を広げていたころに地図作成論争を知っていたとすれば、きっとドイツの地図製作者アルノ・ペータース（通称ピーターズ）が一九七〇年代に発表した新しい世界地図を手に入れて、まったく異なる展望を得ていたことだろう。その地図にはどの地域も正しい比率で示されていたのだ。

その後ついにペータースの地図帳を見た時、私は別世界を見ているような気がした。スウェーデンは南北が短くて東西が広がり、アフリカとインドは南北が延びて東西が狭くなっていた。私はそれを見て複雑な気持ちになった。まるで各大陸が濡れた服みたいに見え、北極地方のハンガーに吊されているような感じがしたのだ。今まで見ていた地図帳に裏切られたような気がしたが、かといって、新しい世界像をそのまま受け入れることもできなかった。こうなると、地図類などは脇に置いて、世の中を自分の目で見るしかない。

金持ちは、うらやましくない

ユースホステルに長逗留する手もあるが、寝袋に入って公園で夜を過ごすという方法もある。

もしどこかの家に招かれてソファーで寝ることができれば上出来だ。そうすればお金も節約できるし、特別な体験もできる。国によっては格安のホテルに泊まることもできる。

当時は、旅行プランを前もって決める人などごく少数だった。一九八〇年代でもまだ誰もが、見知らぬ土地に行けば、あちこち歩き回って宿探しをしたものだ。それは別に必要悪ではなく、有意義なこと、当然のことだった。

私は別に珍しい旅人ではなかった。当時の若者はみんなそういう旅をしていた。むしろ大人とか、地位の安定した人たち、そしてサプライズを避けるために前もって旅行プランを立てるその他の人たちのほうが例外的だった。

もちろん金持ちの息子たちはみんな、飛行機に乗ったりレストランに入ったり高級ホテルに泊まったりしていたが、別にうらやましくはなかった。バックパッカー初心者だった私は、そういう理想像のような世界は見たくもないと考えていた。現実を見て体験したかった。デッキチェアとプールがあれば満足している観光客、自分がどこにいるかもほとんど分からない観光客たちを哀れんでいたのかもしれない！

だが私たちはちょっと高慢だったのだろう。自主的な旅をしている自分たちのことをうぬぼれていたし、ツアー客全員を見下していた。私たちは一般の人たち、つまりは、しばらくリラックスしてボーッと日光浴をしたがっている人たちを批判していたのだが、そういう私たち自身はいったい何者だったのだろう？

現実に直面しておじけづいたことも時にはあった。アエロフロート機に乗ってモスクワとタシケントを経由してニューデリーに向かった時のことを話そう。当初は別段恐怖など感じなかった。たしかに私の母は、パンジャブとアッサム地方の爆弾テロとゲリラ活動を報じる新聞記事を私に見せはしたが、私はそうした地域を訪れる気はなかった。だからすっかり落ち着きはらっていた。だが機がヒマラヤ上空を飛び、赤い朝日がキャビン内に差し込んで来ると不安になってきた。

東洋に接近していることにおじけづいたのだ。あと一時間で東洋。東洋のことを私は何一つ知らなかった。インドで何をするつもり？　着陸したあと、どういうことになるのだろう？　泊まるところは？　しゃべる相手は？　その後はどこに行く？　まったく分からない。

特に不安に感じたのは、人混みと貧しさのイメージだった。一万メートル下に碁盤目状の田畑が見えた途端、その地の困窮ぶりを想像した。今までに見たことのある悲惨と困窮の光景が一挙によみがえってきた。貧弱な畑と異文化が脳裏をよぎる。そしてさまざまな宗教と言語。

私はそうしたことを何も知らなかった。だが、まったく理解できなくても当たり前だと思い込もうとした。何しろ私は、西洋のスウェーデンにあるベスタロースという町で、一戸建ての中産階級の家に生まれたティーンエージャーだ。分かるはずもない。とはいえ今さら戻るわけにもいかない。

脚が震えた。胃に鈍痛。どうして私は家から外に出たのか？　今から何を始めようというのか？

2

「ここではない、どこか」という憧れ

「世界には今、二つの方向が存在する。
一つは、自分の中に引きこもろうとする傾向。
もう一つは、開放的になろうとする傾向」

2 「ここではない、どこか」という憧れ

遊牧民

今から六百万年前、私たちの祖先は木から下りてきた。以来、人類は大半の時間を、あちこち動き回ったり、狩りと採集を行ったり、遊牧民として生活したりしてきた。村を作って定住するという考えは新たな発明だった。それを思いついたのは一万三千年前のことであり、それ以降、私たちは放浪生活をやめ、穀物を栽培するようになった。

だから今の私たちが時々、移動不足を幻肢痛のように感じて、遊牧生活に憧れるのも不思議ではない。遊牧生活の記憶は旅行癖にだけ見られるわけでもない。私たちは動物の背に乗って移動すると、心が落ち着き安心するのだ。

一九九六年十一月。インド・パキスタン間のカッチ湿地帯と広大なタール砂漠を通って、多くの民族が移動した。水と牧草を求めるために、砂丘と、表層が塩の大草原地帯、それに砂利の平地を通って家畜たちを追い回したのだ。この一帯は砂漠であり、パキスタンのシンド州と、

インドのグジャラートおよびラージャスタン州に分かれている。

私はこの地帯に行くといつも、人類古来の遊牧魂を求めてラクダの背に揺られる。ある時、雨期ならではの雨が降ってきたことがあったが、それは過去二十年間で最上の雨だったようだ。おかげでキビが豊かに実り、アカシアの木々が芽を吹き、砂丘に草が生え始めた。「この砂漠がこんなに緑になるなんて考えたこともなかった」とラクダの御者に言うと、彼は私の無知ぶりにため息をつき、肩をすくめるばかり。

私たちのラクダは、丈夫な大型低圧タイヤ装備の木製のクルマを引いていたので、砂の平地を進んでいく間は揺れながらガラガラと音を立てていた。その平地に目をやると、オーストラリア産のバブール（アカシアの一種）と、とげが多くて淡紫色で肉厚の葉っぱを付けた小さな茂み――砂漠のヒース――だけが、過去二年間の乾燥に耐えて生き延びていた。固い地面は、二、三センチの粉砂糖みたいな砂で薄く覆われていた。私たちがサンダルで地面に降りると砂は小さな煙となって舞い上がり、私たちの毛や汗腺にしつこく入ってきたし、歯の間でぎしぎし音を立てた。

カッチ湿地帯のバンニ地方にはビレンダリア、ミサリアド、ルディアアといった名前の村があり、そこには食糧を栽培する者など一人もいない。キビも、レンズマメも、コムギも生きていられないからだ。

私がそのことに気づいたのは、ミサリアドに住むタブハ兄弟のところで一泊した時だった。兄弟は靴屋であり、ダーリット――ヒンドゥー教徒でカースト制度の最下層――だ。男たちは長距離を移動してヤギに牧草を食べさせ、女たちは家の中に座って毛布や小さな襟の付いたカラフルな服を縫って、貧弱な家の中にある棚に積み重ねていく。そうしたものは、国の補助を受けた州の大規模な織物見本市とか、地元ブージの町の市場で売られるのだ。マハトマ・ガンジーの発案によるこの村内産業がもたらす収入により、中産階級とはまったく異なるものの、村人たちも今は生活必需品に不自由しない生活を送っているようだ。

大家族のタブハ家は、干からびてひびが入った茶色いローム層の中庭を囲む住居で暮らしているが、そのローム層には音響を鈍らせる効果があり、あらゆる音が柔らかく聞こえる。一家は何世代も前からここに住んでいる。電気は通じていない。家族の中に読み書きのできる人はいない。

夕方になり暗くなると、男たちは火のまわりに集まってビディ（小さな手巻きタバコ）を吸い、物語を話す。女たちは台所で休み、子どもたちは簡素な住まいの中で石油ランプの白い明かりを浴びながら遊ぶ。

私は明日バスに乗って、広大な塩の平地を通り抜け、ブージの町に行く予定だ。そして飛行機に乗り、一時間後にはムンバイに到着する。晩になったら、カフェ・モンデガーの店内に座り、英語がぺらぺらでケータイを持っているインドの中産階級の若者たちに混じって冷たいビールを飲む。大都市の誘惑とボリウッド（インドの映画界）の電光広告が、夜の街にきらめいていることだろう。

だが今はまだ砂漠の中にいて、中庭で飛び散る火にあたっている。通訳役のフォタ・タブハに頼んで、長男に——彼は五十六歳くらいに見えるが、正確なところは誰も知らない——、「ミサリアドの出身者で町に移った人はいないか」と尋ねてもらった。町と言っても、それはこの地方の中心都市でほこりっぽいブージのことであって、現代都市ムンバイではない。「一人もいない」と言ってしゃがみ、ぱちぱち燃えているタバコを吸った。「私の世代にも、両親の世代にも、そして祖父母の世代にもいない。私の記憶をたどる限り、一人もいないな。町に出る人なんていないんだ」

彼はタバコを長く吸い込んだ。

「明日、私たちは西のほうに移動して、茂みと葉っぱを探すんだ。ヤギの餌にするんだよ。でも晩にはここに戻ってくる」

彼の表情、口の利き方には落ち着きがある。それが私にはうらやましかった。

ラクダの背に乗って

その二年前、同じ砂漠、四百キロメートル北でのこと。

「ハア、モウウアア!」。ヴィシュナラムはそう叫んで、ラクダたちを追う。ラクダは、几帳面にすぼめていた脚を崩し、ヘビのようなまだら模様の首を太陽のほうに向け、腹立たしげにうなる。鈍い音でのどを鳴らしているのだが、その音がずいぶん下のほうから聞こえるものだから、まるで胃の底から絞りだしているような感じがする。こうしてキャラバンは動き出す。

私たちは、片側の脚を同時に前に出しながら砂をすりつぶすように揺れて進むラクダの背に乗って、いつまでも変わらない砂漠の風景の中を前進してゆく。赤くて石だらけの平地。次は、砂が干上がった小川の跡。栗色のひび割れた大地——乾燥と過酷さのシンボルだ。高さ十センチメートルのモンスーン地帯のワタスゲが、午後の陽光を受けて銀色のような微光を放っている。柔らかくて溝だらけの砂丘には、かさかさと音を立てる茂みと、じゅうたんのような草原が点在しているが、そうした砂丘も、風や動物、そして人間同様に西に向かって移動していく。

ここで聞こえてくるのは、食器がカタカタ鳴る音と、水が入った容器がパチャパチャいう音、革製の鞍がきしむ音、そしてラージャスタンのラクダ統率者の朗々としたおしゃべり。それだけ。

私はラクダに乗ってヴィシュナラムといっしょに進んでいたが、その時、彼が何ごとか私の背後でもぐもぐ言ったので、きっと私に話しかけているのだと思った。だが不意に、十メートル先でラクダに乗っているルパ・ラムがヴィシュナラムに答えた。砂漠には途方もない音響効果がある。音は、まるで耳に綿を詰められたかのように弱まって柔らかく聞こえることもあるが、かみそりのように鋭く聞こえることもある。サバンナと同じだ。大海にいる時と同じだし、スウェーデンのフィエル（樹木のない高原）にいる時と同じだ。

不意に、突風の中からイヌたちが吠える声が聞こえてきた。だがイヌも人間も、そして村も見えない。それは実は金属の鐘が長く鳴る音だった。その後、私たちはヒツジの群れと出会った。その次は奇妙なピストル音。ラクダに三十分間乗り、丘の周囲や砂の海を通過したところでようやく、その発信源が若者たちだと判明した。鞭をパンパンと鋭く鳴らしたのであり、モンスーンで成長したキビ畑からカラスを追い払おうとしたのだ。

砂漠に雨が降った。ようやく！　だが生命に必要な小川、命を育む水は砂の中に流れ込んでいく。窪地の縁から水があふれ、泉の水面が高まる。そしてついに、何年も砂の中にあった種が成長し、発芽する。砂漠が緑と化すのだ。

砂が移動して砂丘を形成するため、道は閉鎖される。こうなると草原の中を進むことになる。午後になると、疲れたラクダたちはゆっくり単調に揺れながら前進するようになる。

後方から男たち四人がラクダを走らせて接近し、私たちを追い抜こうとする。ラクダにしがみつこうとせず、またがっているだけ。それでも不安はないようで、それどころか楽しんでいるようだ。そのうちの一人がタバコに火をつけ、私たちにどこから来たのかと尋ねる。こちらの答えを聞くと私たちのことをじっと見つめ、それから急に全員がスピードを上げ、私たちの周囲を快速で駆け巡り、アクセルでも踏んだかのように丘の背後に姿を消した。まるで芝居みたい、踊りみたいだ。

砂漠の中の城の町ジャイサルメルは、何時間も前にもう地平線の背後に消えてしまって姿は見えない。まるで夢のよう、幻影のようだ。

私は、麻製のあぶみが付いた鞍にまたがって快適に揺られながら、地球上でも最大級の砂漠地帯を通過していた。ここはかつて交易のキャラバンが通り抜けたところ。デリーからタール砂漠を通ってダマスカス、メンフィス（カイロ南方の古代都市）、アンキュラ（アンカラ）、そしてビザンティウム（イスタンブール）に至るルートだ。

当時ラクダは、ドゥカーテン金貨や金銀の物資を満載していた。その後は香辛料のコショウとカルダモン。マルコ・ポーロやバスコ＝ダ＝ガマ、そしてフェルディナンド・マジェランが新交易路開設可能と信じて大海を渡るまでの千年以上、商人たちは絶えず、アジアとヨーロッパという大陸間を往復して旅していた。インドに向かう香辛料の交易路は、中国をめざすシルクロードや、ヨーロッパ域内のローマ人の道路網と結びついていた。東は中国の上海から西はスペインのカディスに至るまで、距離にして十万キロ。

今から五千年前のこと、人類はラクダのこぶが脂肪をエネルギー源として蓄積できること、他の運搬に用いていた動物より乾燥に耐える能力を持っていることを知り、ラクダの家畜化を始めた。人間なら死ぬほどのどが渇いても、ラクダなら水分を摂取しなくても歩行できる。ラクダは水分を餌から吸収するが、その尿はどろっとしているし、糞は非常に乾燥していてもろいので、ベドウィン人は火をつけて燃料にする。しかもラクダは、信じがたいほどの量の水分を一気に飲むことができるし、人間のように塩分不足に苦しむことはない。

史上初めてラクダを飼いならしたのは、ソマリアやアラビア、バクトリア（現在のアフガニスタン、ウズベキスタン、タジキスタン）の鉄器時代の人類であり、彼らはもちろんこうした特性を心得ていた。今なお砂漠地帯では、定住者も遊牧民もその恩恵を被っている。

ラバリ族もそうで、何千年にもわたりラクダとともにインドの砂漠を移動している。ラバリというのは元来「外で生活する者」の意であり、時代の流れに合わせて今は半遊牧の暮らしを送ってはいるものの、移動生活もしている。夏になってモンスーンの雨が降り、動物たちにたっぷり飲み水がもたらされると彼らは定住するが、冬には雨は一滴も降らないので彼らは移動する。

そして毎年、緑なす夏と干からびた冬にはさまれた時期には、何十万という人間とラクダが、世界でも最南端の動物市場が開かれるプシュカルの町外れに集まる。そこでは一週間にわたり、ラクダのこぶで日射しを避けながら、ラクダに次々と値を付け、値引き交渉をし、買っていく。

私は夜明けにこの砂漠のイベント会場に到着した。その時ラクダはほこりっぽい砂の平地でまつげの長い目を開け、長い首を天に向かって伸ばし、宇宙に向かって吠えていた。その声は、まるで悪魔が頭痛を感じて目覚めたかのようだった。臆病そうな鈍い音だったが、同時にヒステリックにも聞こえた。

その後、一回目のメガホンが鳴る。さらにもう一度、さらにもう一度。つや消しのアルミニウムでできた簡素なメガホンから大音響で流れているのは、インドのポップミュージック。日の出から十五分間、市場にはさまざまな音が入り乱れる。耳がふたたび休めるのはそれから十七時間後、つまり真夜中の鐘が鳴る時だ。

人々はラージャスタン州周辺の村々からウマに乗ってやって来たり、スクラップ同然のバスで広大な砂漠を通って来場する。多くの人々はラクダやウシ、ウマ、ロバを連れているが、他には、興奮しながら市場を楽しんだり雑踏を眺めている人たちもいる。

その日のラクダ取引がすべて終わると次は祭りだ。大観覧車が、小型オートバイ用のエンジンで回転し明滅する。小さな手織りの舟形ブランコがきしむ。

祭りと市の日々は、穏やかな喜びにあふれる。だがそれ以外の時期には、定住している農民と移動する遊牧民の間でひんぱんにもめ事が起きる。砂の大海原の果てを眺めていると、赤い日没を背景としてラクダのシルエットが見えた。

遊牧民は危険分子?

なぜ半遊牧民はあんなにも定住民を挑発するのだろうか? 遊牧民が動けばたしかに危険が発生する。そのことを知っているのは、インドの砂漠を移動しているヒツジ飼いだけではない。さすらい人と定住者は、歴史を通じて再三、対立してきた。

旧約聖書の創世記第四章の記載によれば、エバは二人の息子を産み、一人はアベルという名でヒツジ飼いになり、カインのほうは土を耕して定住した。二人の生活の相違が争いの元になった。ある時、カインは主のために地の作物の中からささげ物を持って来る。一方のアベルもヒツジの初子の中から最良のものを持って来る。主は、アベルとそのささげ物には目を留められたが、カインとそのささげ物には目もくれない。そこでカインはひどく怒り、顔を伏せる。

神は農民のささげ物より遊牧民のささげ物のほうを喜ばれたのだ。だからカインは嫉妬してアベルを殺す。少なくとも聖書によれば、これが人類初の殺人だ。

それ以来、定住民は、遊牧民として暮らし続ける少数者たちが気に入らない。だが何が気に入らないのか? 遊牧民は、一年のうち一定期間だけ、しかも一定地域を横切ろうとしているだけだ。遊牧民は農民の所有地を移動することによって農民に不利益を与えたか? ことによると農民は遊牧民の移動をねたんでいるのか？

このいざこざを解決するには、遊牧民を農民化するか、あるいは、遊牧民の姿を見ないようにすることだ。ポーランド出身のユダヤ系イギリス人である社会学者ジグムント・バウマンはこう言っている。「彼らは不必要だし、不都合だし、勝手に動いている――どうすればいいというのだ？　要するに、見なければいいのだ」

片方にとって安全なことは、他方にとって脅威を意味する。遊牧民は、定住という考え方に、つまり土地を所有するという考え方に怒りを感じているのだ。遊牧民にしてみれば、政治的な境界線と土地所有は常軌を逸しているのである。

旧約聖書以前の長期にわたり、遊牧生活の中心地はアフリカ東部のサバンナと中央アジアの草原、そしてアフリカ北部の砂漠、さらには中東、中国、インドだった。そこにはスキタイ族やフン族、キンメリア族、トルクメン族、モンゴル族がいた。他にもトゥアレグ族やマサイ族、ベドウィン族――そしてラバリ族がいた。そこにはウマ、ウシ、ヒツジ、ヤギ――そしてラクダがいた。そしてテント、ユルト、風よけがあった。

パンにはイースト菌が入っていなかった。このことは聖書にも記載がある。快速で移動するので、イースト菌が膨れるのを待っていられなかったのだ。火を囲んで星空のもとで物語を弁じたが、それは、暗闇では他に何もできなかったからだ。

私たちは定住するようになって以降、移動を続ける少数部族を怪しい人たちと見なすようになった。ヨーロッパ人からもっとも蔑視されている民族の歴史は千年前に始まった。戦争王マフムードが、現在のアフガニスタンにあったガズニー朝の城を去った時である。マフムードは南東に向かい、インド北部の平地に位置するヒンドゥー教の町メーラト、マトゥラ、グワーリオル、さらにはインド洋に面するソームナートへと進撃した。彼は各地方のヒンドゥー教と仏教の支配者たちを征服し、そうした人々を家臣とし、各地の民衆を自軍に引きいれ、新たな宗教を押し付け、彼らの寺院を略奪した。

インドでは、恐怖のイスラム教徒マフムード王の話が現在もなお学校で語られている。同王はハンマーをつかみ、ソームナート寺院にあったヒンドゥー教の神のシンボル、金粉を塗ったペニスの彫刻を粉砕した。そしてその残滓をガズニーに持ち帰り、新たな金曜モスクの建設に用いた。

だが中世においてインド人の一群は、砂漠と農地の征服に歯向かって移動を始める。おそらくこの一群は武士階級クシャトリアに属する人たちであり、地元社会で尊敬されており、自尊心が強かったので、他者と折り合うのを嫌ったのだろう。だからこそ西方への逃亡を決心したのであり、新たなイスラム教支配者から逃げたのかもしれない。

その子孫は何百年にもわたって西方への移動を繰り返した。日射しをいっぱいに浴びる砂漠では、トウモロコシとコムギの畑を作ろうにもかさかさになってしまった。移動中やテント暮らしの最中には、西方へと向かう他の遊牧民とも遭遇した。その中には、戦争から逃げてきた民族もいたし、貧困やカースト制の抑圧から逃げてきた民族もいた。

そうした諸民族はサンスクリット語から派生したさまざまな言語、たとえばヒンディー語やパンジャブ語、ラージャスタン語を話した。彼らはたがいに理解し合ったので、新たな生活環境の中でしだいに一団の民族グループと見なされるようになった。

彼らの中にはエジプト、そしてその後はアンダルシアやクレタに住み着いた人たちもいた（一三二二年にクレタ到着という記録がある）。その他の人々――おそらく大半は――アナトリアに向かい、同地で男たちはアルメニア系領主のもとで仕事に就いた。

だがその後のある日、彼らはさらに西方に向かい、兵士や鍛冶屋、手工業者になった。音楽家になった人たちは、インドの砂漠に由来する物悲しい遠吠えのような横笛と弦楽器の音楽を演奏した。年月を経るとともにターバンはフェルト帽に代わり、サリーは洋服に、そしてカマイチャやラヴァナハッタといった弦楽器はギターやヴァイオリンに取って代わった。だがラージャスタン起源のカルベリア・ダンスは西方でも存続した――両手を高く上げながら、上半身をすばやく回転する踊りである。

ルーマニアでは、一所に落ち着こうとしない態度が疑われはしたものの、その見事な職人技で生計を立てた。だが十四世紀になると、東方から来たこの遊牧民は捕らえられ、封建領主と修道院のもとで奴隷のような生活を余儀なくされる。

ただし、まだ自由の身だった人々はさらに西方ないし北方へと逃亡した。一五一二年のストックホルム市会議事録の中には、聖ミカエル大天使の日（九月二十九日）に町に入ってきた異国人たちのことが記載されている。とはいっても大勢ではなく三十家族未満だったが、彼らはそれまで誰も耳にしたことのない言葉を使っていたので、おそらく巡礼者だろうと推測された。

宗教遍歴を行っている人々は尊敬されることになっていたので、人々から施しを受け、宿を与えられた。神に近づくための遍歴は正当と認められていたが、仕事にあぶれて遍歴すればもちろん疑問視された。

彼らは聖ラウレンティウスの名を冠した宿に泊まることを許され、二十マルクを与えられた。スウェーデンの宗教改革者・神学者オラウス・ペトリは『スウェーデン・クロニクル』にこう記している。

「小ステン・ストゥーレが指導者になった年に、放浪する民衆の一群がやって来た。タッタレと呼ばれた彼らはこの地に入り、ストックホルムに向かった。それまで見かけたことのない人たちだった」

当初は手厚くもてなされたが、すぐさま敵意が生じた。一五一五年にはもう町から追放されたのである。ストックホルム市会議事録にはこう書かれている。「タッタレは、市内に留まって市民に不快感を与えることを許されていない。卑劣な行為を働くからである」

キリスト教のコンスタンティノープルがイスラム教のトルコに征服されてから、まだ六十年しか経っていない時期だった。イスラム教が拡大するかもしれないという不安がとても大きかったのである。そこでグスタフ・バーサはその遊牧民たちをトルコのスパイとして有罪とし、その一団の男を全員殺すよう命じた。

その一団は当初エジプト人と推測されたが、すぐさまタタール人だと推察されるようになった。タタール人は当時、ロシアと中央アジアの各地で暮らすトルコ系民族の一つだった。だからスウェーデンでは「タッタレ」と呼ばれたのである。

インドからやって来たこの遊牧民は、ヨーロッパ各地に姿を現したが、絶えず移動しているという理由で危険分子と見なされ、追放されることもあった。だが鍛冶や手仕事に長けているという理由で厚遇されることもあった。しかし、たいていはうまく行かなかった。定住民の集団の中に二度と入ってはいけないというような扱いだった。

彼らはその後もスペイン語、フランス語、英語ではエジプト人と呼ばれたが（ヒターノ、ジタン、ジプシー）、ギリシャ語、イタリア語、ドイツ語、スウェーデン語では別の単語が用いられた。つまりツィンガニ、ズィンガロ、ツィゴイナー、シイェーナレである。その語源はギリシャ語でアティンガノイ、すなわち「他人と触れ合おうとしない人」という意味だった。

とはいえ、ヨーロッパの農村社会内にも移動する人々はいた。故郷で生計を立てられず、放浪せざるを得なくなった人たちである。彼らは時には食糧を盗んだり、勝手に農家の納屋に住み着いたりしたので、牢に入れられることもあった。そもそも故郷の共同体以外の地に滞在することと自体が犯罪行為だったので、無宿者は強制労働をさせられた。

ヨーロッパで工業が発展すると、そうした人たちは急増した。だが全員が、畑や作業場での仕事から工場での仕事へと順応できたわけではない。ハリー・マルティンソンの小説『クロックリーケへの道』（一九四八年）の主人公ボレは父を手本として、タバコを巻く仕事を覚える。だがその仕事は機械に奪われてしまう。彼は新たな環境を受け入れられない。選択肢は二つだけだが、いずれにせよ旅だ。一つはアメリカへの移住。もう一つは放浪者になること。

ボレは放浪することにする。その結果、定住者に苦しめられ非難を浴びせられる。彼は涼しい夏の夜、森の中を通り抜け、湖畔を歩きながらこう考える。

「放浪に対して告発が重なってくると、その罪は、殺人や放火、器物損壊を犯した人が着せられる罪より重くなる。人を殺しても十年後に恩赦を与えられる場合があるが、放浪者が何度も脱獄して放浪すれば十五年間の強制労働を課される場合もある」

定住者が放浪者に対して感じる不安は、きれいに整った部屋の中に「はしこい子ども」を放置した時に大人が感じる不安と似ている。こうした不安は、さまざまな生活条件やコミュニケーション不足とも関係がある。「定住者の不安は、放浪者が『今後何者になるか分からない』と感じる不安だった」。一方、放浪者のほうは、定住者が自分のことをどう思っているかと恐れを抱く。「放浪者の不安は、『今後何者になるか分からない』と見なされること、つまり誤った評価をされることだ」

放浪者はさまざまな不安に適応する必要がある。だから、ボレはこう理解する。放浪には真の自由はない。あるのは不安だけだ——自分と他人の不安に慣れるよう絶えず要請されているわけだ。だが彼はそれでも喜びを感じた。少なくとも時々は。それは生きている喜びだ。太陽と月から、そして無限の森からじかに受ける喜び。一日中カビくさい作業場に閉じ込められていたら絶対に感じることのない喜び。

日の出と日の入りを目にすること。顔で風を感じること。そして脚の疲れ、海や湖、そして大地のにおい。道に何かが出てくることをいつも想像し、次の道を曲がってその何かを追いかける。

貧しさゆえに生じる自由は癖になる。放浪者は食べ物を乞うと、すぐまた放浪に出る。「道は絶え間ない刺激を彼らの目に流し込んでは、足の先から流れ出てゆく。絶え間ない刺激は、自己の中で満たされる。ただし条件が一つだけある。それは放浪を続けること」

スウェーデンでは当時、遍歴と放浪は同義だった。あえてそれを実行する人は怠け者、居候と見なされていた。一方、定住者は汗をかいてパンを手に入れる人たちだった。遍歴者は仕事をしない寄生虫であり、相手には何も与えず相手から何かをもらう人を意味した。つまりは他人にたかる人である。絶えずタバコと小銭を借りるくせに、何のお返しもしない腹立たしい連中だった。十九世紀においては、定住している農民や法の立場から見れば、突然現れては何の役にも立たずに立ち去ってしまうどうしようもない輩は、連帯意識のない不道徳な卑怯者だった。

放浪という新しさ

だが大西洋の向こう側では事情が異なった。英語ではそうした人間はヴァガボンド、バム、ホーボー、トランプと呼ばれた。二十世紀初頭にアメリカを遍歴していたホーボーの一人にネルス・アンダーソン（一八八九〜一九八六）がいる。彼はありとあらゆる仕事を行い、小屋で眠り、鉄道に無賃乗車をしながら旅をしたが、その後学者になって社会学博士号の試験を受け、人生の大半を放浪者の研究に費やした。

一九二三年に刊行した著書『ホーボー——ホームレスの人たちの社会学』で彼は、人はなぜ放浪者になるのかと問いかけた。そして「人は必ずしも悪が原因で放浪者になるのではない。人間には放浪癖があるのだ」と主張した。放浪者はたしかに貧しいかもしれないが、放浪には見知らぬ場所や状況への憧れがあると説いたのである。

しかも放浪は一九二〇年代までのアメリカ青年たちにとっては一つの生活様式だった。彼らの力によって道路や鉄道が整備され、新たな鉱山が採掘されたのである。『チャップリンの放浪者』に描かれているのはたしかに悲劇的ではあるが、同時に愛すべき人物である。

アメリカのホーボーには伝染力があり、この傾向はアストリッド・リンドグレーンの著書『さすらいの孤児ラスムス』（一九五五年）を通じてスウェーデンに到来した。パラダイス・オスカーは古風な貧しい放浪者だった。それにしても何という名前だったことか！　その中で彼は歌（放浪者の歌）をラスムスといっしょに歌っている。

あの放浪者を見ろよ、
やつは神の小さな光さ。
春になったら、
やつはよそに行って、
冒険をやらかすんだ。
道が続く限り、やつは進んでいく。

やつには、憧れと衝動があるんだ。
お日様が出ると、
やつは頭がヘンになり、
やる気が出るんだ。
やつは鳥のように自由になりたいんだ。
鳥のように自由に。

二度の世界大戦で厳格な制限を課された中・上流階級の人々は、閉塞感に耐えきれなくなっていた。だが同時に豊かさも増したし、労働時間も短くなり、休暇も増えた。多くの西欧人とアメリカ人は、二、三週間の休みの間、じっとしているだけでは飽き足らなくなり、定住地から出て自由になりたがり、ドロップアウトを夢見るようになった。放浪を楽しみ、ロマンティックな遊牧の考えを抱き、アフリカとアジアの砂漠でキャンプファイアーを囲んで座りながら道について話し、人生計画に埋没した定住生活、毎日が同じ繰り返しの悲しい定住生活について論じたくなってきた。こうして西側中流階級の放浪生活は始まった。

作家ジャック・ケルアックの『路上（オン・ザ・ロード）』に刺激されて、ビート世代が出現した。アメリカ大陸をあちこち旅し、ビーバップを聴き、クルマとバスで移動し、ヒッチハイクし、浮浪者を演じ、貨車に無賃乗車してユタ、アリゾナ、コロラドの不毛の荒野を通り抜けて西部に向かって旅をする。

その後ヒッピーが出現する。反戦と反共を訴え、「ヒッピー・トレイル」でヨーロッパからアジアへと陸路を旅した。さらには各種各様の遍歴グループが出現した。バックパッカー、インターレイルパス〔ユーレイルパス（ヨーロッパ周遊鉄道乗車券）とほぼ同じ意味の周遊券〕の利用者、そして船や飛行機で旅する人たち。かつては貧者と社会のくず専用の逃げ道だった行為が、今や、富者がみずから選択する自由へと変容したのだ。私もその一人だった。

私が独断で行った初の旅について話そう。持参したズック製の小さなリュックに横たわりながら、ごく少額の旅行小切手と、エルサレムの公園の草地で誰かと交換して手にしたシェケル・コインを持って、キュウリをかじっていた。私の予算ではレストランでの食事など不可能だった。

今夜はユースホステルのホールでシュラーフで寝よう。明日は他の二、三人のヒッチハイカーといっしょに岸辺で火を囲もう。来週はバスで砂漠を横切りカイロに行こう。幸福感がふつふつと湧いてくる。鳥のように（ほとんど）一文無しだが、（ほとんど）自由だった。野バラなどが小さな茂みをなしているスウェーデンのテラスハウスの街区にいたら体験できないようなことを味わえるんだと（すっかり）確信していた。

そんな放浪生活ができるのも、いざとなれば戻る家があるからだということが分かっていなかった。いつでも放浪を打ち切って実家に戻れたのだ。両親の許に帰れば豊かな生活ができた。他の人たちが懸命にサバイバルしようとしている日常生活が、私や他の放浪者には遊びに見えていた。

映画『わたしに会うまでの1600キロ』（二〇一四年公開）の中にこういうシーンがある。主演女優リース・ウィザースプーンが高価なハイキング・シューズを履いて岸辺に立ち、ヒッチハイクをする。一台のクルマが停まり、中から『ホーボー・タイムズ』の記者が飛び出してきて、ホームレス生活について質問する。

「わたし、ホームレスじゃないわよ」。彼女は相手の質問を無愛想にさえぎる。「勝手にここに来ているだけで、これからパシフィック・クレスト・トレイルを進んでいくの」

だが記者は先入観をぬぐいきれない。この女性は社会の落伍者に違いないと思い込んでいるのだ。ここはアメリカ。クルマを降りて歩き始めているからには困っているに違いない。あるいは脱獄したか、これから家宅侵入しようとしているか。アメリカ全土、それも特にカリフォルニアの住宅地では、歩行者は社会的な出来損ないと見なされ、犯罪者の可能性が強いとされる。

この映画の元になったのは、アメリカ人シェリル・ストレイドの自伝だ。彼女は二十二歳の時、生活が破綻する。母親が若くしてガンで亡くなり、一家が崩壊してしまったのだ。シェリルは日常生活と夫から逃げ出し、何人もの男性と異常な恋愛関係に陥る。その男性陣の中に麻薬服用者がいて、シェリルもすぐさまヘロイン中毒になる。彼女はすべてを失う。自信も、人生行路も、人生の意味も分からなくなる。そこで彼女は、自己嫌悪に対する一種のセラピーとして三ヶ月間、メキシコからカナダ国境に向かって一人さすらう。

雪と砂漠の中を通り、小さなハイキング・シューズと重いリュック姿で寂しく歩く彼女は、放浪者がしでかすあらゆるミスを犯すが、そうした失敗から学んで、最終的には自分を大事にするようになる。そしてふたたび定住し、夫、子どもといっしょに暮らすようになる。

シェリルは、人生の中の一定期間、放浪を味わうことにより自分を救ったのだ。放浪とは、必ずしも貧困や抑圧からの逃亡を意味するだけでなく、精神の向上を表すものかもしれない――そう考えれば、パシフィック・クレスト・トレイルを進むシェリルのセラピー的な放浪もそうだったのだと合点がいく。

精神的な放浪には長い歴史がある。イエス・キリストは自分の支持者たちに、所有物をすべて捨てて放浪者になるよう求めたし、アジアでは放浪は最良の宗教的行動の一つとされる。現にブッダの支持者たちやヒンドゥー教の聖人たちは俗世を捨てて自宅を後にし、啓示を求めて放浪する。

類似の放浪は世界の主要宗教の中にも見られる。キリスト教、ユダヤ教、イスラム教、ゾロアスター教の伝道者たちは、中東の砂漠での放浪を精神の核心と考え、巡礼を説いた。具体的にはトロンヘイム（ノルウェー）のニーダロス大聖堂への巡礼や、サンティアゴ＝デ＝コンポステラの聖ヤコブの墓に至る旅、そしてクンブメーラと呼ばれるヒンドゥー教の巡礼、さらにはメッカのカーバ神殿に至るイスラム教徒の旅――これらは定住民たちの嘆きを癒やすセラピーであり、遊牧民の放浪を儀式化したものである。

遊牧民が行った放浪は、今なお私たちの遺伝子の中に宿っているらしい。いずれにしてもハリー・マルティンソンはそう考えた。人類は何千年間も遊牧癖を排除しようとしてきた、と彼は書いている。商船の水夫としてアジアや南アメリカへ行ってから二、三年後のことだ。彼は「人間はまるでウマのように全世界で耕地を踏みしめている」と書き、批評家から嘲弄された。

彼は無階級社会だけでなく遊牧生活も視野に入れていた。絶えず動いている人たちのことも見つめていたのだ。「私が見ているのはユートピアだ。それは地上でダイナミックに組織された遊牧生活であり、放浪のプロジェクトである。このプロジェクトの目標は、精神、感情両面における普遍的な個人だ」

彼は、一九三一年に発表した文章の中で、世界の遊牧生活化を提唱し、将来性のある前兆としてソ連を挙げた。「ロシアでは、壮大な農場で新たな集団耕作が行われている。労働者たちは収穫期に入ると（中略）草原内の各地に移動する」。彼は確信に満ちて革命的ビジョンを以上のように要約した。そして、すべての文化は、すべての地球人が全世界的な遊牧民になるという最高段階に至るまでの局面にすぎないと述べたのち、こう記す。

「私たちに真理と先見の明を与えたまえ。私たちにさすらい人の歌をいっしょに歌わせたまえ。私たちは最初のシグナルを耳にした。私たちは今、進行中である。私たちは前進している――未来に向かって」

国家とコスモポリタン

絶えず前進している人々。国境なき世界。なぜ私たちはそうしたユートピアに心を奪われるのだろうか？　それはユートピアに他ならないからか？　十九世紀と二十世紀においては、コスモポリタンとは故郷を持たない人たちのことだった。そうした人たちは、民族国家の存在しない世界に憧れていた。

第一次世界大戦に先立つ数十年間、帝政ウィーンはヨーロッパ域内においてコスモポリタニズムの都市であり、さまざまなヨーロッパ文化が共存していた。それ以前の時代には、愉楽の旅に対しても移民の旅に対しても、移動の自由を制限する厳格なルールがあった。スウェーデン人は長い間、国内外を旅する際には、地元自治体が発行するパスポートないし通過許可証を持参する必要があった。

だが一八六〇年に、スウェーデンや他のヨーロッパ諸国は国境通過を自由化した。その後、ヨーロッパでは——ロシアは例外として——、自由に旅ができるようになった。「人間はもっと良い生活を送るべきだ」と人々は主張した。たしかに、もし外国人がスウェーデンで店を開こうとすれば、まだそれなりの許可が必要だったし、一文無しの旅人は捕らえられて追放されはしたが、お金さえあればパスポートなしでヨーロッパ全域を歩き回ることができるようになったのである。

だがその陰で、国家や民族、言語という考え方が肥大化していた。そこから民族主義的な考え方が出てきた。国家とは民族国家のことだと言われ始めたのだ。コスモポリタン的なハプスブルク帝国は今にも崩壊寸前になった。

一方、隣国ドイツでは民族主義が高まりを見せ、次第に国家を思考と文化によってではなく、

「血と大地」で統一しようと主張する人たちが増えていった。ハインリヒ・ハイネは死ぬ直前の一八五六年にこう断定している。

ドイツ人の魂は「……偏狭になっていくだろう。寒気を浴びた革のように縮まって外国を憎悪し、もはや世界市民でもヨーロッパ人でもなくなり、ただの、心の狭いドイツ人になりさがるだろう」

ハイネは間違っていなかった。その後、戦争が到来し、試練と塀、そして壁の時代がやって来た。

スウェーデンは一九一七年にふたたび、パスポートとビザの制度を導入した。ヨーロッパ各国も同様だった。多くの人々はそれを戦後の暫定措置と見なした。面倒なパスポートなどすぐにまた消えるだろうし、国境は開放されるだろうと思っていたのだ。だが二度とそうならなかった。

ナチスが支配するドイツでもしコスモポリタン扱いされれば、それは死刑を意味した。組織的な大量殺戮の犠牲者は全員、コスモポリタンとされていた。ナチスがユダヤ人と呼んだのはコスモポリタンのことだった。スターリン主義者がコスモポリタンと呼んだのはユダヤ人のことだった。

民族主義者ではないと自称すればコスモポリタンとされた。ロマや放浪民族もそこに含まれたし、ある時にはある国、そして次の時には別の国に滞在し、各地の習慣を会得はするがどれかの民族グループに忠誠を誓うことのない人々や、国境の向こう側の人々に共感する人たちはコスモポリタンとされた。

場合によっては彼らは敵と同族かもしれなかったから、彼らは、「国家および軍に対して忠誠を誓うことを国民に求める国」においては、信頼できない連中とされた。そうしたいまいましいコスモポリタンなら、他国の人間を殺害せよと命令されてもためらうかもしれないと言われた。

ドイツの社会学者ウルリッヒ・ベックは、その著書『コスモポリタニズムの視点――戦争は平和だ』（二〇〇五年）の中でこう書いている。人はコスモポリタンのことを「根なし草、敵、虫けらのどれかであり、追放ないし根絶していいと思っている。あるいは、そうすべきだと考えている」

ノーベル賞受賞者ネリー・ザックスは、一九三三年に自著を焚書にされ、その数年後にスウェーデンに亡命した人物だが、彼女は明晰な視点からこう断言している。「故郷を失った代わりに、私は世界の変化を把握した」

こうした声明を発する人が現代ヨーロッパにいるだろうか？　今はむしろしばしばこういう声を聞く。「ここは私たちの故郷だ！　国境を閉鎖せよ！　おまえたちは元の場所に戻れ！」

不平等かつ不正な世界においては、コスモポリタニズムという考え方はユートピアに近いのだろうか？　実際には通用しないのだろうか？　そうしたことを口にすれば、周囲から見捨てられたような気がするのだろうか？　混乱が生じるのだろうか？

ドイツの作家・劇作家ハインリヒ・ラウベは、十九世紀なかばにドイツの狭隘さを批判して何度も入牢させられた人だが、彼は陰鬱な調子で、こう言い放った。「愛国主義は不公平で貧弱な考え方だが、大衆にとっては有益であり、人々に安心感と喜びを与える。それに反してコスモポリタニズムはすばらしくて壮大ではあるが、一個人にとっては巨大すぎる」

その百年後にウルリッヒ・ベックはこういう要旨を示しただけだった。「何といっても、故郷には今なおセラピー効果があるが、仮にコスモポリタニズムを信じたとすれば周囲から見捨てられたような気がするかもしれない」

とはいえウルリッヒ・ベックは、二十一世紀初頭のイラク戦争のことを考えれば、今こそ国家主義が弱体化し、コスモポリタニズムがふたたび発展する兆候があると主張する。あの戦争は、一つの出来事が「世界全体の内政」と見なされた最初の戦いだったと言うのだ。戦争犠牲者および難民への共感は、もはや国境によって制限されることがなくなったのである。「イラク戦争に対するグローバルな抗議が世界各地の大都会で起こったという事実を考えれば、コスモポリタン的な共感が頭に浮かぶ。あの時人々は、感情的なグロバリゼーションと呼べるようなデモに駆りたてられていったのだろう」。ウルリッヒ・ベックが言うには、コスモポリタニズムはとうとう哲学的な空中楼閣から足を踏み出したのだ。

だがそれと並行して、新たな国家主義が台頭してきている。それは内向的であり、グローバルな世界の登場に抵抗しようとしている。縮こまり、守ろうとしているのだ。その結果、「何ごとに対しても、そして何者に対しても不寛容になろうとする。そこには暴力が潜んでいる」

つまり世界には今、二つの方向が存在する。一つは、自分の中に引きこもろうとする傾向。

もう一つは、開放的になろうとする傾向。ウルリッヒ・ベックは当時も今も、コスモポリタニズムに味方している。彼は、「（国の）内と外」を分けようとする古い分類方法を無視しようとしているのだ。

3

「明日は分からない」旅へ

「周囲のモノたちが私に話しかけているような感じがする。
どうでもいいもの、見慣れたものなど一つもない」

3　「明日は分からない」旅へ

モンスターバス

ジャーンシーのバス停は、南アジアの人口過密な都会によくある停留所と大差はない。砂利が敷かれた広場には、さびて変色した金属製のぼろぼろのひさしと、ちっぽけな木造のキオスクがあるし、色あせた荷車が動き回っている。冷えた水道水がコップ一杯一ルピーで売られている。十歳くらいの少年たちは、竹籠に完熟バナナを満載してバスの間をかけずり回りながら「十ルピーだよ、バナナ十本！」と声を張りあげている。

ディーゼルと線香、そして油で揚げたファストフードのかもしだす濃厚な煙が、でこぼこのバスとバスの間に立ち込めているが、空を見上げれば、ここことは別な生活を約束する希望が漂っている。それはアドベンチャープールの巨大な広告板で、そこへ行けばウォーターシュートと透明な青い水があるそうだ。その広告板は信じられないほど透き通っているし、冷えていて清潔そうだ。バス停留所の暑い砂利の上で見る妄想。

危険なほど荷を積みすぎた何台かのクルマが、横に傾きながら、背後に黒煙をもうもうと吐いて西のほうから入ってきて、キーッというブレーキ音とともに曲がっていく。スプリングがきしみ、ほこりだらけのこの広場で金属音を立てる。かと思えば、人を乗せすぎた何台かのバスがエンジンをうならせ、クラクションを鳴らしながら弾みをつけて東のほうへと消えていく。社名も号車番号も付けていないその緑色のバスは、もうがらくた寸前。それでも自動車ナンバーだけは、読みづらいながらも車体の内側に記されている――ＵＰ９３Ｅ２７１３。フロントグラス中央には、青い顔のクリシュナが額縁に入ってぶら下がり、オレンジ色のセンジュギクの花で飾られている。

太陽が天頂に達した時にバスに乗る。このバスは日の出以来、動いている。これからどこを走ればいいか分からなくなっているようだが、それでもジャーンシーの通りを這うように進んでいく。

イライラする。さっさと先に進みたい。横の窓を通して吹き付けてくる風を感じたい。飛ぶような走りっぷりを見たい。目的地が近づいてくるのを感じたい。だがバスはジャーンシーの町を出るのか出ないのか、まだ決心がつかないかのようだ。

ドライバーはサイドミラーを下方に動かし、上半身をなかば外に出しながら、左腕を伸ばしてまだハンドルを握っている。反対側では男性の車掌が、開いているドアにもたれながら両手でドアの縁につかまり、身を乗り出している。

その二人がバスの行き先を叫ぶ。

「カジュラーホ、カジュラーホ、カジュラーーーーーホ！」

二人はちょっと深呼吸してから、声を合わせて再度行き先を告げる。今度はさらに大声を張りあげ、最後のところをもっと長く伸ばす。

「カジュラーホ、カジュラーホ、カジュラーーーーーーーーホ！」

二人は時おり、通りがかりの歩行者を指さす。バスはその男性歩行者の横をゆっくりと通り抜ける。二人は期待に満ちた顔つきでその歩行者を見つめながら、呼びかけるようにこう尋ねる。「カジュラーホ？」

何人かは首を横に振り、バザールや事務所、畑のほうに向かう。だが中には、西洋人ならびっくりするような、いかにもインド人らしい頭の動かし方をして、走行中のバスに飛び乗り、座れるところを探し始める人もいる。こうしてドライバーと車掌は追加の客六人をバスに乗せ、ただでさえ満杯のバスに押し込める。前から乗っていた私たちは、仕方なく体を少しずつずらす。そしてまずは一人分、次いでもう一人分、そしてもう一人分のスペースを作る。

私たちの座席スペースは狭くなり、たがいにきつく接するようになる。一見すると通りをただぶらついていただけのそのジャーンシーの住人六人はその時、何を考えていたのだろうか？この町から外に出ようという考えはまだなかったはずだ。なのに今はこのバスの中で私たちの横に座って肩を寄せ合い、同乗者たちから、新聞にくるんだ落花生をもらっている。ことによるとこんなことを考えていたのかも。「カジュラーホ？　いいね！　行こうっと。カジュラーホに行かない理由なんてないしな」

里程標を見ると、バスの終点まで百七十八キロ。ヨーロッパなら二時間の距離だが、インドではこの距離だと五時間ないし六、七時間は要する。正確な所要時間なんて誰も知らない。ドライバーはさらに音高くギアを入れる。緑の金属モンスターの腹部にあるエンジンがうなり、どんちゃん騒ぎが始まる。のろのろタイムはもう終わり、今や加速の時だ。人だらけの町、小さいけれど活気のある町をいくつか通過。どの町も、木の葉が焼けるにおいと牛糞のにおいがする。

交差点をいくつも通り抜け、洗剤とシャンプーのアルミ製小型パックを飾りとしてぶら下げている何百軒ものキオスクと小店舗の前を通り、どろどろした黒い液体が流れる蓋なしの排水溝の上を走って行く。めちゃくちゃに進んで行く自転車と、とてつもなく多彩にペンキを塗りたくった停車中のトラックだらけの、混雑この上ない道路。トラックには「クラクションを鳴らしてください！」と書かれている。

私が慣れている環境に比べて、においも過剰、動きも過剰、音も過剰だ。私のスマホの音も、こうした攻撃に屈服しているみたい。スマホの音なんかもう聞こえない。だがインド人のスマホの音は聞こえてくる。有名なボリウッド（インドの映画界）の歌もよく聞こえてくる。大きな音に設定されているようで、どんな騒音をも突き抜けて聞こえてくる。トラックのクラクションも増幅されている。死人も生きかえってきそうだ。

他にも、売り子の呼び声、寺院の鐘、モスクのミナレットの時を告げる声。その時不意に耳に届いたのは——ドッカーン——。それに続いて、鈍く響く太鼓の低音。そして、それにもかき消されずに吠えるように響いてきたのは、プープーというクラリネットの音。結婚式の楽団が行進中とのこと。

開いている横の窓を通して、ジャスミンとスイレン、それにキクの花輪が発する甘いにおいが漂ってくる。花輪は、バザールの中の木造移動店舗にきちんと積まれている。バスはそうした店の横をかき分けるように進んでいく。小さな町だが活気で沸騰しそうだ。頭がくらくらするような昼の熱気。すべてが薄茶色のほこりに包まれている。新しいものとか、きらきら輝いているものなどどこにもない。すべてが中古のぼろ。じっとしているものも一つもない。すべてが動いている。

こうした活気あふれる郊外を通り抜けて行くこのバスに乗っていると、自力だけが頼りの、旅のエッセンスを感じさせてくれる。私のために掃除をしてくれる人などいないし、何かを整理したり、飾ったりしてくれる人もいない。私が今どこへ行くかを知っている人など一人もいないのだ。何か不満があったとしても、私が訴えるところ、私のお金を返してくれるところなどない。パック旅行とは違うのだ。

自分が来たいからここに来たのだ。何をするのも自己責任。旅行会社に予約したわけではない。頼りは自力だけ。現実は予測がつかないし、絶えず変化する。昨日も今日も明日も、すべて当日の成り行き任せ。次に何が起きるか、夢にも思わなかったことが起きるかどうか、そんなことは誰も知らない。

たしかに、私はいつか目的地に到着する。だがいつなのか？　日没前かもしれないし、真夜中寸前かもしれない。ここは途方もない場所だから——遅延など当然。計画どおりに行くことなど稀だ。それでも不満を感じないで平然としていられるのは、いつもどおり、バスが十分《じゅっぷん》遅れれば、逆にいい方法が見つかって、別の場面が体験でき、旅の本質を発見できるからだ。

緑の金属モンスターはうなり音を上げ、あたりが暗くなってからある町を出た。横に見えるのは、耕したばかりのジャガイモ畑と、赤くて人目を引く立派なホウオウボクの木々。トラクターが畑に溝を掘っている。女性たちは乾燥した枝の大きな束を片腕で担ぎ、金属製の光る水がめを頭上に載せて、畔《あぜ》を歩いている。地方の郊外も活気にあふれている。どこに行っても人と動物がいる。どこに行っても仕事と苦労がある。それでも、どんよりと日を浴びたインドの景色は穏やかでのどかに見える。

バスは日没前に目的地に到着すべく、懸命に、そしてもどかしげに、枝と葉が堆積している大通りをなおも進んで行く。

いつもこうあってくれ。私はそう祈る。

初めて見る景色をバスで行くと、うっとりする。感性が研ぎ澄まされるよう。周囲のモノたちが私に話しかけているような感じがする。どうでもいいもの、見慣れたものなど一つもない。何もかも、意味のあるメッセージだ。小さいが、重要な部分なのだ。壮大な全体の一部。

こうした印象で心が満たされると、見えない糸が見えたような気になる。何かがこう見えるのはなぜか、人が今何かをやっているのはなぜか、そうしたことがつかめたような気になる。少なくとも私はそう思い込んでいる。そして私はうっとりする。それが正しかろうと正しくなかろうと、そんなことはどうでもいい。

短い出会い、消えない記憶

ある朝、私はアムリッツァルにいた。インド北西部に位置するシク教の聖地で、パキスタン国境に近い。夜行列車を降り、自転車式人力車に乗って、町の中心であるゴールデンテンプルに向かう。

祈禱所に入る。神に捧げる未知の賛歌が天井に向かって響き、何千という青と赤のスズが、エアコンの空気の流れを受けて、がらがらと音を立てている。私は長い間そこに立ったまま、橋の上の人の列をじっと眺めていた。その橋を渡ればハリマンディル、つまりシク教の聖なる建物に行くことができる。そして過剰に飾りたてられたそこの礼拝空間に、グラント（シク教の聖典）が保管されているのだ。

金色に輝くこの神聖な町で背教者と出会った。二十四歳の男で、名前はプラヴェーン・ディクシット。私と同じく、今朝この町に列車で到着したとのこと。彼が私を見かけたのは、三つある巡礼宿のうち最大で最古の宿にチェックインしたばかりの時だった。明日には仕事を始めるという。マンディ・リポーター紙からの依頼で、種まきと製粉、そしてパンジャブの農業組織について記事を書くとのこと。

「いっしょに寺院に入りませんか？」。彼が哀れっぽく、だが素直に訊いてきた。もし嫌だと言えば、まるで「旧友をがっかりさせそうな」口調。

二人していっしょに歩き出す。寺院訪問後は旧市街の雑然とした街路に入り、生い茂ったジャングルのような電線だらけの下を散歩。彼はストレスを抱えていて不安そうだ。今回は彼にとって初のルポ旅行。しかも見知らぬ町でひとりぼっちだし、少し熱があるという。弱気だ。

私はインド一ヶ月の旅によって第七感を得ていた。私とコンタクトしてくれる人、私に何かを売りたがっている人、一杯食わせようとしている人、仲間になりたがっていたり、単に人間（特に外国人）に興味がある人、それらを見分けられるようになっていた。プラヴェーンは信用できるタイプだった。本心が顔に表れていたので、何を考えているか容易に分かった。私にしてみればありがたかった。

彼とはこの町で二日間会って、ティーを飲み、例のテンプルを詳しく見た。ある晩、私たちは自転車式人力車を雇い、町の聖地の中心地からローレンス通りという商店街に向かった。高級衣料店や華麗な宝石店、そして停車しているクルマの脇を通り、アイスクリーム・パーラーの前をすぎて人混みの中に入り込んだ。

プラヴェーンは目を輝かしていた。彼がアムリッツァルで本当に見たかったのは、ゴールデンテンプルの黄金の豪華さではなくて、きらめくローレンス通りの商店だったのだ。彼はモダンな店の前で何度も立ち止まり、「きれいだなあ」とつぶやいていた。

「あなたはとても教養がおありですね」と彼が言う。二人して、歩道に置かれた赤いプラスチック製の椅子に座り、ティーを飲んでいた時のことだ。「お金を稼ぐ方法を教えてください」

「そんなこと知りませんよ」と私は答えた。「私はお金を稼いでも、すべて毎月、家賃と食事に消えてしまいますよ。妙案なんてありません」

彼はすっかり動揺したようで、私の顔をじっと見た。彼の目から見れば私は栄養の行き届いた西洋の白人。遠国から飛行機でこの国にやって来た人間。

彼の月収はスウェーデン・クローネに換算すると約千クローネだと言った。

「あなたの収入をお訊きしてもいいですか？」。彼がおずおずと訊いてきた。

こういう問いには何も答えないのが一番いい。彼と比べればかなりの高額だ。だが渋々答えた。すると彼の目がまん丸になった。彼によれば私の給料は、インドでは重役とか有名な映画スターが手にしている額だという。

私はそういう贅沢な生活を送っているわけではないと告げた。掃除や子育てのために家政婦を雇っているわけでもないし、ガールフレンドといっしょに自炊しているし、クルマは自分で運転している。服だって自分で洗っているし、子どもたちを寝かしつけるのも自分たちだ。掃除も自分でやる……。だがそこまでは列挙したが、自分たちでやっていることをそれ以上並べ立てるのはやめにした。彼がティーを飲もうとしているように見えたからだ。

「教養もあってそんなに高給を得ているあなたが、トイレを自分で掃除してるんですか？　それ、本当ですか？」。彼はうなるようにそう言った。

私は、アイスクリームをおごるよと言った。

「あなたは私にとって最良の友人です」。彼はそう言ってから、アイスクリームをスプーン一口食べた。「すっかり気分が晴れました」

その二日後、私は列車でニューデリーに戻る予定だった。まるで弟みたいになついてくれたプラヴェーンは、農業関連の記事を書くためにもう数日滞在するとのこと。ゴールデンテンプル・メイル号が出発するまでの二十分間、私がプラットフォームでタバコを吸っていると、彼が駅舎のほうから走ってきた。

「ああ、ここにいらっしゃいましたか。お別れを言いに、さっきあなたのホテルに行ったんですが、あなたはもう出発されてましたので」

彼のメガネ姿は初めてだった。フレームは楕円に近い丸い金色で金属製。私も似たメガネを持っている。

「今日買ったんです……伊達メガネですけどね」

彼はメガネをはずして胸ポケットに入れた。

私がもう一本のタバコに火をつけると、彼も一本吸いたがった。彼がタバコを吸うところは見たことがなかったので、兄のような気分でこう訊いてみた。

「本気で吸う気？」

「いいえ」

私は不承不承、タバコを一本渡した。彼はいかにも不慣れなやり方で煙をパッと吐いてから、私を尊敬の目で見つめながらこう言った。

「でもあなたが吸ってますから」

「タバコは良くないよ」。私が落ち着いた声で諭した。

「ええ、タバコは良くないですけど、あなたはいい方ですから」と彼は言った。

私がどんなに強い印象を与えたか、それがこの時初めて分かった。彼は大人のインド人だが、未婚で、記者という新しい仕事にはまだ不慣れだ。私は年上の同業者であり、技術的にも経済的にも高度に発達している西洋からやって来た人間。マンディ・リポーター紙と違いカラー写真を掲載する新聞の編集者だ。給料も高いし、英語も彼より上手だ。

「オーケー。もしあなたが『今日からタバコを吸うことはない』って約束するなら、私はタバコをやめるよ」。私はそう言った。彼にとってそれが手本になるなら禁煙するつもりだった。

「分かりました」。彼は目を輝かせながらそう言った。

彼はそれから冷静に急ぎ足で去っていった。そのすらりとした姿はすぐさま人混みに消えた。彼の「バイバイ」は、ラウドスピーカーの不機嫌そうなアナウンスおよびティーの売り子の大声と混ざってしまい、聞こえなかった。

二日間！　こんな短期間の出会いなら、時間が経てば忘れてしまうのがふつうだろう。しかし、私はその後ずっと、彼との出会いについてじっくり考えていた。ことによると二人の間の上下関係が明確になった時に私が抱いた感情のせいかもしれない。

私は自分では、だらしないバックパッカーだからインドの地元民と同じ水準だと思っていたのだが、その考えは間違っていた。私と彼は異なる世界の出身であり、まったく異なる経済状況で暮らしてきたのだ。だがそう思っても、私は別に落ち込みはしなかった。いくら相違点があろうとも、私たち二人は、出会ったことでともに得るところがあったのだ。

この出会いが忘れがたいものになったのには、別の事情もあった。二人して語り合い、比べ合うことで、いくつかのことが明確になったのである。私のほうは、自分がモダンで世俗的な社会で育ったことをはっきり自覚し、人が群がっているバザールや聖地でエキゾチックな特色を探してそれを見つけてきた人間だが、一方彼のほうは、さまざまな点で私と正反対の環境、大半が汚れと混乱の世界、うまく機能していない世界で育ってきた人間だ。

私は東洋の美に憧れてきたが、彼は私が育った技術進歩の世界、直線的で計画的だが憎悪に満ちた世界、要するに私が逃げたがっていることすべてに対する憧れを抱いて生きてきたのだ。

出会いの多くは短いもの、表面的なものだ。言葉を交わさないこともある。たとえば、私が北京に行った時、「壮大な碁盤目状の摩天楼地域内を通るまっすぐな並木道」から小路（フートン）に入り込んだ時がそうだった。そこは昔ながらの地区で、低層の一軒家がたくさん建っていた。昔の暮らし同様、汚くて古くさく、悪臭が漂い、無秩序だったが、開放的で、目立ったストレスもない。私は不意に、急須と茶碗を売っている薄暗い店に立ち寄った。

店の外にはおじいさんが一人座っていて、まるで、誰かがやって来て話し相手になってくれるのを待っているかのようにあたりを眺めていた。顔には干しブドウみたいにしわが寄っている。目はくぼんでいて、瞳が見えるはずのところには二本の線があるだけ。顔全体でほほえみかけてきたので、その隙間はいっそう細くなった。それから彼は私に向かって、横にある小さなプラスチック製の椅子にお座りになったら、と両手で合図した。

そこには低い机があったが、とても小さくておもちゃみたいだった。私が腰かけると彼はお茶を出してくれたが、一回すすれば終わってしまうくらいの量だった。まるでままごとだ。私がそれを飲むと、彼はもう一杯注いでくれた。私はそれも一気に飲み干した。すると彼はまた注いでくれた。私がまた飲み干すと、彼はまたしても注いでくれた……。

こうしたやりとりが十五分間続いた。私たちは一言も発しなかったが、それでもたがいにコミュニケーションを交わそう、相手を理解しようと強く思っていた。私たちは、単にボディーランゲージと、相手には通じない短い単語を口にしただけだった。二人がたがいに何を語ろうとしているのか、そんなことはもう私の念頭になかった。おそらくそれは中国とスウェーデンについてのありきたりの話題だったのだろう。

あれから何年も経った今、私の記憶にまだ残っているのは彼の強烈な存在感だ。彼はそこに座って、自分でもお茶を飲んでいただけだが、見知らぬ私と語ろうとしていた。私はといえば、他の惑星からやって来たような存在だったので、相手とどうコミュニケーションを取ればいいか、それを思案していた。

一期一会である。短くて、偶然で、濃厚で、緊張感に満ちていたが、率直なやりとり。文化の相違とコミュニケーション上の問題は厳然としてあったから、少し困惑もしていたし、不条理で不合理だった。あの出会いは、不意に消えた鬼火のようなものだったが、私の記憶の中には今もはっきり残っている。その日、その週、そしてその旅の間に起きた他の些事に比べ、はるかに大きく強烈で重みのある出来事だった。

4

列車よ、私を遠くに連れてってくれ

「安穏とした故郷の生活を捨てて列車に乗ろう。
たしかに何が起こるか分かったものではない」

4

列車よ、私を遠くに連れてってくれ

鉄路のセレンディピティ

十九世紀なかばの鉄道敷設は、旅を大きく変えただけではなかった。プラットフォームとコンパートメントは、詩人とロマン主義小説家にとって愛する場となったのである。レールの継ぎ目ごとにガタゴト音がし、蒸気機関車が息せききって走行し、車両がガタガタ鳴った。すべてが技術進歩であり、スピードは恐ろしいほど速かった。だが目新しくて象徴的なのはこうした事実だけではなかった。鉄道は実は当初、あまりロマンティックなものではなかったのだ。

鉄道の導入はたしかにロマン主義最盛期ではあったが、多くの作家は鉄道をむしろ脅威と見なしていた。イギリスにおけるロマン派詩人の先駆者の一人ウィリアム・ワーズワースはサマセットの自宅から蒸気機関車を見ていたが、それが煙を吐いていくものだから、自分が賛美していた牧歌的な田園が汚れてしまうと思っていた。

一八四〇年代に鉄道が彼の故郷に敷設されると、彼は一篇の詩を書き、怒りもあらわにこう問うている。「イングランドには、鉄道の攻撃から守られている地点が一カ所でもあるだろうか？」

一八九五年春にパリのグランカフェを訪れた人たちでさえ、鉄道の登場を脅威と感じていた。そこではリュミエール兄弟が世界初の映画『列車の到着』を披露していたのだが、客たちは、スクリーン上で蒸気機関車が自分のほうに向かって驀進《ばくしん》してくるのを見るやいなや飛び上がり、逃げようとした。列車のスピードは時速約五十キロ。まさに世紀末の急速な工業化と都市化のメタファーだった。

私は、シェレフテオ（スウェーデンの都市）の古書店で『列車の詩』というアンソロジーを見つけたことがある。ボコモティフという出版社から一九八一年に刊行された本で、レトロな列車の切符よろしく厚手の段ボールでできていた。

ざっとページをめくってみる。詩人たちは鉄道に魅了されながらも、しだいに恐怖を覚えていく。一九一七年作のボー・ベルイマンの詩『旅』が目にとまる。列車が超快速で走り、とても長いトンネルを通過していく。詩の中の「私」は頭が混乱し、不安を覚える。この詩には、頭を冷やすために筆者が車掌に尋ねる場面が描かれている。

列車に乗って、私はその世界に入った。
これに慣れるのは難しい。
私はもうずいぶん長く乗っている。旅は

どんどん先に進んでいく。すぐにもみんな、
気が滅入ってくるだろう。
往復乗車券を持っている人など一人もいない。
列車は鈍い音を立て、笛のような音を発し、
暗闇の中を突っ走る。
この長いトンネルはいつ終わるんだ？
車掌さん、私が目的地に着くのはいつ？

さらにページをめくると、グスタフ・フレーディングの『王位継承』（一八九四年）が出てきた。彼は列車のスピードと世の中の移り変わりに対して複雑な感情を抱いていた。その詩の中で、クロノス王（ギリシャ神話でゼウスの父）は亡くなり、息子が王座を受け継いで「十九世紀の王」になる。新王は「感覚が速くて足は軽く」、強引にもみずから操縦して「逃亡を図り、自前の高速列車を突進させる」。列車は過度に速く走行し、いわばすごい鼻息で轟音を立てながら煙とほこりの中を進み、どんどんスピードを上げていく。

それは進行しつつある現在だった。
そして次の角で姿を消した。
古いモノたちは向きをゆっくり変えていったが、

そこから見えるものと言えば——煙だけだった。

青年時代に私が惹かれたのは、列車自体を描写した詩ではなく、四〇、五〇年代の鉄道映画だった。もはや人生という旅路のメタファーには惹かれず、世の中の各所からたまたま集まってきた人々が出会う場としての列車に魅せられたのだ。

たとえばデヴィッド・リーン監督の『逢びき』（一九四五年）では、主婦ローラが駅構内のカフェでアレック医師に一目惚れする。ローラは自分がそんなに急に見知らぬ男性のとりこになり、幸せな結婚をすることになろうとは思いも寄らない。彼女は突如としてこう思う。「私はふつうの人間。こんなことはふつうの人間には起きないと思っていた」だが彼女は心の奥底では、駅が新時代の出会いの場という触媒となり、何ごとも起きないはずの市民生活を震撼させると納得する。

鉄道史の初期の百年間、一等のコンパートメントは閉鎖空間であり、プラットフォームからしか中に入ることはできなかった。その空間は、さまざまな旅人同士が会話をするために作られているようなものだった。そして窓外の景色は快速で飛び去っていった。一等のコンパートメントは室内劇だけでなく、襲撃や殺人話の舞台としても好まれた。初期の映画制作者たちはすぐさま、閉鎖空間での恐怖の美学をわがものとした。

ロシアでは列車、コンパートメントはそれとはまったく異質な空間だった。少なからず芸術的な機能を持っていたのである。翻訳家ラース・エリク・ブロムクヴィストはトルストイの

『クロイツェル・ソナタ』に寄せた序言の中で、そうしたことは不思議でも何でもないと断言している。

「鉄道敷設は、ツァー時代のロシアにおける大プロジェクトの一つであり、外国、それも特にフランスの資金を用いて実現した。ただし鉄道が通ったことにより、今まで出会う機会のなかった大都会およびその他の町の人々はつながりができたが、残念なことにレールの軌間（ゲージ）が他のヨーロッパ諸国と異なっていた。とはいえ、ほどよく快適な車両には、袋を持った農民や貧しい学生、除隊となった兵士が座るようになった。ロシアの文学と美術にはそうした人々が無数に描かれている」

鉄道に乗るのは、みじめな故郷からの解放の旅を意味したし、コンパートメントはモノローグとダイアローグの舞台となった。その例は枚挙にいとまがない。イリヤ・エレンブルグは悪漢小説『フリオ・フレニトの奇妙な遍歴』の中で、パリ在住のロシア人移民のことを書いている。その移民は「鉄道の乗客に向かって自分史を語るのを習慣にしていた」ので、いつも聞き手を駅に連れて行くのだった。

プラットフォームからじかに一等のコンパートメントに入るという方法はずいぶん前になくなりはしたが、かくいう私もエレガントで豪華なコンパートメントと食堂車、赤いビロード張りの椅子、黒っぽい木製の羽目板、そして輝く黄銅のプレートには魅力を覚えていた。

グレアム・グリーンは『スタンブール特急』（一九三二年）で、戦間期の旅の魅力の象徴となった伝説的な列車の旅を取り上げている。この小説の主人公である身なりのいいユダヤ人商人は、ウェイターが列車の通路を時々行き来して、「一回目の夕食でございます！」と呼びかけているのに気づく。食堂車では、料理が並べられたテーブルが、くすんだ藤色のシェード付きの小さなランプに照らされ、蒸気機関車の明かりは「夜に誘われたホタルの赤い幼虫のように」暗闇の中を照らしていた。

こうした言葉が憧れを喚起するのは、オリエント急行がとびきりの豪華列車だからで（パリとイスタンブール間の片道が七万クローネもした）、しかも一年間にわずか何回かしか走行しなかったからだ。これに類する万全のサービスと華麗さ、あるいは植民地ならではのごてごてしたロマンティックな豪華列車としては、マラッカ（マレー）半島のバンコク・シンガポール間のイースタン・オリエンタル急行、南アフリカのケープタウン・ダル＝エス＝サラーム間のロボスレール、インドのラージャスタン州・ウッタルプラデシュ州を通過するマハラジャ急行、そしてペルーのマチュピチュ行きハイラム・ビンガム列車が挙げられる。

グレアム・グリーンが鉄道小説を書いた時にはすでに、ニューヨーク株式市場における一九二九年の大暴落をきっかけとする大恐慌の気配が感じられていた。だが一等車ではまだシャンパンが注がれ、旅行者は階級の格差に目を閉ざしていた。グリーンは、主人公がブルゴーニュ産の年代物のワインを食堂車で飲み干したあと、狭い通路を通って結局は三等車にたどりつく模様を描写している。それはまるで別世界を訪問するかのようで、無精ひげを生やしたおしゃべりな西部の男たちと、「ヘア・ネットを連想させる」帽子をかぶった女性たちの姿が見えた。三等車の様子は、都会の労働者街をさまようようなものであり、貧相で汚く過酷だったが、くつろげたし、あまり煩わしくもなかった。

当時、大西洋の向こう側の列車には、ルンペンプロレタリアートが乗っていた。フォークシンガーのウディ・ガスリーは『わが心のふるさと』の中で、貧しい放浪者たちが仕事と幸運を探しながら貨車にキセルで乗っている様子を伝えている。それは、グリーンとクリスティーが描いた、高級ワインときれいなベッド用リネンが登場する寝台車の世界とはかけ離れた世界だった。そこにいる旅人は腹を空かせていたし、のどは渇き、すえた体臭がする青の仕事着と胸当て付きズボンを着ていた。列車内の状態もそれ相応だった。

一九三〇年代の失業者の生活はたしかに厳しかったが、彼らの旅のやり方はビート族とヒッピー文化として広まり、それがひいては一九七二年夏、ヨーロッパの国際鉄道連合によってインターレイルパスの形で実現し、一種のロマン主義と化すことになる。列車で各地を周遊するという旅は、元来はウディ・ガスリーの貨車とグレアム・グリーンの一等車両の間に位置するものだったが、それがヨーロッパの若者たちの新たなムーブメントと化したのだ。

故郷の外へ

列車は旅立ちと同義だった。私には今なお覚えている光景がある。それは退屈でうんざりしていた十五歳の時、友人ヨーナスといっしょにベスタロース（スウェーデンの都市）の駅構内に立ち、列車がキーッという音を立てて停まり、また出発していくのを眺めていたという光景だ。おそらく私たちは、町の中で唯一、真に動きのある場所としてプラットフォームに惹かれていたのだ。それだけではない。列車は本当に私たちをよその場所に移動させる力を持っていた。

一九七〇年代末の日々を振り返ってみると、私たちはウディ・ガスリーのような日々を送りたがってはいたものの、周囲は何もかもすっかり静まりかえっていたような気がして仕方がない。風はないでいたし、梢は静かだった。雲でさえ微動だにしていなかった。すべてが沈黙し動かないでいた！　例外は列車だけ。

私たちはお金を持っていなかった。だが奇跡は起こるもので、私たちはすぐさまあることに気づいた。列車に飛び乗り、ハルスバリ（スウェーデンの都市）に向かう。静かな駅から列車が動き出した時、自分が幸せの波を浴びているのを感じた。とうとう動き出したのだ。自分が何をしているか、はっきり意識していた。ヨーナスの顔を懸命に見つめる。もし車掌が今来て検札したらどうしよう。切符はない。

罰として外に放り出されるのを避けるために、私たちは即座にトイレに閉じこもった。体を寄せ合う。列車は一時間半後に長時間停車した。外から人々の声とクルマ、バスの音が聞こえてくる。都会らしい。ヒェーピングではないだろう。アルボガやフローヴィ、あるいはその他の小さな町でもない。そういったところならベスタロースより静かだ。とするとここは大都会に違いない。

ならばどこだ？　私たちはトイレのドアを開けて通路に出た。窓外を見やると、家々の屋根の上にキノコ状のコンクリート塔が立っていて、「エーレブルー」と駅名が書かれていた。

夕刻の列車で家に戻る時も、私たちはまだ無一文だったし、しかも今度は空腹だった。私たちはそう簡単には車掌をトイレに入れなかったが、車掌はついに鍵を持ってきてトイレのドアを開け、若者二人を発見した。二人して便器の蓋に座っていたが、キセルがばれて決まり悪そうにしていた。

車掌は若者たちの冒険心に共感してくれなかった。だから私たちはアルボガで容赦なく列車から放り出された。そこから家までは、ヒッチハイクせざるをえなかった。

私は二十代の時、パトリシア・ハイスミスのデビュー作『見知らぬ乗客』を読み、決心を固めた。安穏とした故郷の生活を捨てて列車に乗ろう。たしかに何が起こるか分かったものではない。エーレブルーに着く前に殺人犯に出くわすかもしれない。

私はテレビで、アルフレッド・ヒッチコックが映画化した同作品を見ていたので、不安を感じていた。ホラー映画だったが、そこには緊迫した人生も詰まっていた。身なりが良くて生活環境に恵まれた男性二人が、銀色に輝く車両の中にいる。その車両は一九四〇年代アメリカならではのごつい形をしている。

だが外見は親切そうでも、心の中は不安だらけだ。揺れる列車の中で二、三杯ウィスキーを飲んでから、片方の男が相手に向かって、不実な妻のことをしゃべり出す。妻が離婚してくれないというのだ。意外な出会いをした主役は、自分の心中を相手に打ち明ける。そして結局は、陰鬱きわまりない殺人劇にまで展開する。それがこの物語の核心だ。

私にとって駅は相変わらず、希望と憧れに満ちた場所だった。いつだったか、エキサイティングなパンクロック・コンサートに行こうとしてストックホルム行きの列車に乗ったことがある。その列車こそ、私が初めてヨーロッパ・インターレイルパスを使って冒険を行った列車であり、終点はコペンハーゲンだった。その時には旅のプランを何も立てていなかったので、ずいぶん緊張していた。

ストックホルムでのコンサート後は、ジュールゴーデンの草地とか、友人たちといっしょにそっと忍び寄ったどこかの住宅の玄関階段で夜を過ごした。ヨーロッパ大陸に行った時は、列車の通路や駅構内、あるいはユースホステルで眠った。ともあれ意外なことを体験したくて仕方がなかったのだ。もちろん殺人は禁物だが、友情、愛情、愚行、突然のひらめき、意外なチャンスに憧れていたのである。鉄道映画に想像力をかき立てられていたのだ。

しばらくの間は、どこにいても列車の音が聞こえてきた。耳を澄ませば蒸気機関車がいるのが分かったし、その車内のジャズやブルース、カントリー、ロックの響きすら耳に届いた。動いている列車音が音楽のコード進行の象徴であるかのような気でいた。

エルヴィス・プレスリーの『ミステリー・トレイン』、ジェスロ・タルの『蒸気機関車のあえぎ』、デヴィッド・ボウイの『ステイション・トゥ・ステイション』、こっちも歌い出したくなるトーキングヘッズの『ロード・トゥ・ノーウェア』(どこへ行くかは分かっていても、どこから来たのかは私たちには分からない)、ジョン・コルトレーンのビーバップジャズ『ブルー・トレイン』、そしてジョニー・キャッシュのカントリーソング『オール・アボード・ザ・

ブルー・トレイン』。ジョニー・キャッシュは、蒸気機関車を連想させる音を伴奏にしながら、こう歌っている。


駅には蒸気機関車がいて、汽笛が私の名を呼んでいる。

こう呼んでいるのだ。「列車に乗れよ」


いくら不快な気持ちの人でも、この文句には気をそそられる。

他者との接近、よみがえる過去

二十一世紀初頭のある日、ジェニー・ディスキーはアメリカに赴いた。列車旅について『見知らぬ乗客』〔ハイスミスと同題。ディスキーの原題はStranger on aTrain〕という本を書くためである。本来は一人でいるのが好きな彼女は、疑い深そうな顔つきでアムトラックに乗った。他の乗客と顔を合わせるのは覚悟の上だ。だが彼女はこう書いている。

「その結果、奇妙なことだが、旅に出て、旅についての本を書こうかと考えるようになった。基本的には、旅の最中に何も起きないことを望んでいるので、そういう内容の旅の本になるだろう」

彼女はあなたや私に世の中のことを語りたいわけではなかった。旅のために旅をするだけで満足だったし、旅の夢などはタバコを吸いながらいつか考えればいい、くらいに思っていた。

だが旅にはお金がかかる。そこで彼女は本を書かざるを得なくなった。内容は、何ごとも起きないさすらい。

だがジェニー・ディスキーはここで逆らう。彼女はちょっと強情だった。何かを期待していたわけでもないが、好奇心には勝てず、その結果、何度か出会いが生じて、新たな友だち関係ができてしまう。それではまずいから、アムトラックに乗るまでの何ヶ月間か、周囲と疎遠にすることにした。たとえたがいに知り合ったとしても、そうした相手は「ささっと描いたスケッチのようなもので、人生の中の一瞬ないしは要約」であり、出会った途端に瞬間的に心が燃えはするが、すぐさまその炎を消してしまおうと。そそくさとした、あっさりとした関係。何らコミットしない付き合い。これは旅人にとって最高の願望の一つだが、このことを意識する人はほとんどいない。しかし実際にはそうは進行しなかった。

彼女は極端に矛盾をはらんだ紀行作家だ。その表現は、他の旅行記にありがちな苦労談や行動とは無縁だったが、何ごとも起きないわけではなかった。まさに、パトリシア・ハイスミスのスリラー同様、本書は、過去の出来事——この場合は著者の問題だらけの子ども時代——と、列車の乗客との予期せぬ緊迫した遭遇を内容とする本になった。

アメリカで成功している人はクルマや飛行機に乗る。貧乏人や病人は（そして外国人旅行者は）、バスか列車を選ぶ。列車内では一連の奇妙な自覚に惹かれるものだ。誰もが自分の人生、それも概して悲劇的な話をどうしても語りたくなるようである。喫煙可能なコンパートメント内ではさまざまなアメリカ人と出会って、すぐに友だちになる。アメリカ人もふだんは相手の話に乗らないものだが、列車のコンパートメント内となるとそうした話に心を奪われ、不承不承にせよ心を開いて相づちを打ったりする。

コンパートメント内では、人はたがいに接近するものだ。ジェニー・ディスキーによると、列車以外で旅をしている最中や自宅、ホテルにいる場合にそうした対応をする人には一度も会ったことがないとのこと。不意に親しくなるのは、異郷の地で長距離の列車に乗り合わせ、時には何日も付き合うようになるからであり、座っている間にたがいに好意的になることが多いのだ。

とすると私の考えでは、これこそがパトリシア・ハイスミスのスリラーの主役が未知の乗客に胸襟を開いた理由なのだ。乗客たちは全員が同方向に進んでいる。乗車時間は長い。遅延や予想外の停車もしばしば起こる。アメリカの旅客列車がえらく長時間遅延することが多いのは、ルートが同一の場合、経済的に実入りのいい貨車が優先されるからだ。

以上のような理由で、ジェニー・ディスキーが言うには、たまたまいっしょになった旅行者同士の間に異様に強い一体感が生まれ、何か予定通りに行かないことがあるといっしょに怒ったりするのである。無力感やフラストレーションから友情へと発展することもあるのだ。

ジェニー・ディスキーのアメリカ列車旅の物語は、彼女がロンドンの都心に住んでいたティーンエージャーの時期に始まる。ロンドンには環状の地下鉄がある。まだ未成年だったジェニーは学校にも行きたくなかったしノッティンガムの自宅にもいたくなかったから、この環状線に逃げ込んでいた。環状線は四十八分で一周し、朝十時から午後五時まで何回りもしていた

——大体一日に九周。その間、彼女はタバコを吸い（ロンドンの地下鉄が禁煙になったのは一九七四年）、本を読んでいた。地下鉄は終点なしでいつまでも回っていたので、精神病を患っている母親がいる自宅、不安と疲れを覚える自宅から逃れる場だった。こんないい場所があるだろうか？　動きには、それも特に列車の動きにはセラピー効果がある。ジェニーの場合は一地区に限定されてはいたものの、効果はあったのだ。

彼女が五十歳の時にアメリカ旅行をしたのは、巨大な環状線として地方を回ってくれるアムトラックに乗るためだったから、彼女はきっとロンドンの環状線のことを想起したに違いない。とはいえ新世界の環状線は、もちろん次元が大きく異なっていた。一周するには四十八日間を要する。ニューヨーク、シカゴ、ポートランド、サクラメント、デンヴァー、ヒューストン、ニューオーリンズ、アトランタ、ワシントンD.C.、そしてニューヨークに戻る——これで一周だ。

アメリカのあるモード誌が、ジェニー・ディスキーのこの列車旅のことを聞きつけた。編集部は、長距離列車ならくまなく巡回旅行するだろうと考え、「何のために旅をしているのか、それがアメリカ人読者に分かるように、旅のルポを書いてくれ」と彼女に頼んだ。

だが大半のアメリカ人は、少しでも短い路線の列車を選ばないのはヘンだと考えた。「私はイングランドの自宅に戻ってから、そうしたアメリカ人宛てに手紙を書いた」と彼女は語る。「その後、そうした手紙を編集したいという人から電話をもらった。その人は、全体をまとめればすばらしいものになるだろうと言った。ただし、列車と乗客についての文章は少し削除して、その代わりにもっと風景描写を挿入したらどうかと言ってきた」

彼女が遭遇した奇妙な人たちや、やつれ果てた人物の中にはまともでない人たちも入っていて、そうしたキャラクターの人たちはモード誌の女性読者には受けないだろうというのだ。それよりも、イギリス人女性の筆になる、絵のように美しい描写、アメリカの等身大の風景、空虚さ、美しさを正確に描いてくれたほうがいいと。

だがそもそもどうして、アメリカの風景を旅行ルポに描写すべきなのか、とジェニーは考えた。「アメリカの風景なんて、シェイクスピアの文章や欽定訳聖書中の特定の文章のように有名だ。みんな、そんなことは何度も耳にしているので、正確に書けばかえって間違いを指摘されたり、正気でないとか言われそうだ」

風景について何か知らせることがあるだろうか？　いや、個人的なこと、心の奥底を伝えよう。

「そうしたことより私が強く感じたのは、自分を通したアメリカであり、自分の性格、自分の体験を通したアメリカだ。列車内に座って外の景色に見入ると、まるでコントラストをはっきりさせる注射を打たれたかのように、記憶にある場所が鮮明になり、自分個人の話が明確になる」

喫煙車内で背もたれに身を任せながらサンセット・リミテッドに座り、砂漠に生えている奇妙な植物――ヨモギ、サボテン、タンブルウィード、イトラン――を凝視した時、彼女の目には不意に子ども時代の映画館、初めて西部劇を目にしたロンドンのトテナムコートロードに面した映画館が見えた。「私はあの映画館のにおい、厚くて柔らかいじゅうたんを踏んだ感触に圧倒された。照明が消えるのを待つ。横に座っていた大きくて暗い父の姿。父が吸っていたタバコの青い煙は明るめの光線を受けてくるくると立ちのぼっていた……」

彼女は思い出に圧倒された。新たな出会いがそうした思い出を引き出してくれたのだ。異郷の地に心を動かされた。絶えずタバコを吸い、沈思黙考していたジェニー・ディスキーは、鉄道を通して過去に戻り、心の奥底にたどりついた。

アメリカはかつて立派な鉄道の国だった。クルマの国ではなかった。列車旅のクライマックスは戦間期に訪れた。当初はディーゼル、次いで電気機関車だった。電気のほうが速かった。だがアメリカ政府はタイヤ産業と石油産業に駆りたてられて道路網を建設し始め、鉄道を排斥した。駅は閉鎖され、プラットフォームは放棄され、機関車と車両はスクラップにされた。だが一九七一年に至って、「まだ救えるものは救おう」ということで、連邦政府は、それまで長い間走り続けていた民間鉄道会社を国有化した。

しかしことによると、偉大だった鉄道時代の思い出がアメリカという新国家と緊密に一体化していたからこそ、ミュージシャンたちはあんなに好んで鉄道のことを歌っていたのかもしれない。大陸を植民地化した騎乗のカウボーイは前衛部隊にすぎなかった。その仕事を完成させたのは鉄道だった。ミュージシャンたちは、西部で幸運をつかもうとする自由の象徴として、そしてその自由な夢の象徴として、鉄道にノスタルジーを抱きつつ歌っている。彼らは歴史の淡い光を受けていた高貴で真正な時代に、芯から憧れているのだ。

5

遠く、放浪へ

「それは『今』に浸りきっている稀有な瞬間であり、
自分の行動にすっかり包み込まれている瞬間だ」

5　遠く、放浪へ

ヒマラヤ放浪

私が若かったころの友人は、多くが熱心なボーイスカウト団員で、スウェーデンのフィエル（樹木のない高原）を歩き回るのがいかにすばらしいか、そのことをよく口にしていた。私はそれに参加したことは一度もなかった。そんなところを歩き回れば蚊に悩まされるだろうし、ましてや粉末の栄養剤を小川の水で溶かしてズルズル飲むなんてまっぴらだった。

だがその後、私は放浪の魅力に抵抗できなくなった。二十代のことだが、アジアを回った私はネパールのヒマラヤで放浪旅の良さを初めて知った。それまで軽蔑していたくせに、それに夢中になったのだ。

荷物は軽いし、気温は快適、しかも蚊は少ない。さらにはアンナプルナの景色が魅力的だったからかもしれない。体への負担が少なかったことも幸いした。自分の体にどのくらい忍耐力があるか、それを試す気はなかったので、長距離歩行や極端な天候、そして高山病が原因で疲労困憊するような道は避けるようにした。ハイキング用の道を行くと、村々には安宿があり、中に入ると晩には火が燃える音がした。

飲食店に入れば入ったで、湯気を立てているチャイや、強烈な香辛料入りのダルバート（ライスの付いたレンズマメの煮込み料理）が出てきた。単純な料理だったし、店も木造で簡素だったが、テントなど種々のものを詰め込んだ二十キロのリュックを引きずっていく必要はなかった。

原野も最良の面を見せてくれた。誰かが前もって道を作ってくれていたので、私は軽い荷物を背負って歩いて行くだけでよかったのだ。現代都市の郊外で育った私にしてみれば、そうした日々の生活は快適だったし、自然に対する目も発達した。これ以降、放浪熱が冷めることはなかった。

一九八三年十一月。私にとって初の長い放浪旅。汗をかきかき、標高一四五八メートルのナウダンダ村まで登ったあと、曲がりくねった砂利道を進んでいく。狭い尾根を、バランスを取りながら歩いていったのである。ナイフの刃の上を歩いているような感じ。

エンジン音も聞こえないし、排気ガスや文明の動きも一切感じられない。鋭い刃の北側にはとがった峰がそびえていた。雪で白くなっていて壮大だった。静寂。アンナプルナの山頂はと言うと、雲が後光のように漂っていた。左手の下にはポカラ谷とフェワ湖、右手の暗い谷を見るとヤンディ川が輝いていた。せせらぎと風の歌が混じっていたが、あとは何とも静か。

すぐさま私は村々を縫うように歩いていき、ちょうど収穫がかいがいしく行われていた段々畑の上を進んでいった。トウモロコシの穂軸が教会の小塔のように積まれ、十一月の陽光を受けて干されていたし、家々の屋上ではコムギが竹のゴザにまかれていた。

女性たちが棒を使って脱穀している。男性たちは玄関先にもたれ、湯気を立てているお茶のコップを両手に持っている。少年たちは、破れの見えるウールのセーターを着込んで、鼻をすすりながら、後方でみんなしていっしょに走り回り、「スクールペン、スクールペン、スクールペン!」と叫んでいる。

夜明け。太陽がゆっくり昇ってくると、光が谷を下っていき、木を一本ずつ、石を一個ずつ照らしてゆく。そして最後に、青緑色の川面に触れて光り輝く。

吊り橋の上を見やると、チベット人の一家族が、商品を背負ったポニーのキャラバンを連れてやって来る。先頭のポニーは赤白黄の房飾りを頭に付けていて、首に付けた鐘がガチャガチャ音を立てている。

一人の女性は、ボタンの付いた赤いウールのマントと花模様のスカートという出で立ちであり、使い古したナイキのスニーカーを履いている。一人の男性は青い合成繊維のヤッケを着ていて、髪をうなじできつく縛り、音楽の鳴っているトランジスターラジオを首からひもで垂らしている。彼は口笛を吹きながら、最後尾のポニーの後方に回り、急いで山腹を滑り降りる。その男女は私の姿を見るなり同時にこう叫んだ。

「ナマステ!〔こんにちは!〕」

標高二千メートルの地点で、私はシャクナゲの林に入り込んだ。花の甘い香りが鼻をくすぐる。細い光線が、コケの生えた枝の隙間から漏れてきて、明るいきらめきを道に落とす。そこは湿っていて涼しく暗い。透明な水が小川にしたたっている。

私は歩いている間、すぐ先に何があるかをじっと考えていた。そうすれば、つまずくこともないだろうし、足をくじくことも、小川に踏み込んで足を濡らすこともない。このあたりには石などの破片があるし、登り道もあれば険しい傾斜もある。

一人でない時には、何をしゃべったらいいか、も考える。あるいは何が見えたかとか、何も言うべきではない時はいつかということも考える。気づいてみると、人付き合いのことばかり考えている。私があまり長い間黙っていると、何かしゃくに障ることがあったかと誰かが尋ねてくる。逆に私がしゃべりすぎた場合は、私が自然にばかり注目しているので他の人が感情を害する場合もある。

歩いている最中に人生論を考えたりすれば、それは完全なミスだ。まず考えるべきは、しだいに強く意識するようになっている自分の水ぶくれのことだ。あるいは、同行の女性が絶えず鼻をかんで、私たち全員が使うトイレットペーパーを使いきってしまうようだと困る、ということだ——おいおい、やぶの中で体をかがめて鼻をかめば良かったんじゃないの？

他に考えてもいいことは、今から飲む甘くて温かいお茶はおいしいだろうな、ということや、夜がひどく寒かったらシュラーフで快適に過ごせるだろうか、ということだ。

とはいえ、私は時には立ち止まって二、三回深呼吸する。そして気持ちを落ち着かせ、目を上に向けるのだ。すると紺色の空が見え、雪で純白に輝いている山が目前にある。マチャプチャレ、ダウラギリ、そしてアンナプルナ。世界屈指の山々だ。日々のちっぽけな心配などすっ飛んで、気分がすっきりする。

さらに前進すると、私は足が速くなり、女性同行者一人の姿が見えなくなる。そうした時には私はボブ・シーガーの『カトマンズ』を口ずさむ。「(前略) カトマンズに行くんだ。山の上まで登って行く。(中略) カ・カ・カ・カ・カ・カトマンズ。本当に行きたい場所なんだ (後略)」

私もこの歌詞のとおり、自宅での日々に飽き飽きし、別のことをしようと思っていた。そして今はもう別のところにいる。山中だ。

突然、ほんの一瞬だがまさに目前に山が見えた。この状態でいられるのは、何らかの些事で現実に連れ戻されるまでのわずか数分間だけ。その後は、ヒマラヤの小道に出て、ごく短時間、高揚感を味わったことを思い出すことになる。その高揚感は、自分の行動にすっかり熱中している間に知覚した状況であり、それが自覚として残るのだ——とは言っても自制心を失うわけではない。脳と体、そして周囲の世の中がたがいに語り合っているようなもので、その相互のコミュニケーションによって私はトランス状態に陥る。

短時間の高揚感は稲妻のようにいきなり訪れ、すぐさま消えてしまう。すると私はまた、過去に起こったつらい出来事についてあれこれ検討し、将来実現可能と思われるビッグプロジェクトを計画する。次の秋には大学に入っているかもしれないし、宝くじを買って百万ユーロをゲットし、物質的な夢をすべて実現しているかもしれない。あるいは半年間アジア一周の旅に出て置いてきぼりにしてきた彼女宛てに、愛していると書くかもしれない。

さすらう効能、歩く効能

何年か後、灼熱の日射しを受けながらインドの砂漠を歩き通していた時、私は、出発の何週間か前に起こったある出来事に関するつらい記憶にケリを付けようと懸命になっていた。体はゆっくりと歩いていたが、頭の中は、ソファーに座って、有能なセラピストに操られているかのようだった。

実は五歳の娘といっしょにストックホルムの地下鉄に乗っている時、キセルで捕まってしまったのだ。事実だから認めるしかない。私は強烈なショックを受けたが、それ以来その一件については考えようとしなかった。

検札係たちは私の身分証明書を見ようとした。違反キップを書くためである。だが私はそれを拒否し、身分証明書は家に忘れてきたと言い張った。ふだんは傲慢にも「集団の責任と公共の幸福」とやらを守ろうとする私が、単純なキセルで捕まったのだ。我ながら恥ずかしかった。不思議の国のアリスのように体が小さくなり、ごくごく小さな子どもになった。そして相手の検札係たちは巨人に変身した。

検札係たちはどんどん脅しをかけてきた。声は甲高くなり、私のことを嘘つき呼ばわりした。私はさらに拒否し続けた。もし真相を言えば面目丸つぶれになる。しかし娘が泣き始めたので、私は耐えきれなくなった。私は降参して、身分証明書を探し、相手に見せようかと思った。検札係たちが満足げににやにやしているような気がした。それ見たことかとばかりに……。

だがそれは私の思い込みにすぎなかったようだ。それでもまだ私は当初拒否したことを正当化するために、検札係のほうを悪者にする必要があった。二重の意味で恥ずかしかった。どうすれば身分証明書の提示を拒否できるか？　こんなひどい状況から娘を引き離すことができるか？　私はそんなことばかり考える卑劣な父親だった。

結局私は、泣きじゃくる娘の手を引いて駅から地上に出て以降、ノリスボリ行きの地下鉄車内で起きたことを忘れようとした。その直後、私はいつもの癖が出た。別のことを考えることに熱中し、不快なことは忘れようとしたのである。

だがインドの砂漠を通り抜けていた時、その時の出来事がすべて、ありありと心の中で再現され、それまで抑えていた感情が噴出した――検札係たちに復讐してやるという怒りも捨てた。それまで考えないでいた思考の糸を、とことん突き詰めて考えることにした。放浪を終えてから三日後、その出来事をすべて順序だてて考えた。少しは気も落ち着いた。まだ残っていた屈辱感も、足の水ぶくれが治るのと同じテンポで薄まっていった。ようやく気が晴れた。

しばらくすると、自然界を歩きたいという私の放浪癖は弱まっていった。ことによると、都会の刺激的な生活を体験したいという夢が再燃したからかもしれない。都会に行きたくなったのだ。都会の規模は大きければ大きいほどよかった。丸いカフェのテーブルに座ってゴロワーズ（フランスのタバコ）を吸い、世の中の重要事項について語りたかった。正真正銘の大人の旅行者を演じてみたかったのだ。

だが人は一日中おとなしく座ってはいられない。体を動かす必要がある。そこで私はしだいに都会の中を歩くようになった。アスファルト放浪者になったのである。リュックなど必要なかった。すべてズボンのポケットに入っている。地図を持っていれば役に立っただろうが、自分の正確な位置を知らずに運まかせで進んでもうまく行った。大自然の中にいるみたいに都会を歩いたらたしかに危険だろうが、別にのどが渇いて死ぬこともなければ飢え死にすることもなかったし、捜索ヘリコプターが派遣されることもなかった。他の人と何かを比べる必要もない。晩にホテルのロビーで座り込む放浪者もいなかったし、歩いた距離や標高を競ったり、蚊を何匹殺したかを競い合う放浪者もいない。

最良の都市は、多くの街路とバイパス、そして――東洋の市場のように――知られざる小路があるところだ。私にとってベストの長距離道路はムンバイにある。バイキュラとヴィクトリア・ターミナス駅間にあるバザール内の道だ〔Googleマップによれば十三・三キロメートル。所要時間は二時間半〕。

あの道には水飲み場と避難小屋がふんだんにあるし（小さな飲食店が所狭しと並んでいる）、動物がわんさといて（大半は雑種のイヌとウシ）、人間は多文化の民族生活を営んでいる（何百万人という人間が種々の神々を信じ、種々の言語を話し、種々の食習慣を送っている）。

だがアルプスにも放浪者にとっての夢はあった。このことを意識したのは、テレビで一本のルポを見た時である。放浪者（ハイカーたち）は荷物なしで歩き回り、陶器に盛られた昼食とグラスワインを賞味していた。そして山中のホテルでは、柔らかなベッドにダウンのふとんをかけて眠っていた。それは、必需品を常にすべて持っていなければならないスウェーデンのフィエル（樹木のない高原）放浪と真逆だった。まるで都会の放浪者のようだった。

アルプスをひたすら歩く

二〇一五年九月。イタリアのドロミテ・アルプス、ガルデーナ渓谷の朝。私は歩き始めた。急勾配の草原を登っていくと、淡紫色のクローバー、白いタンポポ、エーデルワイス、各種の牧草、そして黒っぽい幹で造った納屋が見えてきた。周囲の鋭い峰々はまるで石の教会みたいだ。朝日が、サッソ・ルンゴ山の壮大な岩塊を一つ残らず赤く染めている。

私はここ何年かの間に、あまりひどい高所恐怖症ではなくなっていたが、それでも今自分が安全な道をたどっていること、巨大な石のテーブルのように見えるステビア（キク科多年草）の茂る垂直な絶壁をザイルとカラビナ頼りに登るような状態でないことがうれしい。

黄色い救難ヘリが山の絶壁を前にして浮かんでいる。望遠鏡でよく見ると、ロッククライマー三人が岩棚にいる。一人は横たわり、他の二人がその人を囲んで立っている。異変だ。

道をたどっていく私たちには、そのような劇的なことは起こらない。もちろん足にまめをこしらえることもあるし、日射病を予防する必要もある。疲労困憊することもある。私はかなりひんぱんにそうなる。だから私は山頂に至る最後の急所に至ると、十字架像を持参して気楽にロープウェーを利用し景観をめでる。脚をちょっと休ませ、ほっとする。他の人たちは、ミヤマガラスに付きまとわれながら、リンドウが咲いている緑の草の斜面を登っていく。

家に置いてきた私の果物カゴの中には、「南チロル」と書かれたラベルが付いた緑色のリンゴが入っている。私はいつもそのリンゴのことを、ドイツかオーストリアからの輸入品と考えていた。だが、カラマツ林を通り抜けるジグザグな山道を歩き、急勾配だが牧歌的なアルプスの草原を登っていく間に、ドロミテの大半を含む南チロルがどの国に属しているかを急に意識するようになった。イタリア領なのである。イタリアではあるが、革ズボンを穿いてアコーディオンを奏する男性がいるし、女性のほうは民族服のディルンドルを着てヨーデルを歌っている。

ヨーロッパの国境は、膨張主義の戦争の結果引かれた線であり、ナショナリズムを強化し、平和条約を軽蔑したことの帰結である。だから国境線と一致しない国々・言語がこんなにたくさんあるのだ。ガルデーナ渓谷とファッサ渓谷の住民もそうである。イタリアに属するこの地域を歩いていると、パスタやパヴァロッティではなく、クネーデルやジャガイモ、そしてヨーデル歌いと出会いそうな気がする。

バルセロナにあるガウディのサグラダファミリア教会を想起させるサッソ・ルンゴ連山、石灰岩の山頂の数々を見上げていると、歴史の考え方もさまざまだと思えてくる。

まずは太古の時代から始めてみようか。二億八千万年前にはドロミテは海底だった。その後二つの大陸プレートが衝突し、巨大な石灰岩の塊が上昇した。この時できたのが北はザルツブルクの石灰岩アルプスであり、南はドロミテである。

時間を何百万年か進めて十九世紀にしてみよう。歴史の流れ全体からすればつい昨日のようなものだ。ドロミテは、ドイツ語を話すハプスブルク帝国の一部になっている。南チロルの谷は、ウィーンの人々がやって来て治めている。だからこそ今、クネーデルやヨーデルがこの地にあるのだ。

しかし第一次世界大戦が始まると、イタリア軍が北進する。激戦だ。前線はまさにドロミテ山中。中でもすさまじかったのは、コルティナダンペッツォの北方チンクェ・トッリでの戦闘。この地では、今までの友人同士、抱擁し合っていた人たちが撃ち合って死んだ。

フリードリヒ＝アウグスト道を歩いていると、オレンジと黒のチョウが私の頭上を飛んでいた。この道は、私の山岳ガイドであるマルティノ・ダニエッリが紹介してくれたハイキング道であり、「強健王」と呼ばれた十八世紀初頭のザクセン選帝侯フリードリヒ＝アウグスト一世にちなんで命名された道である。王はハイキング好きで、特にドロミテがお気に入りだった。

ドイツの影響は他にもある。私は、あるヒュッテ（山小屋）でその日初めてコーヒーを飲んだのだが、イタリア人観光客がイタリア語でリフージョと呼ぶそのヒュッテの名もフリードリヒ＝アウグストだった。このドイツ人の王の名は何度も出てくる。薄暗いヒュッテの中で、中欧同士がもろにぶつかり合っている。ドイツのアップルパイとウィーンの世紀末の行進曲が、真っ黒なイタリアのエスプレッソと対峙しているのだ。それだけではない。ヒュッテの片隅では、初老の男性たちのグループが腰かけてラディン語で歌っている。スイスのレトロマン語に近い地元の言葉。

「何の歌？」

「イタリア人なんて大嫌いって歌ってるんだ。幸い私たちには全部の歌詞は分からないけどね」

と言ってマルティノは笑う。彼は山岳ガイドをやっているだけでなく、ミラノでスポーツ車のデザイナーとして働いている。母国語はイタリア語。

「でもあの人たちだってイタリア人じゃないの？」

「そりゃそうだけど、イタリア人の自覚なんてないんだ」

ハプスブルクの残党、つまりはオーストリアとの再統合を図って、六〇年代までガルデーナ渓谷（大半の人はグレドナー渓谷と呼ぶ）で戦闘が行われていたのも不思議ではない。そして、イタリア語よりもドイツ語やラディン語のほうが好まれているのも不思議ではない。

この例のように私のイタリア放浪旅は、都会での散歩やヒマラヤでのトレッキングとは大違いだ。私は二食付きの簡易ホテルに泊まった。村名はイタリア語ではセルヴァ＝ディ＝ヴァル＝ガルデーナ村、ドイツ語ではヴォルケンシュタイン村。

朝食も大量に出たが、昼食も、日射しを浴びたテラスに多量のポレンタと、さらに多量のアップルパイが出されてようやく終了した。午後は数時間ホテルのスパでうたた寝するが、その後夕食として料理が三品出たので、結局長時間食べ続け、眠くてまぶたが重くなってくる。

こう言うと、休暇をのらくら過ごしていたように聞こえるが、そうではない。それ以外の時間はひたすら歩いていたのだ。歩き続けたのだ。一キロメートルずつ前進し、一メートルずつ上下しながら歩くのは頑固な戦いであり、摂取して消化した何カロリーかを、長時間かけて消費する。何週間か放浪旅をしたあと体重を量ってみると、いつもダイエット大成功だった。

道を歩いていくとローム層が出てきたり、石の道になったり、急傾斜の草道になったりする。時には、長く伸ばす鳴き声が聞こえてきて、それが規則正しく反復される。鳥が何かを攻撃しようとしているのか？　それとも、何かの仲裁に入った人間が問題を解決できなくなって怒っているのか？　いや違う。その音の出所が見えてきた。黒い穴の横、土の山の横に、毛の生えたクマの子が何頭かいた。あるいは大型のネズミか？　鳴いているのは、私に注目されたいから？

「アルプスマーモットだよ」。マルティノが説明してくれる。「ここは連中の根城なんだ。地中の通路で生きてるんだよ。日射しを浴びようとして出てくるんだ。冬眠から覚めてたくさん食べようとする時に、しりもちをついたりするけど、ああいう鳴き方をして仲間に大丈夫だって伝えているんだ」

危険なキツネやワシの姿は見えなかった。いるのは人間だけで、人間が食べるのは最寄りのヒュッテの食事だ。

「いや、最寄りのリフージョだよ」とマルティノが言葉を訂正する。

私たちはたしかに今、快晴の晩夏にサッソ・ルンゴ山周辺をトレッキングしているが、ふだんは腰かけて事務仕事をしているので、アメリカの作家ヘンリー・デイヴィッド・ソローの次の指摘どおり、ある感情に左右されている。その感情についてソローは十九世紀なかばに、有名な放浪エッセーでこう書いているのだ。

「思うに、一日に少なくとも四時間あるいはそれ以上、世の中の束縛からすっかり解き放たれて森の中を歩くとか、山や畑をぶらつかなければ、私は、健康でバランスの取れた気分を維持できなくなる」

彼はさらにこう付け加えている。「職人や店主はじっと座っているのでフラストレーションがたまるはずだ。彼らがとっくの昔に自殺しなかったことは賞賛されてしかるべきだ」。ソローは、心身の動きには関連があると確信していて、こうも書いている。「脚が動き始める瞬間、思考も流れ始める」

私たちは幸運にも、たった一週間にせよ移動することが許されているので、移動することで心の満足を得ることができる。人間が人工的に造ったもの、つまりは自然物に反するものから、ゆっくりと、だが確実に離れることができるのだ。

太陽が沈み、夜の冷気が訪れ、そして私の高所恐怖症がよみがえると、トーニ＝デメッツ・ヒュッテの煙突から立ちのぼる煙が見えてくる。さっきまで難儀していた、ここに至るまでの最終段階のことを思い出すと、危険をはらんだ山々や急斜面の小道、そして深い奈落から私が試されているような気持ちになる。本当は危険でも何でもないのだが、それでも自分が生きている実感が強くなってきて――すべてが当たり前ではないと思うようになる。

世界の終焉に立ち会っているみたいな感じ。あるいは世界の屋根にいるような感じ。アルプスでは海抜二六八五メートルならそれほど高くはないのだが、このヒュッテがある位置はなかなかにセンセーショナルなのだ。実は細い尾根にバランスを取って建っているのである。私にしてみれば、ナイフの刃の上にいるような気分。ここからテニスボールを投げれば、左右どちらに投げたとしても、何キロメートルも転げ落ちてからようやく止まることだろう。

この過酷な地に客を迎えているエンリコ・デメッツは、私に食前酒として黒いラマゾッティ（薬草などから造るリキュール）を持って来てから、なぜ自分の一族がこんな近寄りがたい場所にヒュッテを建てたか、その理由を語ってくれた。

一九五二年八月十七日、彼の兄トーニは、ミラノからやって来た二人の観光客に同行して、海抜三一八二メートルのサッソ・ルンゴ山登頂をめざした。その垂直な絶壁は昔からあらゆる人々を惹きつけてきたたし、幸運な人には生きている実感を味わわせてきた。だがこの時、運命は過酷だった。三人は悪天候に見舞われたのだ。雷が落ち、トーニと観光客一人が亡くなった。「翌年、登山者を悪天候から守るために、このリフージョを建てたんだ。そして毎年、トーニの命日にここの野外で法事を執り行い、トーニのこと、そしてこの山で亡くなったすべての登山者のことを思い出す」。エンリコはそう語った。兄が雷に打たれて死んだ時、エンリコはまだ五歳だった。

どこの山であれ、登頂しようとする人は道を歩いている人よりも少しは危険である。私は自分がどこにいるかを確認し、どのような危険が迫っているかを実感する。登頂は私にとってちっとも魅力的ではない。魅力とはまったく無縁だ。

歩いて自分に向き合う。歩いて考える

「歩いて移動する旅をするのは、一見すると気楽そうだが、その間、意識は、今後のプランや今までの思い出、見てきた物事をたどっている」。レベッカ・ソルニットはその著書『ウォークス――歩くことの精神史』の中でそう書いている〔邦訳は左右社から刊行〕。はるか遠くまで歩いていくことと、大きなことを考えることは相互に連関しているのだ。

歩いていれば、記憶が消えることはない。世の中を見ることは、自己を探求することと同義だ。歩いていけば、とても簡単に世の中に出て行けるし、自己の中に入り込むこともできる。ジャン＝ジャック・ルソーは、歩いている時にこそ瞑想できると考えていたので、こういう文章を残している。「立ち止まれば考えが止まる。心が動くのは、両脚と連動する時だけだ」

歩く思想家は数多くいた。アリストテレス、ジェレミー・ベンサム、ジョン・スチュアート・ミル、トーマス・ホッブズ、ゼーレン・キルケゴール……。彼らは一人残らず、新たな理論を構築している時には好んで歩いた。

アリストテレスは哲学の学園を創設したが、そこの門下生は逍遥《しょうよう》学派と呼ばれた。少なくとも一人は、杖にインク瓶の付いた角《つの》を持参していたが、それは、新たな考えが浮かんだら、すぐに立ち止まって書き留めるためだった。村々を歩いて行った人たちもいたし、町を通っていく人たちもいた。

キルケゴールはコペンハーゲンの町を歩き続けたが、それは楽しみのためだけでなくセラピ

ーの意味合いもあった。「心の緊張に耐えるためには気晴らしが必要だ」と彼は書いている。「気晴らしは、街路や小道で偶然に出会うものだ。私は毎日元気に動いているし、散歩して病気を蹴散らしている。散歩すれば最上の考えが浮かぶ。意気消沈するような考えも必ず蹴散らすことができる」

歩けば鼓動が速まり、血液がたくさん回るようになり、酸素が多量に運ばれる。筋肉だけではなく、脳を初めとするすべての器官にも言えることだ。アメリカの科学ジャーナリストであるフェリス・ジャブルは、『ニューヨーカー』誌のエッセーで哲学者たちの歩行好きについて書き、歩けば記憶力と関心度が高まると言っている。

自分なりのテンポで歩けば、体内のリズムと精神状態が一致する。他の肉体活動ではなかなか実現できないことだ。毎日歩けば、脳細胞間の結びつきが促進され、老化を促す脳内物質萎縮が阻止される。また、短期の記憶に関与する海馬の量が増えて新たな記憶が形成され、未知の領域に対応する記憶と才能が向上するようになる。

もちろんジョギングや体操をやっても連結は生じるが、長距離を歩いていけば、まるで自分で自分の思考の流れをコントロールできるような状態になる。歩くテンポを慎重に落としたり速めたりすれば、思考も長く、かつ深くなる。しかも歩行という動きはとても単純だし、いつの間にか深呼吸するようにもなる。苦労して自分に集中するわけではないのに、思考を前進させる時間的余裕ができるのだ。

とはいえ、私自身は何か新しい画期的な存在論をドロミテの山中から自宅に持ち帰ったわけではない。ただし少数民族についての知識と私個人の人間関係を元にして、ヨーロッパの国境についての考えを持ち帰りはした。歩いていて脳内に酸素を多量に送っていただけなのに、不意にすべてが明瞭に見えてきたのである。

今は高速の移動手段がたくさんあるので、歩くだけでもロマンティックだと言っていいだろう。ヘルマン・ホフマン＝フェルカーザムは、富裕なブルジョア家庭に生まれたが、道がある限り歩き、鳥のように自由を感じた。彼はベルリンの大学で法学とオリエント学を学び、「感情は理性に勝る」というロマンティックな考えを抱いた。技術進歩や物質主義、そして工業化は人生から心を奪うと彼は言い、人間が自然と調和して過ごしていた時代を追想していた。

彼は、ベルリンのシュテークリッツ地区の男子校で職を得て教鞭を執り、一八九五年に学生クラブを創設した。そのクラブはロマン主義の理想についても論議したが、夏には長期にわたり森の中や山岳地帯、渓谷でハイキングを行った。一八九六年、このグループは「ワンダーフォーゲル」と自称するようになる。徒歩旅行は理想的な自由、冒険とされ、責任感およびドイツ・ナショナリズムと同等に重視されるようになっていく。ヘルマン・ホフマン＝フェルカーザムは、人間が当時の市民生活をやめて「ゲルマンの根源」に戻る社会を夢見ていた。

彼の理想はすぐさま多くのファンを獲得する。工業化は短期間にして何百万人というヨーロッパ人の生活を一変させてしまったので、平和で牧歌的な生活に憧れる人たちが大勢いたのである。一九〇一年になると、ドイツ諸都市でワンダーフォーゲル活動のグループが創設される。

健全で簡素な生活様式、そして野外で歌を歌いながら徒歩旅行をするというアイデアに魅了された中産階級の若者たちはどんどん増えていった。

だがその後、第一次世界大戦が勃発し、この活動は分裂する。一方は「青白」と名のるシオニスト青年運動、つまりはユダヤ系ボーイスカウト運動になり、他方はあからさまに反ユダヤ主義を標榜し、一九三三年にはヒトラー・ユーゲント運動に引き継がれる。この運動の目標は、ゲルマン民族が純粋かつ一心不乱に自然と一体化することとされた。

第二次世界大戦後、ワンダーフォーゲル活動はヨーロッパでも日本でも復活したが、イデオロギー色は薄まり、会員は数千人という野外活動グループになった。だがこの運動が、二十世紀初頭のように大規模になることは二度となかった。その代わりに、政治色が薄い現実的な組織がスウェーデンやフランス、イタリアやドイツに生まれ、国家主義的理想を捨てた政治的に中立のワンダラー組織になったのである。

徒歩旅行を文明批判と解釈したヘルマン・ホフマン＝フェルカーザムの考えは、他団体が受け継ぐことになる。たとえば一九六六年以降、青少年は反戦、反営利、反疎外をスローガンとして戦いを始め、ピープルズ・パーク（バークレー）で「平和、愛、そして理解」を呼びかけるようになった。

私が最初の長期徒歩旅行を始めてから三十年以上が経過した。以来私は、壮大な山岳の砂利道や暗い森の中、そして人間がうごめいている都会のアスファルト道を何度も歩いてきた。

初めて歩いたのはヒマラヤの道だったが、その時は頭と体、そして世界がたがいに語り合っている感じがした。だがその後は、そうした感覚をあまりひんぱんには経験していない。あれは何とも形容しがたい気分だった。だが時にはそういう瞬間が訪れることもある。それは「今」に浸りきっている稀有な瞬間であり、自分の行動にすっかり包み込まれている瞬間だ。自分のことをあれこれ熟考することなく、さらに一歩先へ、またさらに一歩先へと……。

6

さまよう惑星の上を行ったり来たり

「高速で直線的に動くのではなく、
ゆっくりと、蛇行するように、ぼんやりと、
かつ好奇心を抱きつつ前進したいのだ」

6　さまよう惑星の上を行ったり来たり

列車に宿るノスタルジー

二〇一三年十月。私はパリ発ローマ行きの急行列車に乗って食堂車に腰かけ、スパゲッティ＝ボロネーズを食べ、赤ワインを飲んでいた。車両は旧式。八〇年代初頭にインターレイルパスで乗っていた時と同型である。テーブルは白のリンネルで覆われ、ウェイターも白のウェイターベストを着用。

だが何もかも以前と同じわけではない。以前は、料理は陶器に盛られて出され、金属製のナイフ、フォーク類は重かった。私はハウスワインを飲んでいたが、いくら水っぽかろうと安かろうと、そんなことはどうでも良かった。少なくとも、洗い立てのワイングラスに注がれていたことはたしかだ。指ではじけばカランと音がするグラスだった——しかも全品合わせても食事代は高くなかった。だが今の食器はプラスチックとボール紙。とはいえ、列車の旅自体は八〇年代と変わらずゆっくりめだ。

パリのリヨン駅で乗車してから二時間経過した。リヨン駅は建設から百年以上経過している駅であり、成金趣味のアール・デコ様式。ビッグベンに酷似している時計台があるし、レストラン「トラン・ブルー」もある。

その天井は王宮めいた金ぴかのネオバロック様式であり、そこを見るたびにココ・シャネルやブリジット・バルドーらの常連客を思い出す。リヨン駅の天井は、鉄製の梁が見えるアール・ヌーヴォー様式であり、その下はいつも豪華な雰囲気で、あまりに荘厳かつ歴史的だから、今にも文化的なイベントでも開かれそうな気がする。たくさんの見事な建造物と、古色蒼然たる色合い。

古典的とも言うべきヨーロッパの多くの駅の建物には、鉄道全盛期の雰囲気がまだ息づいている。これを美しいと言うべきだろうか？　それらの建物を見ると私は、オリエント急行が東に向かってごく当たり前のように走っていた二十世紀前半に連れ戻されたような気がして喜びを感じる。だからそれらの駅の建物は美しいと言うべきだろう。古い駅舎を維持し、文化遺産として扱っている意味でも美しいと言うべきだろう。

だが飛行機と比較すれば、現代においては鉄道にはほとんどお金がかかっていないし、駅舎は滅多に取り壊したり新築されたりしないのだから、醜悪だとも言える。それに、私のような人間はヨーロッパの大都市間を往来する時に列車を選んでいるが、それは私のような輩が「ノスタルジーを抱いている博物館オタク」だからであって、その点でも鉄道駅は必ずしも美しいとは呼べまい。

もしこれと同じ状況だったら、飛行機もマイナーな存在になっていたことだろう。大戦間に建設された空港ターミナルが今もそのまま残っていれば、そしてチェックイン・カウンターにドーリア式円柱があり、保安検査場の手すりがアール・ヌーヴォー様式だったら、飛行機に乗る時も、リヨン駅で列車に乗るのと同じノスタルジーを感じることだろう。

パリ・ローマ間の往復に飛行機を利用してもいいのに、どうして私は列車を利用するのか？私は今食堂車で座りながら赤のグラスワインをちびちび飲んでいるが、もちろん飛行機は列車よりはるかに高速だ。列車は速くもないし、安上がりでもない。現代においては飛行機は気楽で安価なのに反し、国際列車はものものしいし高価だ。

私が生まれた一九六二年時点では、スカンジナビア航空でストックホルム・バンコク間の一番安い往復飛行機代は約五千クローネだった。実は同社の飛行機に乗れば今も金額は同じなのだが、当時の五千クローネは正社員の給料三ヶ月分に相当した。飛行機で外国に行けるのは一握りの金持ちだけだったのである。

飛行機がエリート専用ではなくなるにつれて、世界は風船のようにゆっくりと、だが確実にふくらんでいった。今までは想像するしかなかった世界が、色と形のある実態を帯びてきたのだ。異国はあまり神秘ではなくなり身近になってきた。

休暇中に外国に出かける人の数は、一九五〇年には世界で二千五百万人だった。つまりは欧米のエリート層であり、彼らの旅は種々の面において植民地主義の延長と見なされていた。そう見られても不思議はない。何しろ飛行機や列車、そして外洋汽船に乗って外国に出かけていたわけで、そうした旅は以前には旅行会社のポスターやハリウッド映画でシックと見られていた行動だった。

アガサ・クリスティーの『オリエント急行殺人事件』に登場するエルキュール・ポワロやその他の人物はむろんエリート層であり、高級ホテルに泊まり、この伝説的な列車に乗り込み、まずはカレーに向かったのだ。だが下層階級にとっては、外国旅行などという代物はユートピアか、ないしは逃亡や職探しのためであって、つまりは三等船室で人混みに混じって過ごす旅を意味していた。

しかしそれは昔の話。その後、外国旅行客は増加する一方で、留まることを知らなかった。一九九二年、二〇〇一年、そして二〇〇八年に経済危機が訪れたが、それとても全体の上昇カーブの中に見られたささいな乗客数減少だった。二〇一五年には全世界でのべ十二億人が外国旅行をしたが、これは一九五〇年の四十八倍に相当する数である。

現在、外国旅行者数が最多なのはアメリカ人やイギリス人、あるいはドイツ人ではなく中国人である。中国人は外国旅行客が最多なだけでなく、旅先の国々（とりわけ日本、韓国、タイ、フィリピン、マレーシア）で支払う金額も最多だ。もっとも、今のところは中国人がトップだが、インド人が急接近している。ほどなくして典型的な旅行者はヨーロッパ人ではなくアジア人になるだろうから、「外国旅行はヨーロッパの植民地主義の延長」という非難もそのうち口にされなくなるだろう。

こうした旅行ブームが到来した理由は、航空運賃が格段に安くなった結果、旅行がどんどん一般化していることにある。今や、西洋の中産階級だけが飛行機を利用しているなどと考える人はいないだろう。たしかにかつてはそうだったかもしれないが。

しかし今、たとえばスウェーデン人が外国旅行をする場合でも、それは一般市民であり、目的はたとえば自分の生まれ故郷にいる親戚を訪ねることだったりする。これはジャンルとしては「民族旅行」と呼ばれるもので、だからこそスウェーデンからアルビール（イラク）、テヘラン（イラン）、アディスアベバ（エチオピア）へ直行便が飛んでいるのだ。市場の規制緩和、熾烈な競争、キャビンアテンダントの給与引き下げ、そして飛行機の燃料費節約の結果、多くの人々が地上ではなく空を旅するようになった。

このような外国旅行をして視野を拡大し、遠近を問わず誰もが親しい人を訪れても、それを批判する人はいなくなった。だから、私が時代を懐かしんでイスタンブール行きの列車を選ぶのは、ちょっとした気取りに見えるのである。

空の旅は感覚を歪める

しかし私は飛行機のマイナス効果を考える。まずはもちろん温室効果ガスの排出だ。これは地球温暖化の一因である。自然保護の本によれば、私が五百キロメートルの距離を飛行機で行けば百六十キログラムの二酸化炭素を排出することになるが、もし列車を選べば――それも電気機関車で牽引されていれば――排出量はわずか三キログラムだ。つまり飛行機旅行一回と列車旅五十三回が同量ということである。もっとも、旅をせずに家にいたり、あるいは別の旅行方法を選べば話は別だが。

　飛行機旅行には他の面もある。私たちの世界観を歪めてしまうのだ。飛行機で旅をすれば、世界を航空路の網の目と見なすようになり、鉄道路線や車道、そして草原と湖の脇をウシがたどる道、さらには森を抜けてアルプスの峠を越える道を忘れてしまうことになる。私は今まで辺鄙なところを旅しては種々の文化が遭遇する光景をみずから体験してきたが、もし飛行機に乗れば、空間意識はしだいに狭くなっていく。地球は各々の部分が合わさって全体が構成されているのだが、現代においてはこの惑星上を行ったり来たりしているうちにそうした感覚をしだいに失ってしまうのだ。

　飛行機の黎明期に登場したフランスの小説家・飛行士アントワーヌ・ド・サン＝テグジュペリは、今後人間がどういう方向に進んでいくか、それを予感していた。彼は何年間か単発の郵便機でサハラ、地中海、そしてアンデス山脈上空を飛んだ。そうした行動をしていると人は現実から遊離していく、と彼は自伝『人間の土地』で書いている。上空を飛んでいると、風が吹いている道（日常生活）から離れ、直線距離（遥かな土地への憧れ）を身につけてしまう。いとしい絆・心配を失ってしまい、心は遠方へと向かうようになる（変化願望）。

　直線距離を飛ぶ旅はインフラ革命を招く。その結果、過去百年間で私たちの行動様式はグローバル化した。単純に言えば、仮に飛行機がなければ年間にのべ十数億人もが外国旅行をすることはなかっただろう。だができるだけ速く進みたい人は、もちろん直線距離を飛ぶようになる。そのほうがはるかに安全で確実だし、乗客、郵便物、そして商品ははるかに速く目的地に到着する。

だが革帽子とパイロット・ゴーグルを着用したパイオニアだったサン＝テグジュペリは、飛行機が自分の知覚にどういう影響を及ぼすかを考えないわけにいかなかった。一九二〇年代のある飛行中に、彼はすっかり現実感を失ってしまう。上下に何があるかも分からなくなり、何が現実で何が幻覚かも分からなくなる。正確な地平線や水平線も認識できない。何が地で何が空か、それすら把握できない。感覚が追いつけなくなったのだ。

「今、私たちは宇宙の中で迷子になってしまった。近づきがたい惑星百個の中からたった一つの惑星——私たちの惑星——を探していたのだが……」

私も、二つの大都市間を結んで空高く飛んでいるジェット機内に座らされ、前部座席のスクリーンに映っているデジタル直線、いわばアニメ化された世界地図上の旅行ルートを見ていると、それに似たことを感じる。宇宙に放り出されている感じ。現実から遊離しているのだ。スタンリー・キューブリックのＳＦ映画『二〇〇一年宇宙の旅』に出てくる宇宙飛行士デヴィッド・ボーマンのようなもの。

ボーマンはただ一人カプセル内にいて頭が混乱し、異次元に至る光のトンネル内を運ばれていく。私にしても、しばらく翼を持てればとても魅力的だとは思うが、結局は地球に戻ってあちこち動きたくなる。高速で直線的に動くのではなく、ゆっくりと、蛇行するように、ぼんやりと、かつ好奇心を抱きつつ前進したいのだ。

ヨーロッパの諸都市間を旅行するのに飛行機ではなく列車を選ぶ人がいるのには、それなりの理由がもう一つある。今から典型的な飛行機旅の一日を想像してみよう。

私は日の出前に起床し、寝ぼけた状態で空港行きのバスに乗り、暗闇を見つめる。空港に着いたら着いたで、スーツケースを転がしながら長たらしい通路を進み、チェックインのために長蛇の列に並び、さらに長らく保安検査場に留まり、寝不足ゆえに気分が腐ってきて保安担当者に文句を言う。だが保安担当者は私のポケットを二度もチェックするのだ。

その後私は、脚も自由にならないくらいの狭い席に座り、生ぬるいコーヒーを注がれ、乾いたパンを高く買わされる。着陸したらしたで、またしても通路を歩かされるので肌が汗ばんでくる。スーツケースが出てくるのを長く待っているうちにフラストレーションがたまってくる。そしてまたしても空港バスで都心に向かうが、午後の熱気を浴びた途端、自分が着込みすぎているのを感じる。

フライト自体は二時間以内なのに、以上の旅はほぼ一日を要する。しかも目的地に到着する頃には極度のストレスがたまっているし、疲れきっている。早朝に起床したからでもあり、さまざまな瞬間にストレスを感じたからでもある。

これに反して、私が前の晩に夜行の国際列車に乗ったらどうだろうか？　夜行列車は、飛行機との競争が激しくなるまでヨーロッパでは多数運行されていた。夜行なら、車内で夕食を食べることができるし、列車が夜間に走行している間は車両内のベッドで白い寝具に横になって眠り、夢を見ることができる。しかも翌朝には都心の駅に到着だ。飛行機を利用した場合の、都心から何キロメートルも離れた空港ターミナル、強風の吹き付ける空港ターミナルに到着するのとは大違いである。

穏やかなスピードが旅を彩る

旅の記憶は美化される傾向がある。九〇年代に私がブリンディジ・ナポリ間の鉄道に乗った時には、列車がひどく遅延したものだから汗をかきながらの旅になったが、あの旅は私の記憶にあるとおり本当にすばらしかったのだろうか？　私は、汚れた硬い通路の床にバスタオルを敷いたので、他の乗客たちは私の上をまたいでいったが、あの旅は本当に快適だったのだろうか？

それから、十八歳の時のインド旅行では、何時間もリュックを頭上に載せながら、ムンバイ・ゴア間を五時間遅れのぎゅう詰めの列車の中で片脚立ちしていたが、本当にあの旅は「ロマンティック！」だったのか？　とんでもない。美化しただけの話だ。みじめな乗車のことを忘れ、魔法にかけられただけなのだ。

とはいえ、一見すると単調な鉄道旅では、他にも多くの出来事が起こる。ある程度快適な状況なら日記を書いてもいいし、小説を読んだり、単に座って物思いに沈んでもいい。列車の単調な進行は黙想と瞑想をいざなうから、列車旅からアイデアが生まれる。哲学者アラン・ド・ボトンは二〇〇四年の著書『旅する哲学』〔集英社〕の中でこう書いている。

「私たちが目にしている光景と、頭の中の考えとは、奇妙につながっている。壮大な思考を生みだすには、時には壮大な眺望、新たな考え、新たな場所が必要なのだ」

風景はすっと近づいてきて消えてゆく。「ささいなモノや雲、奇妙な建物や動物を目にすることもあるが、通過した途端にしっかり目に留められないモノもある」とジェニー・ディスキーは書いている。また、長距離を歩いている間、前進しながら別のことを考えていることもあるのだ。その時に目が見ているものや存在しているものと、頭の中とが、無関係の場合もある。頭の中は勝手に動いているのである。

思考にとって最良なのは、景色が穏やかなスピードですぎ去ることだ。列車は充分速く動いているので常に同じ景色でも飽きることはないが、ゆっくり走行している時には、もっと細かなこと、独特のことを認識できる。その認識は、果てしない雲やいつまでも変わらない大洋といった単調な光景を見ている飛行機旅や遠洋航路よりもはるかに生き生きとしている。

私の父は一九五五年にパリに向かおうとした時、列車を選んだ。それは父にとって当然の選択だった。飛行機代がとてつもなく高く、それに反して列車代なら何とか払えたからだ。額を比較すると二百二十一クローネに対して九十五オーレ（オーレは一〇〇分の一クローネ。だから九十五オーレは一クローネより安い）。青インクで金額が記されたそのチケットを、父はのちにアルバムに貼り付けた——その横にはエッフェル塔、そして、ワインやブランデーなどを売っている店舗ラ・カーブ・サン＝ミシェルのエキゾチックな価格表。ワインなども当時ひどく安かったわけではないが、飛行機代はその三倍もした。

父は旅をしたくなっても、最低価格で買うために何ヶ月も前から予約する必要はなかった。出発の数日前にクリールボの駅までぶらぶら行ってチケットを買うのが常だった。いつ買っても同額だったからである。こうして父はマルメとハンブルクで乗り換え、パリ北駅へと向かった。

八〇年代のヨーロッパでは鉄道が支配的だった。私は今も覚えているが、旅行会社の窓口に行くと、ヨーロッパの大都市間を直通で結ぶ列車がひんぱんに往復していることを宣伝するパンフレットがこちらに向かって笑いかけていた。夏時間の半年間は、ストックホルム・パリの全区間に寝台車、簡易寝台車、そしてテーブル仕様の食堂車が走っていた。

ヨーロッパ大陸を旅行するとなると、私の知り合いは誰もが列車を利用していた。飛行機の利用者など一人もいなかった。列車利用はクールで快適だった。しかも飛行機代よりはるかに安かった。

だが九〇年代初頭に入ると、それまで厳格だったヨーロッパの航空便が規制緩和された。不意に価格設定が自由になった。空路にしても、一国の当局が認可するだけで開設可能となり、その結果、EU域内に本社があるすべての航空会社はEU全域で営業ができるようになった。

そして、格安航空会社はヨーロッパ域外の契約社員を低賃金で雇うようになったので、超安価なチケット販売が可能となった。これはスカンジナビア航空やアリタリア、エールフランス、ルフトハンザといった旧来の航空会社にとって脅威だった。旅行者は列車をやめ、雲の上を漂うようになったのである。当然の帰結だ。不意に世界がひっくり返ったのだ。飛行機こそ安い旅になったのだ。

もし私が陰謀好きだったら、飛行機関連の会社から買収金をたんまりもらって、ヨーロッパの鉄道会社に関する会合を開き、にたにた笑いながらこう冗談を飛ばしただろう。「私は鉄道客の生活を大いに苦しくしてやるつもりだ。国際列車を廃止に追い込み、定額のチケット代を二倍にしてくれよう」

あるいはもし政治家だったら、別の会合を開いてこう宣言しただろう。「ハハハ、航空運賃を下げよう。そして空港建設に多額の税金を投入しよう」

かつて石油王と航空機メーカーはこう吠えたのだ。「ばんざい！　われわれはもっと金持ちになるんだ！」

だが私は陰謀という策略を信じない。人間は自分の行為の結末など予見できないと思っているからだ。ドイツの国会議員たちは航空事業の規制緩和がどういう結果をもたらすか、それを理解していなかった。その結果、鉄道利用者は激減してしまった。

これと似た例がある。ソ連は一九七九年にアフガニスタンに侵攻し、イランは同年に革命を起こしたが、その結果、インドに向かう際に好んで用いられていた道、つまりヒッピー旅行者たちの列車・バスルートは断ち切られてしまった。ソ連もイランも別の結末を考えていたのだが、結果的にはそうなってしまった。以来、通常の人々は外国に行こうとする時、誰もが飛行機を利用するようになった。

ここで仮に、ヨーロッパの政治家たちが来週、会議を開き、環境税を導入して航空運賃を五割増にする決議をしたとしよう。ショックが広がることは間違いない。だがローマ行きの航空運賃が現在の千二百クローネから千八百クローネに値上がりするからといって世界が没落することはないし、環境のためと考えればもっともな値上げだということになるだろう。

しかし同じ政治家の面々が、その環境増税分を使って新たな鉄道路線を建設し、キャビンアテンダントとパイロットを再教育し、彼らを鉄道の車掌と機関士に転職させるとすれば、その結果はどういう事態になるだろうか？　きっとヨーロッパ大陸のいくつかの大都市間に――コペンハーゲン、ベルリン、ケルン、ブリュッセル、パリ、ローマ、マドリード、ミュンヘン、ウィーン、そしてプラハの間に――高速列車が走ることになる。しかも飛行機で行くのと同じ時間で列車が走行することになるのだ。

少なくとも、人里離れた格安航空会社の空港までバスで行ったり、空港内の保安検査場で長蛇の列に入ることを考えれば、所要時間は同じなのだ。

7

カメのように、カタツムリのように

「目的地に至るまでの過程が旅の重要部分なのだ。
目標、目的地に集中しすぎると、旅に満足できなくなる」

7

カメのように、カタツムリのように

スマトラの川舟旅

スマトラ、一九八八年十一月。バスは、果てしないジャングルの中を南に向かって走っている。何時間もすぎ、うっそうとした植物群がバスの窓に当たり続けているが、ジャングルの景色は一向に変わらない。あまりに単調で眠気を催す。スウェーデン北部ノールランド地方のマツ林を走るより退屈。一時間経過。今は午前中。そして一日がすぎる。さらに一晩がすぎる。同じ木々と同じ道。

ある日の午後、私は荒涼とした場所で下車し、細い砂利道を歩いてララン川の岸辺に向かう。森の中にバユンクリニチアという寒村があって、すっかり荒廃した高床式の木造の家々が磯に建っている。港内には、細くて浅いカヌー状のボートが寄り集まって揺れている。溝の中を見ると、さびた缶詰。無表情な目つきの幼い少年が数人。荒れ果てた田舎の村落。

私はある理由でここにやって来た。川舟で広大な沼地を横断したかったのだ。バスや単調な森の光景にうんざりした私は、海へと流れる川の蛇行を体験したほうが、直線のアスファルト道路を行くよりもサプライズがあるのではと思ったのである。実際に乗ってみると、川舟のゆっくりしたテンポに魅了された。通りすぎてゆく風景をじっと見ることができたのである。

旅行ガイドブックは客船を推薦していたが、それはもう運航中止になっていた。だが私は一人の男と出会った。小型モーターボートで十時間航行し、カランアグンに連れて行ってやると言う。そこからは、石油産出で賑わっている都会パレンバン行きの客船が出ているという。金額で折り合いが付いたので彼と握手し、食糧を入手するために村の商店をめざす。

一時間後、その男は舷外エンジン付きのボートをスタートさせた。ボートは、鏡のように滑らかな川面を航行していく。航行困難な広大なマングローブの沼地へ入る。ここはスマトラの東海岸沿い。沼地の面積は、スウェーデン南部のイョータランドに匹敵するくらい広い。なかなか通りづらいので、手つかずの場所だ。

スマトラと言えば原材料産出の地。オランダ人が十七世紀に来て以降、西洋にとって生命線となった。ガイドブックにはそう書いてある。タバコ、ゴム、コーヒー、石油、木材。スマトラ南東部、沼地っぽい森の中を流れるララン、チャリク、バニュアシン、ムシといった名の川に沿って、製材所と村々がひしめき合っている。こうした川こそ外界との接点だ。

森は主要な収入源。高々と育った木は切られて最寄りの製材所に運ばれ、次いで海岸の輸出港に輸送される。原生林と世界市場とをつなぐセンシティブな場所。ヨーロッパの不景気、日本の銀行危機、アメリカの失業者増加——そうした遠隔地でのごくわずかな変化がここに影響を及ぼす。周辺の各地がこの沼地とつながっているのが感じられる。遠隔地が絶えずすぐ近くにあり、この地に付きまとっているのだ。

ボートは、灰色をした高床式の木造家屋や、荒い息づかいに似た蒸気で動いている製材所、そして川に浮かぶ赤茶色の木材のそばをゆっくり進んでゆく。光景としては不思議ではあるが、ちょっと荘厳でもある。人間が二百年間に行った工業化を一瞬にして目撃しているような気になる。こういう場所がなければ他のものも生まれなかったのだ。

住居前の桟橋で日常生活が営まれている。女性たちは、コーラ色をした川で洗濯をし、子どもに授乳し、かまどで料理をし、通りがかりのボートに合図を送る。私のほうからは住民の居間や台所、さらにはトイレまで見ることができる――ハロー、ハロー、私は今、旅の途中なんです――。住民からはたいてい微笑と合図が送られてくる。川を旅する人は住居の前を通りすぎるたびに、住民がそこに座って用便している場面を見ることになる。そんなことは当たり前のことのようだ。

何時間もかかって何キロメートルも流れを下っていくと、あたりが急に暗くなった。赤道近くはいつもこうだ。自然な夕暮れではなく、ヒューズが飛ぶような感じ。木々の先端に猛禽類とオナガザルのシルエットを認めた途端に、最後の光が水平線の向こうに消え、すべてが暗転した。

夜中の十二時半、カランアグンに到着。この村は、ララン川が南シナ海に注ぐ河口の直前、つまり川と海と沼地の間の磯に高床式の家々が集まってできている。私たちのボートは小さな桟橋に横づけした。私は船底に体を丸めて寝入った。夢を見た。村民たちがやって来て私たちを身ぐるみ剝ぐという夢だったが、今度も不安は夢の中だけ。

早暁は湿っぽく、涼しかった。その後、太陽が熱くなっていき、薄霧がちぎれていく。私をここまで連れてきてくれた男性と別れる。その後、快速で小型の客船に乗り込みパレンバンをめざす。

早朝の船内で私の横に座っているのは、パレンバンに向かう眠たげな通勤者たち。舷外エンジンを二台備えたこの快速船は、うなりをあげながらデルタ地帯に向かって流れを下り、その後、西方へ曲がって三つの大きな湖を横切り、漁村五つのそばを横切り、次に川の上流に向かって走る。石油の宝庫へと向かう川であり、原油は精製後、遠くの原油株式市場でドルに換えられる。

数時間後、穴だらけの木造の桟橋に船は泊まった。私は他の乗客たちといっしょに下船し、ぐらつき気味の木製カウンターでコンデンスミルク入りのコーヒー（現地語でコピ・スス）を注文する。誰もが寝ぼけまなこでそこに立ち、乳白色の夜明けの中で、ねっとりと流れる川を眺める。客同士には共通語がなかったので、誰も何もしゃべらない。沈黙こそしていたが、ある種の一体感は感じる。

私たちはその船でさらに先に進んだ。数時間後、煙を吐き出している工場の煙突と、製油所の燃えている煙突が水平線上に見えた。岸辺に沿って建物がぎっちり建っている。クルマや自転車、人間の音が聞こえる。船は、波立つ川を、都心に向かって跳ねるように直進する。時々腹筋がうずく。不意に船長がスピードを落とす。船は鋭く曲がり、不安定な木製の桟橋に接岸。木造のあばら屋と狭いローム層の小路が走っている地区のすぐそばだ。

もし私が、バスで進んでいれば、昨夜にはもうここに着いていただろう。だがそうしていたら、霧にくるまれて熱帯の沼地の桟橋に立ち、通勤客といっしょに湿地帯で甘いコーヒーを飲む体験は味わえなかった。

スロー・トラベルの勧め

ポーランドのジャーナリストであるリシャルト・カプシチンスキの話をしよう。彼は、寒いワルシャワから湿度の高いロンドンを経て、ガーナの暑いアクラまで初めて飛行機で行った時、頭がすっかり混乱してしまった。時は一九五〇年代。こんなに遠距離の飛行機旅をする人はまだ少なかった。

「どこもかしこも光。どこもかしこも明るい。どこもかしこも太陽」。アクラに到着した時、彼はそう記した。イングランドにいた時には雨と寒風と暗さの中にいたのに、高速の飛行機のおかげで、今度は日射しにさらされる朝。気が動転した。

「金属製の繭」の中で高所を飛行する快速かつ安全な旅は、ぎいぎい音を立てながら傾斜しつつ進んでいく低速で危険な帆船と比べれば大変な進歩と言える。だが新しい環境に慣れるという観点からすれば、SF文学に出てくるテレポートのような旅は快適だろうか？　昔の人間は歩いたり、動物や船に乗ったりして世界中を旅したので、時間の動きには自然に慣れた。

「（当時は）地球の景色はゆっくり変わっていった。世界という舞台は、ほとんど回転していないかのごとくだった。旅は何週間、何ヶ月もかかるものだった」とカプシチンスキは『黒檀』の中で書いている。この本は私が読んだ中で、アフリカについて書かれた最良のルポの一冊だ。

「当時は別な環境、別な景色に慣れるだけの時間があった。天候ですら徐々に、段階的に変わっていった。旅行者は寒いヨーロッパから灼熱の赤道に行くまでの間に、ラス＝パルマスの快適な温かさを体験していた」

現代においては、この慣れのプロセスが消えている。私たちはテレポートの魔法に惑わされているのだ。ある地点から別の地点に快速で快適に行けるものだから、フライトが遅延したりキャンセルされたりすると、自分の完璧さ、人権がひどく侮辱されたような気になる。フライトがストライキや技術的なミス、あるいはアイスランドの火山の砂塵が原因で出発できないとなると、搭乗予定者たちはテレビのインタビュアーに対してこんな金切り声を上げる。「こんなことになるなんて！　休暇が台無しです！」。彼らは涙にむせびながらテレビカメラを前にしてそう叫ぶ。

もし彼らが短期の週末旅行を計画していたなら、その気持ちは分からないでもない。私はその失望を軽視するつもりはない。何しろ、憧れを胸に抱きつつ時間を作ったというのに、空港に行ってみたら、フラストレーションだらけの旅行客たちの大混乱の中で立ち往生させられたのだから。

だが彼らがなぜ失望しているかと言えば、それは、快速でスムーズな進行を当然と思っているからだ——逆に言えば、突然の交通マヒを想定外の異常事態と思っているからである。だが本当を言えば、パイロットなどの人間の状況と、優れた技術、それに自然の力、以上のどれがいちばん強いかは分からないのだ。

二十世紀という時代は、何もかもどんどんスピードアップした時代だった。どんな変化が生じたか、それを知るためには昔のガイドブックを読めばいい。ドイツのガイドブック（ベデカー刊）の中から、ローマを目的地とする一九〇九年版を見てみると、ローマの滞在日数としては少なくとも十四～十六日間がベストと推奨されている。これ以下の日数ではローマを体験したとは言えなかったのだ。

その後、エレン・ライドリアスの古典的なガイドブック『ローマ八日間』の初版が一九二七年に刊行されるが、この書名を聞けば、この本が当時いかにモダンだったかが分かる。その頃の旅行者は「ローマをたった八日間で体験しろというのか！」と思ったに違いない。

だが現代の私たちは、週末にヨーロッパの大都市に行こうとしたら、日程はせいぜい三、四日と考える。それ以上なんて考えられない。たとえばローマに丸々一週間なんて言えば、引っ越すつもりかい、と訊かれてしまう。

以前と比べると、労働時間は減少し、休暇は増え、しかも旅自体はスピードアップしたにもかかわらず、旅行日数は短くなったのだ。リシャルト・カプシチンスキがアフリカ旅行を始めた当初、別の大陸に飛行機で行くということ自体が目新しいことだった。飛行機と列車、そして船の違いを考えることなどできなかった。

「飛行機は、雪と霜の地から乱暴に私たちを引きちぎり、その日のうちに熱帯の灼熱を浴びせる。いきなりだ——私たちは目をこする——今は高湿度の地獄にいる。即座に汗をかき始める。ヨーロッパの冬からやって来た場合には、コートとセーターを脱ぎ捨てる。これは私たち北国人がアフリカに到着した時に行う最初の儀式だ」

現代人は、効率的かつ快速な旅をしなければいけないと思っている。みんながそう考えているようだ。この考えに抵抗するのは難しい。快速の輸送手段がリーズナブルな値段で提供されているので、大多数の人は、ゆっくりめの旅をしようとしない。いくら冷静な環境論や哲学論を聞かされてもだ。

せめて、現代は生活全体の進み方が「速すぎる」とか、私たちは効率を重視しすぎていると は考えないものか？　もしそう考えるようになれば、ゆっくりめの旅をしてまずは休もうとするだろう。

だからといって、生活をゆっくりとノスタルジックに見たほうがいいと言っているわけではない。なごやかでバランスのいい生活を送ろうと言っているだけだ。スロー・トラベル推進運動はそういう動きである。

目的地に至るまでの過程が旅の重要部分なのだ。目標、目的地に集中しすぎると、旅に満足できなくなる。あまりスピーディーに到着すれば、何も体験できなくなる。逆にかなり長い旅をすれば、観光地巡りばかりということはなくなる。

日常生活においても、暇ができて常に一つのことだけを行うようになれば、日々の印象を落ち着いて記憶にとどめるようになる。そうなれば、ゆっくりとした生活を楽しめるようになる。「急がば回れ」というのは、ローマ帝国の初代皇帝アウグストゥスが、速さは時には人間の欠点にもなりうるということを強調する時に発した言葉と言われている。

またヴァルター・ベンヤミンは、一九八〇年に遺作として刊行されたパリに関する『パサージュ論』の中で、「十九世紀には、カメの首に綱をつけて散歩するのがエレガントとされた」という意味のことを書いている。カメは、のろのろと進んでいくので、それがステータスシンボルだったとのこと。カメを飼い、その遅さに付き合ってゆっくり散歩できるのは、時間を自由に使える金持ちだけだったのだ。

二〇〇九年のこと、雑誌『知られざるヨーロッパ』から世界に向かってスロー・トラベル宣言が発せられた。その趣旨は、休暇を利用して自然志向のロマンティックな散歩をしていた十九世紀の人たちの考え方とあまり相違はなかった。たしかにカメといっしょの散歩に関する記述こそなかったが、同誌編集者ニッキ・ガードナーは、オデュッセウスの船旅を手本として挙げている。

「私たちの旅行観は過去何世紀かの間に、微妙に変化した。彼岸をたどるダンテの旅は、ホメロスの『オデュッセイア』同様、手に汗握る旅行記とも読めるが、現代においては、本来の旅らしい旅は流行らなくなってしまった。私たちは各地を何度も飛行機で飛び回っているばかりで、もはや旅を尊重していない。出発と到着の間の出来事は、むしろ負担と化している。旅行中の体験は軽視され、最終目的地への憧れだけが大きくふくらんでいるのだ」

もういい加減、加速思考はやめよう、とその宣言には記されている。「飛行機に乗る前にもう一度じっくり考えてみよう。もっとゆっくり旅をしようではないか。道を探ろう。あまりに有名な観光地は避けるようにしよう。どこへ行くにしても、もっと長く滞在しよう」

スロー・トラベル運動に刺激を与えたのは、当時の高速化の流れに批判的だったフランスの作家・詩人テオフィル・ゴーティエ（一八一一～一八七二年）だった。ゴーティエは「人間は高速化に夢中になっている」という意味のことを言っている。テンポを落とせば、旅の最中に人と知り合いになる機会が生じる。高速化は過去何百年間か、ずっと続いてきた赤い糸だ。ゴーティエが嫌った高速化とは鉄道のこと――つまりは十九世紀の技術革新のことだった。それに対して現代のスロー・トラベル運動の対象はもちろん飛行機である。

一歩下がることで一歩前進

イタリアのかかとの部分、アプリア地方のサレント半島で、私は、カルロ・カッショーネという名の自転車大好き人間と出会った。彼はスペインとフランスに支所を持つ複数の独立ラジオ局の記者だったが、わざわざアプリア地方に戻って来たのは、自分の故郷で一つのプロジェクトをスタートさせるためだった。

一歩下がることで一歩前進しようとしていたのである。イタリア人にクルマを放棄してほしかったのだ。その代わり自転車に乗り、それぞれの村を行ったり来たりすることにより、ローカルな文化の高い価値に気づいてほしかったのだ。

同時に彼はイタリア北部からやって来る観光客も観察していた。そうした観光客はストレスをためこみながらも、レンタカーでこの地方を回り、名所巡りをしていた。道端に咲いている春の花たちの香りを感じることもないし、狭い道も通らず、オリーブの林を散歩することもない。しかも彼らは大量の排気ガスを放っていたし、運動不足ゆえ肥満になっていた。

イタリア中がシルヴィオ・ベルルスコーニに眩惑されていた二〇〇五年、アプリア地方は州知事に共産党員を選んだ。イタリア初の出来事であり、それ以降も例がない。州知事に就任したニッキ・ヴェンドラは共産党を離れ、いかにもイタリアらしく新党を結成した。自由エコロジー党である。

だがヴェンドラは共産党と「緑の連盟」の支持を受けただけではなく、LGBT運動にも開放的だった。この考え方は、保守的なカトリック系イタリア人を震え上がらせた。しかし何にも増して彼が恐れずに公言したことは、ローマの指導的政治家たちや各地のマフィアを忌み嫌っているということだった。さらにヴェンドラはある演説を行い、すべての人に知られるようになった。彼はベルルスコーニ首相を罵倒し、首相のことを「男性中心主義、女性蔑視、マッチョ賛美の下品なミックス」と呼んだのである。

元共産党員ヴェンドラは新たなアイデアを思いついた。その一つが自転車ツーリズムである。他にも、いくつかの大工場が閉鎖された貧困地域にカルロ・カッショーネのような地元企業家の力を得て新たな命を吹き込んだ。

こうして地元州の支援を得たカッショーネは、友人二人と協力して遠近の観光客向けに自転車ツアーを企画した。その旅ないし遠足は、「今ここにいること」をゆっくり楽しむことを重視した。体の負担にならないゆっくり旅である。現在、カッショーネのグループは、明るい砂岩の風景の中をゆっくりペダルをこぎ、地元のチーズ工場やワイン醸造所、村の居酒屋にしばしば寄って長居をしている。この旅のロゴは自転車とカタツムリ。それこそまさしく旅の目的なのだ。

パスタはスペルトコムギ製、ペスト（パスタ用ソース）はアーモンドとエンドウ製、サラダはウイキョウと亜麻仁油のミックスだ。カッショーネと私は、辺鄙な地でサイクリングツアーを終え、エコロジーと菜食主義を標榜する居酒屋で夕食を摂った。その二、三時間前には私たちはまだ、日曜サイクリンググループとともに夕日を浴びながら、マーリエの町の白い砂利道を走り、こぶだらけのオリーブの木々の脇を通っていた。

レストランで、赤カブとカリフラワーのクリーム煮、そして伝統的な堅いパンを食べている間、カッショーネはどういう方法で、ストレスまみれのヨーロッパ人を地元産の食事、伝統文化、周辺のワイン、そしてゆったりめのこの地域に惹きよせようとしているかを語り始めた。

この地では自転車のほうがクルマやバスより優先されているのだ。以前は貧困のシンボルだったものが、今や追求するに値するものになったのだ。カッショーネは、「古くて伝統的なものが新しい未来になった」と何度も口にした。翌日、ふたたび自転車にまたがり畑に沿って走って行くと、カッショーネはうれしそうに「自分たちのアイデンティティ、アプリア地方のアイデンティティを回復したんだ」と語った。周囲を見ると、五月初めなのにジャガイモがすでに花を咲かせ、道端からは乾生の草とウイキョウの香りが漂ってきた。

文化も花を咲かせ始めた。今日はコンサートがある。サレント半島の伝統的な民族舞踊ピッツィカが中心で、他にはジャマイカの影響を受けたレゲエ・ミュージシャンたちが当地の方言で歌う。食事、ワイン、そして工芸についても新しい考え方が広まっている。

アプリア地方の自転車は強烈な抵抗運動であり、スピードアップ志向の世界とは逆向きの発展を遂げてきている。この運動は、旅を変化させたカメであり、ウサギに挑戦しているのだ。「ここの人々は、十五年前に消えてしまった自分たちの価値を今伸ばしているんだ。外国やイタリア北部に引っ越していったアプリアの人たちも、今は戻ってきて、地元の農業、食事、音楽に誇りを抱いている」とカッショーネは言った。自転車を降り、畑とオリーブ林を囲んでいる幾多の石壁の一カ所にもたれて休息していた時のことだ。

彼らの誇りの大きさを、私はその翌日理解した。カッショーネは赤のTシャツを着ていたが、そこには「自分の運命を決めるのは自分だ」と書かれていた。私はそれに気づいた時、地元産モッツァレラを口に入れようとしていたのだが、彼は「それは新鮮じゃない」と言って私に食べさせなかった。そのチーズは当日朝に作られたもので、今は午後だったが、彼に言わせると、生温かさが残っている午前中に消費すべきだったとのこと。

私の横では、カッショーネの仲間ジュリア・テヌッツォが自転車に乗っていた。「すてきな気分ね」と彼女は言った。風が彼女の髪をかき上げる。「私たちは孤独じゃないわ。これは強力な運動よ。私たちは地元を見直してもらうために戦っているのよ。国際的なチェーン・ホテルには泊まらないでB&Bに泊まってもらう。そして地元の工芸品を買って、この地方の食品を食べてもらう」

外部から救いの手が伸びてくるのを待つつもりはない。「大体が、旅を急ぐ必要なんてどこにあるの？　私たちはこれからカタツムリのテンポで、次のワイン醸造所に自転車で向かうのよ」

8

何度も戻る。何度も続ける

「人は遅かれ早かれ、
絶えず新しい場所を訪れようとはしなくなる。
旅の体験をコレクションしようなどとはしなくなるのだ」

8

何度も戻る。何度も続ける

リピーターを笑うな

ゆっくりと旅をしていると、同じ場所に戻ってくるようになる。表面的なことは頭から消え、型にはまったこと、あらかじめ考えていたことなどはどうでもよくなる。誰かと出会って、時には真の人間関係を構築し、体験を深めることが大事なのだ。街中を歩き回っていた実存主義者ゼーレン・キルケゴールは、次の文章を書いた時、そう考えた。「リピーターはまさに生きているのだ。リピートすることこそ現実であり、真剣な人生なのである」

私はしばしば、再訪したいところはどこかと訊かれる。私はこう答える。ギリシャのナクソス島と、インドの都市ムンバイには何度でも戻りたいと。すると相手は驚きと失望の表情を見せる。この二カ所は、私が大人になりかけたころから何度も訪れてきた場所だ。

「え？　それはどういうことですか？」と次に訊かれる。

「ジグソーパズルのようなものですよ。最初の旅は、ジグソーパズルを初めてやってみる段階です。その後パズルの各部分を一つずつはめ込んでいくと全体像が見えてくるんです。戻っていくたびに少しずつ分かるようになるんですよ」。私はそう説明する。

記録を樹立しようなどとは思わない。地球上のすべての国を旅しようなどとは思わない。国連に加盟している百カ国を訪れてトラベラーズ・センチュリークラブ（ＴＣＣ）のメンバーになろうなどとは、夢にも思っていない。

「でもそれは極端じゃないか？」と友人の一人が私に訊く。

「いやいや。もしすべての国を旅しようなどとしたら、あちこちのレストランには入ることになるけど、食事が本当においしいかどうか感じる暇もないし、同じテーブルに座った他の客たちと一言もしゃべらないことになるでしょう」と私は答える。

人は遅かれ早かれ、絶えず新しい場所を訪れようとはしなくなる。ビールのジョッキや各種の鳥をコレクションするように、旅の体験をコレクションしようなどとはしなくなるのだ。そうしたコレクションなど無意味だと、不意に感じるようになるのである。

ジェニー・ディスキーは『見知らぬ乗客』を書くための調査をした時、アメリカを列車で横断するのを目的として二度、旅をした。彼女は考えた。「外に出て旅をしたいと思った時、私はどうして、今まで行ったことのない場所に行って今までやったことのないことをしようとはしなかったのだろう？」。彼女は、こう自答した。「それは、リピーターになること、同じ事柄をいっそう深めることのほうが興味深いからだ」

私は若かった時、両親といっしょにギリシャの島巡りを始めた。島の数を勘定はしなかったけれど、三十ないし四十は訪れたと思う。だが母の六十歳の誕生日を祝うためにチャーター船でコス島に向かっている間にこう思ったことを、今もはっきり覚えている。

島をいくつも訪れることはやめて自宅に戻ろう。島は一つだけでいいじゃないか！　実はその時、岸辺に横たわってラフガイド（ガイドブック）をめくりながら、これからカリムノス、レロス、パトモスに行こうとしていた矢先なだけに、挫折感は強かった……。だが船旅とは「これだ！」という島を見つけることではないのか？　私にとってその島はまだ見つかっていなかった。

しかしそれから二、三年後、その島は見つかった。

当初ナクソス島は、山村探しのために行う通常の島巡りツアーの取っかかりにすぎなかった。最上のムサカ（グラタン風の料理）を出してくれる最上の居酒屋、極上の白砂の岸辺、そして透明きわまりない水と遭遇したかっただけ。だが同島を二度目に訪れた時、私はまたここに来ようと決心した。そしてその一年後には三週間、前回と同じ浜辺に滞在した。他の島に行こうなどとはまったく考えなかった。フラストレーションは消えていた。ついに見つかったのだ。それ以降はほぼ毎年訪れた。

どうして隣接するどこかの島ではなかったのか？　イオス、パロス、あるいはアモルゴスではなかったのか？　あるいはシキノス、フォレガンドロスでは？

ことによると初日に港の遊歩道にいたカメラマンのミッケ・ベルイのせいかもしれない。彼もリピーターになろうとし、考えに考えた末、ナクソス島に決めていた。私と出会った時にはすでに確固たるリピーターだった。港の遊歩道沿いの「カフェ・ランデブー」でウーゾ（リキュール）を飲みながら、なぜ他の場所に行く必要がないか、それについて私に説明してくれた。彼は長い間、全面的に満足できる場所を探して世界中を回っていた。素朴で安全、洗練されてはいないが美しい場所を探していたのだ。

あるいは私がリピーターになろうと思ったのは、ヴァンゲリスと知り合ったからかもしれない。彼は同島にある小さな空港の近くの街道沿い、とは言っても交通不便な場所で小規模なアパート式ホテルを経営していた。私たちを歓待すべく、地元の白ワインと自家栽培のキュウリをご馳走してくれた。だから、私がリピーターになったのは、温かくもてなしてくれた彼のおかげかもしれない。

だが、それよりも重要だったのはプラカ・ビーチを見つけたこと。それは七キロメートルに及ぶ淡黄色の砂浜。その周囲は青緑色の海と、草の生い茂った砂丘、滑らかな岩礁、一軒のホテル、二つのキャンプ場、何軒かの伝統的なギリシャ・レストラン。

ほこりっぽい砂利道は、文明を超越したオーラを放っていた。ただ単にきちんとしているなどというものではなく、ヨーロッパ自体を超越していた——そのオーラは、私がほぼ毎回旅をするたびに探し求めてきたものだった。砂利道は穴だらけだったし、レストランの木製テーブルも傾いていた。そのテーブルは、エーゲ海を背景として一本のギョリュウの大木の下にあった。それはまさにギリシャの群島の原型とも言うべき光景だった。

後で知ったことだが、一九八〇年代にはこの地には島巡りの旅人たちが寄り集まってきては、わらぶき屋根の下にシュラーフを広げ、ぼろぼろになったペーパーバックでカスタネダやマルケスを読んでいたとのこと。その他の人たちは浜辺で眠っていた。

物的な面でも人付き合いの面でも自然児気取りだった旅行者たちは、文明病からの逃避を図っていた。そうした旅行者の中にオランダ人女性のペトラがいた。彼女はのちにカロギトナスという名字のギリシャ人と結婚して、キャンプ場の所有者になった。

「ヒッピーたちはホラの港からリュックを背負って歩いてやって来た。時には、自前のオートバイなどを運転していた。浜辺はパーティー会場とかヌーディスト村と化していた」。これは彼女の回想。今や自宅前になったキャンピング・カフェでプラスチック製の椅子に座り、タバコを吸ったりグラス一杯のフラッペを食べながら語ってくれたのだ。

私はナクソスに来るたびにペトラのところに泊まる。彼女は、いや、正確にいうと彼女のキャンピング場こそ、私がリピーターになったもう一つの理由だ。今そこでキャンプをしているのは大半がイタリア人だ。その多くは最新のキャンピングカーを持っている。スウェーデンで夏の別荘が買えるくらいの高価なクルマ。それ以外の面々、つまり私たちの大半は、緑地内にある賃貸の別荘用マンションに泊まっている。全員に専用キッチンがあり、テラスがある。

島巡りをする連中はその昔、日射しで色あせたリュックを背負ってきては、リュックをキャンピング場のわらぶき屋根の下に乱雑に吊り下げていたようだが、今やそういう人たちの姿はない。その時代はすぎ去ったのだ。

今の若い旅行者たちは親たちと同様に快適に過ごし、パーティー用具一式とシャワー、それにリモコン付きのエアコンを持っている。しっかりした椅子がベランダに置かれていて、そこで晩にウーゾが飲めれば彼らは満足なのだ。もっとも、一九七〇年代に自然児だった連中も今ここにいるが、現在は六十歳前後になっている。全裸になって砂丘の背後でぶらついている。そこはヌーディストが今も受け入れられている場所。

習慣とは何と強いことか！　私は二日に一回、朝のジョギングをする。ローズマリーに縁取られた砂利道を走って、乾燥した風景へと向かう。行き着く先は、川原の石とサボテンが斑点のように見える場所。

そして晩になるとギョリュウの木が立っている「パラディソス」という居酒屋に行って、オーナーにあいさつする……そう、オーナーの男性も名字はヴァンゲリス。

私は毎日浜辺に行き、シュノーケルをつけて水に潜る。巨大なカメが見たいのだ。友人たちは数年前にヌーディスト岩礁でそうしたカメを見たという。そして私は週に一回は港町に行き、ピタ（パン）でくるんだギュロスという肉料理を食べ、ミッケ・ベルイが古くから行きつけにしているバーでコーヒーを飲み、しまいに野外映画館「シネ・アストラ」で映画を観るか、ディモクリトウ小路でアイスクリームを食べる。

ある年の夏、私は自分がそれまでやらなかったことをやったので、自分で自分に驚いた。フィロティという山村行きのバスに乗り、キュクラデス諸島中の最高峰である標高一〇〇一メートルのゼウス山（ザス山）の頂上に登ったのである。ことによると来年も同じ登頂をするかもしれない。何であれリピートすることによって体験を磨くのが私の流儀なのだ。

ナクソスは、私の夏の別荘になったと言っていいだろう。だがそれ以上のものではない。楽園と呼びたい気はするが、楽園は夢の中にしか存在しないものだ。だがもう少し長く滞在し、もっとひんぱんに行けば、そうなるかもしれない。何であれ、最初の時はまだロマンティックな目で見ているので眩惑されているものだ。だがリピートすれば、しだいに実像をリアルに見つめるようになる。そして最終的には、地元民の心の対立を知るようにもなる。

ある夏のこと、ナクソスに戻ると事件が勃発していた。居酒屋「パラディソス」の例の聖なるギョリュウの木陰には、通常なら、砂の上にばらばらに置かれている傾いたテーブルが快適な場所を提供しているのだが、そのギョリュウの茎から葉が消え失せ、生きている木というより骸骨然としていたのだ。

「どうしたの?」とウェートレスに尋ねる。

「木がやられたのよ」と答えて彼女は歯を食いしばった。

「やったのは誰?」

「知らない……はっきりとはね」

彼女のためらいが気になった。誰がこの美しい場所で悪を働いたのか? 私はミッケ・ベルイに尋ねてみた。彼は、リピーターになってから二十年後に、この島で家を購入した人物だ。

「ああ、あれは昔からの相続争いだよ」と彼は言う。「秋になると、居酒屋オーナーのヴァンゲリスの姉(または妹)が警官二人といっしょに電動のこぎりを持ってやって来て、もし法的に正しい遺産分を入手できないならバー・カウンターをのこぎりで切断してやるって脅すんだ。その現場をこの目で見たことがあるよ。彼女は激怒して罵倒していたけど、警官二人はしばらく脇に立って、ちょっと微笑を浮かべていたっけ。彼女はいつも兄（または弟）から金をもらえばおとなしくなり、引きあげるんだ。でも遺産争いは未解決のままで、翌年秋になるとまたやって来るんだ……」

ギョリュウの木は、旧約聖書の『創世記』にも登場する。「アブラハムはベエルシバでギョリュウの木を一本植え、その地で永遠の神、主の御名によって祈った」。この木がかなり長く持ちこたえることは、上記の聖書からの引用でも明らかだ。なぜならベエルシバは、ほとんど雨が降らないネゲブ砂漠内にあるからだ。ギョリュウは極度に乾燥した環境にも、また塩水にも耐え、時には葉から塩を発散させることもある。

有史以来生きているこの木は、キリスト教の創世神話だけでなく生物のサバイバルとも関連があるので、人はその葉を落とすのを嫌がる。翌年、私がナクソスに戻ってみると、「パラディソス」のその木は多少やつれて見えはしたが、細長い葉はよみがえっていて、昼の客たちはその木陰に入って楽しんでいた。

周囲から見ると、リピーターは新しい発見を諦めているとも見える。でも新しい場所に行くという習慣など破ってもいいではないか？　リピーターになるのは、年齢を重ねるにしたがってそれが快適になるからか？　私の親の世代は十年間続けてマヨルカ島やロードス島の同じホテルにツアー旅行していたっけ。あのワンパターン旅行はつまらなさの極致だと、私は嘆いてきた。

だがリピーターは何かを発見するものだということが、私も今にして理解できるようになった。同じ場所への再訪は、実は最初の旅の続編なのだ。だから一回目のように、きわめて基本的な場所を探し回ってぼんやりしたり、寝ぼけたり、うろついたりすることはない。まさにジェニー・ディスキーの二度目のアメリカ一周旅と同じで、私たちも他の島を探す必要などないのだ。リピーターとして、前回と同じことに熱中すればいいのである。

観光という負荷へのまなざし

リピーターになるというのは、広い視野を持つこと、連続性を保つこと——そして何事であれ維持することだ。再三旅に出れば、通常は環境軽視と受け取られやすい。たしかに飛行機で遠くへ行けばいくほど排気ガスの量は増える。それはそうだ。だから一番いいのは、最寄りの場所に何度も行くことである。

私がインドのケララに行った時、まず考えたのは熱帯の自然のことだった。実に多様であり、ひたすら神々しく魅力的だったので、まるで魔法にでもかかったみたいな感じがした。生き物の種類も多かったし、生息数も多かった。生命に満ちていたので、すばらしかった。もし災難が起きれば、ここで犠牲になる命は、生物の種類が少なめな温帯よりはるかに多いことだろう。自然は、失われたものを急いで回復する。土地が掘り起こされれば、そこにはやぶが所狭しと生える。家々のベランダはコケだらけになる。草が生えていない土地があれば、そこにはつる植物が、まるで誰かの首でも絞めるかのように伸びてくるし、スクラップ同然のトラックが道端に放置されれば、まるで緑の屋根を敷きつめたような状態になる。全住民が不意に引っ越していけば、そこにあった人間の活動の痕跡はあっという間に消えてしまうだろう。

カメが川を泳いでいる。銀色に輝くシグリッド（カワスズメ）は、私の祖母が魚捕りに使っていた梁《やな》にも似た水中の檻におびき寄せられる。そして秋には涼しいシベリアを飛んでいた鳥たちは、今は電線にとまっている。浮き島や水上のホテイアオイ、乾燥したココナツの皮。そしてペットボトルやその他のプラスチックゴミは外洋へと流れ出ていく。「プラスチックを使うのをやめて地球を救おう」。これは道端に書かれたスローガン。

河川汚染の問題は甚大だ。紙くずカゴとリサイクル施設が不足しているため、ラッピングを一回使っただけで放り捨ててしまう人たちがいるものだから、たまったものではない。今から三十年前にはそれほどひどい状況ではなかった。ビンはガラス製で、容器回収の金額を支払う必要があったが、今はペットボトルだから回収費用を支払う必要はない。レジ袋にしても以前はジュート製だったし、路上飲食店のカップと皿も、窯で焼かれていない粘土と乾燥した葉でできていたので、あっという間にぼろぼろになった。

だが今は違う！　道沿いには、白いプラスチックゴミが帯状に並んでいる。まるで、熱帯に雪が降ったみたいだ。溶けようとしない雪。それでも湖ではスイレンが咲いている。だが咲くのは朝夕だけで、太陽が燃えさかれば、ちょうど私が何かを食べようとして日陰に入るように、その花も日光を避けるために花弁を閉じて休息に入る。

　この沼地、湖、そして川の一帯はカタナードと呼ばれ、インド洋の海岸に面している。この地域は、ケララの中でも観光業が大いに繁盛している。外国からの観光客も来るが、特に多いのはインド国内の中産階級で、当地の生活を一変させたのは彼らだ。木と竹でできたコメ運搬船は今や改装されて、ベンバナード湖や沼地の川を走るビッグビジネスになっている。つまり、改装船は豪華な居住船として使われ、観光客はデッキ上の籐椅子に座って、インドでも最大級の「淡水化された湖」を静かに味わうのだ。ただしシーズンにもなれば、どの船も観光客でかなり混み合う。

　観光とは世界の各地において、自然を痛めつけて地元民に大金をもたらす産業だ。大もうけをするのは常に、観光本来の目的とは無縁な遠方の誰かだ。ケララでも長い間そう思われていたが、今や事態は別方向に展開し始めている。農民と漁民は民泊を営業して収入を増やしている。地方自治体がホームステイを支援している結果、もうけの大半が地元に落ちる仕組みになっているのだ。ホテルも、太陽エネルギーとリサイクルを推進することでエコシステムの改善を図っている。

　私はカヴァナー川に架かる橋の近くでバスを降り、黒っぽい木造船に乗った。舷外エンジンがカタカタとかそけき音を立てている。私たちはゆっくりと、川の下流のベンバナード湖に向かう。その昔、岸辺のクマラコム村にはココナツのプランテーションがあったが、今はそこで観光客がバンガローに泊まっている。ココナツの葉と木の柱でできたバンガローだが、そうした材料は、以前は住居だった場所の近くから奪ってきたものだ。ココナツのラグーンは豪華な観光客の世界であり、一見すると地中海クラブみたいな閉鎖社会に思えるが、実際には、閉鎖的な大ホテルとは正反対の開放的な考え方で運営されている。

ホテルの嘱託で自然に詳しい鳥類学者メネーシュ・マヌといっしょに、ホテル敷地内の道を歩いていく。小さな丘や、細い小川に架かる木橋を越える。制服を着た登校中の子どもたちと出会う。その後、梁《やな》を見るために湖に下りていく女性たちと巡り会う。ホテル周辺で行われている魚の養殖は、女性たちの団体が営んでいた。

「彼女たちはシグリッドを養殖して、地元の市場で売ってるんです。観光ブームのおかげでシグリッドは値上がりしましたので、彼女たちの収入ももちろん増えました」と言ってから彼は不意に肩をすくめ、振り向いて湖の向こうに目をやった。ちょうどサギの群れが舞い上がり、ハシグロリュウキュウガモが何羽か、ホテイアオイの上に降り立った。

地元民と観光客の間の溝が深くならないように、垣根は作らないことになっている。漁民の女性たちと牛飼い、そして学校の生徒たちは、通勤・通学時にホテル敷地内を近道していいことになっている。さらに四ヘクタールの田も、農家のベチュア・ウシ八頭も観光の対象になっている。ベチュア・ウシは世界最小の雌ウシであり、一九六〇年代にケララで広まったが、今は絶滅しかけている。このウシの乳はコーヒーやティーに入れられているし、糞からはストーブ用のバイオガスが得られる。

ホテルは年に何回か、周囲にある学校の何クラスかの生徒を招いて見学会を開いている。

「私たちがここで何をしているかを知ってもらえば、間違った想像をされないで済みますから」とメネーシュは、私といっしょにエコ菜園を散歩したあと説明した。それから私たちは、レストランのヤシの葉の下に腰をかけた。私はワタラッパンを食べた。ヤシの黒糖とココナツミルクから作る地元のデザートである。

その後、私は小さな村で足を止めた。何世代も前からコメとココナツの栽培で生計を立ててきた村である。運河と大小の川が緊密な水路網を形成している。田は川面より低いので、コメに水分をやる時には、草で覆われた土塁のハッチを開けて、生命源である水を入れる。

村のコメ農家にホメジとという名の人がいた。何世代も前からのコメ農家である。だが時代は変貌した。ホメジと妻リラはもはや農業だけでは生きていけない。今は観光客相手の民泊をやっている。私も観光客の一人だ。

「輸入米との競争はきついです。誰かを雇おうとしても賃金が高すぎます」。ホメジは、広い台所に置かれたテーブルを前にして、私の横でため息をついた。家は白い石造りで、木の飾りや窓、ドアが見える。コメの貯蔵庫は強い光沢を帯びた黒っぽい木製だが、中は空っぽだ。

ホメジ、リラ、そして私はチキンカレーと、コメから作った白いパンケーキ（その時には湯気を立てていた。アーッパと呼ばれている）、それに、数メートル離れたところを流れている川で彼らが捕ったカニを、カウンターで食べた。

その後私は赤い州営バスに乗った。ホテル経営者ジョージ・ドミニクに会うために、コーチの町に向かったのだ。彼はシリアのキリスト教徒一家の一員、しかもプランテーション所有者一族の出身であり、一族は使徒トマスの子孫を自称している。使徒トマスは西暦五二年にケララ北部のコドゥンハルル港に上陸し、インド到着後、十二のバラモン家に新たな教えを広めたとされる。ジョージの父親は一九五〇年代にコショウとカルダモンの栽培に飽き飽きし、コーチの海岸に近いウィリンドン島でホテルを開業した。ジョージと兄弟五人が父のあとを継いだ。

一九八七年、首相ラジーブ・ガンジーが休暇中に家族ともどもやって来て、前人未踏のラッカディブ海の環礁を旅した。それはケララ沿岸にある環礁で、モルジブを想起させる景観の場所だった。だがこれが大スキャンダルになった。新聞各紙は、政治家がこんな不必要な休暇に大金を使うのはけしからんと書いた。だがこのスキャンダルのおかげでラッカディブ海は有名になった。

「ですから私たちはこの島々を観光に利用するつもりです」と首相は対応した。

ジョージ・ドミニクとその兄弟たちはこの提案を是とし、地元ならではの小さなヒュッテを建て、島民だけを雇うことにした。責任感を自覚してソフトな観光を推進しようとしたのだ。「島々を破壊しないこと！　地元民がやらないことはやらない！」。ラジーブ・ガンジーは若い経営者たちにそう告げていた。

現在、一家はインド南部でホテル十七軒を経営している。リゾート施設「ココナッツ・ラグーン」も一族の所有だ。ホテルの中には、ヨガやアーユル＝ベーダのスパなど、全身の健康増進をめざしているところもあるし、野生観光に特化したところもある。だがどこもかしこもエコ志向であり、地元の伝統を守ろうとしている。地元民の一体化に誇りを抱いているのだ。

ホテルから出るゴミの大半はリサイクルされているし、いくつかのホテルは電気の大部分を太陽エネルギーの自家発電で得ている。今はゴミをまったく出さないことをめざしており、いわゆるパッシブハウス（省エネ住宅）にしようとしている。

「湖に浮かんだり周辺に転がったりしているプラスチック製のビンは排除しなければなりません。そのためにも、私たちのホテルの近くに住む村の人たちを教育して、もっとエコを考えてもらうようにしなければいけません。景色を美しくするためだけでなく、彼ら自身が経済的に潤うためでもあります。ケララを大きなゴミ捨て場にしてはいけません。そんなことになったら観光事業は破綻します」と言って彼は緑茶を飲んだ。

世界の観光をいくらフルスピードで発展させるとしても、高速列車を没落させてはならないし、機関車を手放してはならない。私はそう思っている。私は今、ケララの港湾都市に近づく客船内に腰かけている。巨大なスーパータンカーとクルーズ船、さらには、ところかまわず航走する小型カーフェリーと客船が同一の水域で多数航走している。誰が何をするのも自由だし、休暇に旅行するのも勝手だ。ゆっくりと旅をしてリピーターになってもいいし、旅行会社を使ってもいい。旅行会社は再度リーダーシップを握るべく、不況から立ち直ろうとしている。

遠くの霧笛を耳にしている私は、一観光客だから、いつでも自由に選ぶ権利がある。自分が問題の原因の一端と化すか、それとも問題解決に参加するか、それを選ぶのは自分自身なのだ。

9

いったいなぜ、私たちは旅をするのか

「探すのをやめないこと。旅をやめないこと。
なぜなら広い世界が待っているからだ。
世界が小さくなることはない」

9 いったいなぜ、私たちは旅をするのか

好奇心をポケットに入れて

一九八七年。他の人といっしょに旅行誌『ヴァガボンド』を創刊したが、私はその何年も前からすでに、冬季はバックパッカーとして各地を回り、夏季にはスウェーデンで日刊紙各紙のアルバイトをしていた。実に変化に富んだ生活だった。

明るい夏には、地元レポーターとしてベスタロースやウメオ、リンチェピングで多忙な日々を過ごし、秋になるとストックホルムで暗い晩を味わって、徐々にゆっくりめの生活を送っていたのだ。昼が短くなればなるほど、活気が失われていくような感じ。

だからその頃は何年にもわたり、十一月一日になるとソ連のアエロフロート機に乗ることに決めていた。同航空会社は格安チケットで世界の果てまで連れて行ってくれたので、自分の生活がすっかり停止してしまったわけではないことを確認できた。こうした年間サイクルにしたがって私は定期的に視野、天候、文化を変化させることができたのである。

スウェーデン国内で冬を過ごす気はなかった。あの独自の文化の中に閉じ込められ、寒さと暗さに耐え抜かなければならないと考えるだけでぞっとした。多くの人々は他にどうしようもなかったが、私はあまり収入がなくても一年のうちかなりの時間を旅で過ごしていた。

そうするためには旅費を切り詰めなければならなかったが、だからと言って必ずしも退屈な旅、あるいはみじめな旅になるわけではなかった。むしろ安旅のおかげで、人々や文化に近づけたと思う。金持ちは信頼できること、確実なことには金を払う――それは、うんざりするほど極上の贅沢だ。だが私はそうした贅沢を、いわばただで手にできた。そうした贅沢は安値でも見つけることができるのだ。

一九八〇年代なかばには、一人の旅行作家という星が空に明るく輝いていた。定住している多くの人々はあまり知らなかったかもしれないが、私とか――あるいは、旅をしたり文章を読むことが一番大切で大事なことだった人たちにとっては――、その旅行作家こそもっとも明るくきらめいている星だった。

私はその人のデビュー小説『ヒッチハイカー』（一九七一年刊）を読んだ。彼は当時の考えに沿ってヨーロッパとモロッコをヒッチハイクしたのだった。その後『カトマンズへの道』（一九七五年刊）も読んだ。彼がバスと鉄道に乗って、イランとアフガニスタンを通り抜け、ネパールまで旅する記録だった。著者の名はトマス・レクストレーム。

私にしてみれば、他の星々同様、きっと近づきがたい存在だろうと思っていた。他の星々とは、冒険家・旅行作家のフレヤ・スタークとアレクサンドラ・デビッド＝ニールだったが、二人ともすでに没していた。しかしブルース・チャトウィンとポール・セローは存命だった……。私たちは勇気を振り絞ってレクストレームに呼びかけ、私たちが創刊しようとしていた雑誌に寄稿してくれる気があるかどうか尋ねた。彼は承諾してくれた。

彼から最初の原稿が郵送されてきた。タイプ打ちのA4サイズで全三ページだったが、冒頭に疑問文が記されていた。「なぜ私たちは旅をするのか?」。これに対する名答は見つからなかったので、私は悩むことになる。この一見単純だが深く哲学的な疑問への回答を何度も探してみたのだ。彼の文章はこう続いていた。

「旅は、私たちがホモサピエンスであることと関連がある。好奇心だ。『無用な』知識を求めて努力し、知恵を拡大し、視野を広げ、世界像を拡大し、混沌を整理し、秩序を確保しようとする意思である」

こうして彼は見事にすべてを要約してしまった。私の考えでは、この考えこそ旅行記を書く根幹だった。彼が書いていたことは私が感じていたことでもあったが、私はまだ経験不足のため明文化できないでいた。

その何年後かに『ヴァガボンド』が「旅行記の書き方講座」を始めた時、私はレクストレームの文章をいくつか読み上げた。そうした文章を耳にすれば受講者たちは、目を外に向けると同時に心の中でも感じてくれるだろうと思ったのだ。

私がその時読み上げた本は『トランジット』というタイトルだった。おそらく私が今までいちばんひんぱんに手に取った本である。私が持っているその本は今、アンダーラインや書き込み、そして錆びついたクリップ跡だらけになっている。その中のいくつかの文章を私は暗記している。そう言えば、私にとって青春時代のアイドルだったデヴィッド・ボウイの最良の歌詞もいくつか暗記しているが、星とも呼べる本は『トランジット』だ。この本は私の聖なる書である。

レクストレームの本からは、旅には破壊的要素もあることが感じられた。その点が私は気に入った。「何かを始めるということは、何か悪いことをしでかすことでもある」と書いてから、彼はこう続けている。「遊牧民は自由すぎるが、旅人の視線はあまりに鋭い。旅人は比較ができる。周囲が恐ろしい目つきをして、みんなの決まりを守らせようとしても、あるいはまたみんなの仲間に入れようとしても、旅人はそれを無視してすぐに立ち去ってしまう」

当時人気があった旅行作家としては他にスヴェン・リンドクヴィストやヤーン・ミュルダールがいるが、こうした人たちは私に言わせれば過激すぎたので政治主張のように思えた。レクストレームのように旅の実存的感情を書くことのできる人は他にいなかった。周囲の様子をあんなにニュアンス豊かに描写できる人は他にいなかったのだ。

それにしても、なぜ私たちは旅をするのだろう？　この疑問に対しては、おそらく旅人の数と同じくらいの答えがあるだろう。とはいえ、大半の人たちが同意する答えもある。その一例は、まさにレクストレームが述べたように、「生まれつき好奇心があるから、自宅を出て遠くに行く」というものだ。

彼は最後の著書『橋渡し』で、一九五〇年代の、ある暗い秋の晩のことを書いている。その時、ルンド市のイーゲローサ教区で催し物があり、草地の反対側にあるスヴェンストルプス城に住む男爵夫人シャルロット・ギレンクロクが、演説をするために招かれていた。

ただしその時に彼女は、十三世紀以来の法律に基づく、自身も属している貴族階級については語らないだろうし、シルバーブルーのシボレーや、余暇に熱中している騎馬や狩猟のことも語らないだろうと思われていた。案の定、彼女がその日の晩に語ったのは最近の旅のことだった。インドに行ってダージリンに向かい、若いダライラマを見たという。

教会内に、当時八歳のレクストレームがいた。牧師の息子だった彼は、かなり前のほうの床に座り、一心不乱に耳を傾けていた。聴衆の中には農民もいたが、一日中収穫物を運んで疲れていたので、懸命にあくびを抑えていた。映写機が写真を壁に映すたびにカチカチという音がした。男爵夫人はそのたびに、写真を見てくれとばかりに指示棒で壁をトントンと叩いた。

男爵夫人が話を進めていくと、頂上に雪が積もるインドの山岳とその手前の緑の谷が映った。レクストレームは、自分がいつかそこに旅するような気になっていた。

だが彼に旅行熱をたきつけたのは、ことによるとイーゲローサの教会でのスライド上映だけではなかったかもしれない。彼は、「ジグソーパズルの各部分を組み合わせるようにして、世界に対する好奇心を抱くようになった」という趣旨のことを私に語ってくれたが、同時に、一年間にわたって両親とアルゼンチンで暮らしたこと、そして彼の父親がスウェーデン海軍軍艦エルブスボリで世界中を回り、エキゾチックできれいな切手を貼ったわくわくするような手紙を自宅に送ってくれたことも話した。

「私は何時間も地図を広げて夢想していた。山上の道や砂漠をなぞりながら、広い世界に出ていったらどんな感じがするだろうかと考えた」と、彼はオステレンのサマーハウスから私に電話で語ってくれた。彼はその時六十七歳だったが、病気ゆえにそれ以降は旅ができなくなってしまった。

学生運動が盛んだった一九六〇年代に故郷の町ルンドにいた彼は、学生運動にも関心を抱いたこと、そしてジャック・ケルアックの小説『路上』を読んだことも語ってくれた。その小説は「珠玉の作品」であり、日常生活、一面的な見方、予見可能性といった事柄と対極をなすものだった。

レクストレームにしてみれば、ルンドは小都市に思えた。自分が閉じ込められているような気がした。現実世界に出ていきたかった。世界と遭遇したかった。変身して別人になりたかった。今の自分とは違う大きな存在、強くて知識豊富でバランスの取れた人間になりたかった。結局彼はその地図をリュックに入れて本格的な旅に出る。さまざまな言葉を耳にし、砂漠の風を感じ、ざわめきを吸収するようになったのだ。

ケルアックがアメリカで探していた真珠（宝物）はとても美しく輝き、多彩なニュアンスを帯びていた。「その真珠は自由でもあり、巡り合わせでもあった」とケルアックは言った。大切なのは真実であり、今という時であり、もちろん仲間であり、愛情だった。そして、ふと思いつく自由な考えだった。

不動の規則と限界に縛られたイデオロギーなどでは断じてなかった。もし抱いてもよいイデオロギーがあるとすれば、それはアナーキズムだった。美しい言葉に言い直すとすれば、旅と遊牧民の生活様式こそイデオロギーだった。旅は、前もって予見可能であってはならず、ページを開いた瞬間の本のようでなければならなかった。旅人は、自分が今から何と出会うか、誰と遭遇するかを知っていてはならなかった。

旅に出る原動力は、征服および発見と一脈通じていなければならなかった。レクストレームは世界を実地で確認したかった。イタリア、スペイン、ギリシャ、それからアフリカ、アジアに行きたかった。自分の目で見たかった。世界とつながりを持ちたかったし、パリ、ナクソス、マラケシュ、カトマンズに関して自分なりの意識を持ちたかった……。

ことによると、旅行熱は先天的なものでもあり、多少なりともすべての人間の中に潜んでいると彼は考えていたかもしれない。「人々は町の出口で別れ、その後どこかの汚いホテルや安宿で再会する。そこに至る道は誰も知らない。世界は何ら予測がつかないにもかかわらず再会するのだ。その旅人たちは仲間になり安心する」

ヨーロッパのヒッチハイカーのことを書いた『ヒッチハイカー』の中で、彼は旅人のことを「すばらしい民族」と呼んでいる。そうした旅人たちは自由で開放的な仲間になる。レクストレームは遊牧の旅というビジョンを抱いた。旅をする人々は自由な仲間になり、世界はいっそう平和になり、紛争や戦争はなくなる。

しかしこのビジョンは色あせてしまう。彼がその何年後かにアジアへの陸路を旅していた時——トルコ、イラン、アフガニスタン、インド、ネパール、そしてチベットを通って行った時

――、旅人の集団内にどんどん高慢な落伍者が増加するようになり、薬物中毒者や宗教観念にとらわれる人たちが激増したという印象を受ける。そうした人たちは、世界と結びつくどころか、未知の人たちとの出会いを妨げる存在のような気がした。旅人たちが自分たちのことしか考えなくなること、そして自分もそんなヒッピー集団の一人にすぎないと地元民から見なされることを彼は嫌った。彼は地元民相手に、偏見もなくありのまま出会いたかった。

旅をすれば人間として向上するか？　レクストレームは向上すると信じたかった。だが彼は疑ってもいた。彼が若かった時に想像していたことだが、人間心理や人付き合いの能力は、旅によっては広がらないかもしれない。

「だが私はまだ、いずれにせよ旅をすれば、一切旅をしないより、人間として向上すると信じていた。世界と遭遇すれば違いが分かるようになり、不正や背景が見えてきて、自由の感覚も得ることができるようになる」と彼は言った。これが、秋の晩遅くに私と交わした会話の最後の言葉だった。

政治的な旅、文学的な旅

彼は旅をしたおかげで、旅行作家、小説家、文化ジャーナリスト、そして同時代に起こった事件の記録者になっただけでなく、さまざまな出会いとアイデアを得て、紆余曲折の人生をたどることになる。十年間にわたり彼はスウェーデン語をインドの言葉に翻訳するプロジェクトに携わった。文章を読んで翻訳し、インドの著者たちと出会い、本を何冊か書き、新聞に寄稿した。その後はオステレンのサマーハウスでブックカフェと骨董店、図書館を開いた。旅についての文章は他国語にたくさん訳されたので、その結果彼はさまざまな人たちと旅の喜びを分かち合うようになった。

教会の床に座ってダージリンに関する男爵夫人の話を聴いていた少年は、こうして自身が旅人になり、さらに文筆家になった。彼の本は自身が訪れた場所についての記述から、旅自体とか、彼が出会った人々、そして旅人としての世界の見方へとテーマが移っていった。

だが彼が一九六〇年代末に最初の著書を書いた時、スウェーデン出身の「旅する文筆家たち」の間ではまったく異なる理想が支配的になっていた。その十年前には、ヤーン・ミュルダールがアフガニスタンへの旅について『文化の交差点』という本を書き、旅行作家たちが次々と本を出すきっかけとなった。旅の目的地は貧しい国々。旅の目的は、西側先進国の生活様式とは異なる抑圧と窮乏の報告。

ミュルダールに言わせれば、今までの著作はすべて一掃すべきであり、美辞麗句をちりばめたノンポリの旅行記は排除すべきだった。『旅のロマンティスト』の序文で彼はこう書いている、「(そうした本は)諸民族に対する軽蔑を表に出さず、景色や風習、習慣などを賞賛するばかり」

スヴェン・リンドクヴィスト、フォルケ・イサクソン、サーラ・リードマンらはすべて旅を元にした本を書いたが、ミュルダールの意向どおり、旅人の考え方や夢、疑惑についての記述は排除した。代わりに中心テーマとなったのは、マクロ的見地から見た社会の弊害。こうして西側世界は非植民地化後も、政治、経済的に後進国を抑圧しているというイメージが定着した。

これらの新しい本は読むのが難しく、通読するには強い意思が必要だった。読者たちはたしかに、あらゆることに関して図表を見ることができるようになった。たとえば中国やインドの生産実績、ラテンアメリカの国家債務、小数点以下まで続く果てしない数字の列。そしてミュルダールの古典的な『中国農村からの報告』（一九六二年刊行）の中に載っているような村民各人の名前、年齢、性別。

研究報告なみにシリアスで徹底的だ。事実をそのまま文書化しようとする意図が濃厚である。ミュルダールは中国についての自著の序文で、なぜ事実をありのまま重大に述べなければならないかについてこう書いている。「私は中国について読みやすい文章を書こうとはしなかった。アジア旅行の間に自分では気づかなかったことを書こうとしたのだ」。これではまるで、学者や彼自身のようなエリートたちだけのために書こうとしたみたいであり、本を読む一般旅行者のために書くつもりなどなかったかのようだ。

レクストレームの考えはこれとは違っていた。彼はミュルダールのことをまるっきり他人事のように感じていた。レポーターは主観的な印象を強調してはならないとする報道の伝統を、彼は快く思っていなかった。たしかにある程度は、ミュルダールなどと同じ目標を追ってはいた。つまり、醜悪な事柄に目を閉じないこと、事実を歪曲、美化しないこと、そして正しいことを書くという方針は同一だった。だがそうは言っても、完全に同じだったわけではない。

レクストレームは自分自身の思いを文学として書きたかったのであり、政治色の濃い世界像風に書きたかったのであり、世界の「真実」を伝えたいとは思っていなかった。伝記を生み出すつもりはあまりなかった。自分自身のことを旅する人間として描きたかった。

なぜなら、真理は「一つだけ」などと誰が言えるだろう？　他者の気持ちに共感し、頭が動揺したまま実態を読者に伝えるのが正しいと言う人もいるだろうし、頭が混乱していても自分の理解では事態はこれこれだと語るほうがはるかに正しいかもしれない。

だが当時のメディア界では別の見方が支配的だった。「もし一度でもアフリカの花畑のことを描写してしまえば、メディアからファシストだと烙印を押されてしまう」。これはペール・ウェストベリが『アフリカ――課題』の中で嘆いた言葉である。

彼は自分が言っていることが分かっていた。六〇年代に南アフリカのアパルトヘイトについて本を何冊か書いていたので、旅行記を美しく書くことなどできなくなっていることを身にしみて理解していたのだ。これに対してレクストレームはその八年後、『トランジット』の中でこう応じている。

「だが私たちが必要としているのは花畑ではないのか？　風変わりでごくわずかなあらゆる真実ではないのか？　私たちはグラフやダイヤグラムで満足できるロボットではないのだ。世界は数字でできているわけではない。感情は測定不可能だ」

レクストレームは、六〇年代に書かれた政治的で非個人的な旅行本に対する反抗として、世界の現場に行って現地のことを書く旅行者を探した。「私は、辺鄙な異郷を描写している文章を読む時、近さと広さを求める。私は、乾燥した河床をともに歩いたり、砂漠の上空で燃えている夕日をいっしょに見ることができる人を求めているのだ。温かさを感じる人、音に耳を澄ます人に接したいのだ。他人を通してのみ可能なそうした体験を理解したいのだ。つまり私が探しているのは旅する作家である。このように考えているのは私だけではないだろう。だが、潔癖主義の面々はこうした考え方に疑念を抱いている」

二〇一六年の冬、文化人が大勢亡くなったが、レクストレームも六十七歳で逝去した。私は今、彼の本を読み始めた三十年前とは異なる生活を送っている。夏にはスウェーデン全土で新聞社の仕事をし、そうでない時はリュックを背負って世界中を旅していたあの日の自分では、今やない。

私は四人の子どもの父親となり、彼の旅行記についての考えを述べて生計を立てている。特定の場所に定住している大半の人たちより多くの旅をしている。私は「絶えず旅をしていて、家には帰らないような人にはなるまい」と早い段階で決断した。もしそういう生活をしたら、どこに行っても自宅のことは考えなくなってしまう。

レクストレームはいなくなってしまった。彼が消えてしまったことは、旅行者という空の星がまた一つ、なくなってしまったようなものだ。だが空は漆黒の闇ではない。何かがまだ輝いている。それは、彼の燃えるような考えの照り返しだと思う。私は彼が初めて『ヴァガボンド』に寄せてくれた文章のことを想起せずにはいられない。その最後の言葉はこうだった。

「探すのをやめないこと。旅をやめないこと。なぜなら広い世界が待っているからだ。世界が小さくなることはない」

10

ヒッチハイクの愉悦と憂鬱

「クルマのドアが開いて、救いの手が伸びてくるのだ。
まるで世界が、そして宇宙が
すべて自分中心に回っているみたい」

10　ヒッチハイクの愉悦と憂鬱

お金が尽きても、救いの手は伸びる

二〇一五年九月。私はドロミテ・アルプス（イタリア）の谷で道端に立ち尽くしたまま、クルマが次々と目前を通りすぎてゆくのを見ていた。たいていのドライバーは私の姿を目にすると、わざとあらぬ方向を見たが、中には、私をじっと見て、すまなそうに肩をすくめる人たちもいた。おそらく、満席だということを私に知らせるためか、もうすぐ曲がるのでお役に立てないという意味なのだろう。

カメラマンのヨーアンと私は山中を歩いて来たのだが、もう限界だった。隣の谷に行くには峠越えをしなければならない。そこまでの距離は四十キロメートル、標高差は数百メートル。バスはなし。歩いて峠越えすれば丸一日かかる。

「今どき本当にヒッチハイクなんてできるかな？」。私がそう言った。ヨーアンがヒッチハイクはどうかと口にしたからだ。

「気はたしかかい？　もちろんヒッチハイクOKさ！」と彼が答えた。私より二十歳若いので、できないことなど一つもないと確信しているのだ。心配などないと言う彼の顔は不機嫌そうだった。

私は自分の小心ぶりを恥じてまた親指を立て、わざとニタリとし、ねだるような視線をドライバーたちに向けた。ドライバーたちは、フロントグラス越しに日射しを受けて目を細めていたので、彼らが陽気なのか、心配しているのか、それともただ単にまぶしいだけなのか、それを見破るのは難しかった。

ヨーアンは気楽に車内をのぞき込むようにしていた。彼にしても、ドライバーが断る気なのか、それとも何か事情があるのか、それは見抜けなかった。何であれ、実現できないことなんかない。だがその時の私は、久しぶりにどぎまぎしていた。若かった時分には、不安と確信の双方を楽しんでいたのだが。

年を食うにしたがって、私の生活はかなり規則正しくなった。仕事と家庭のために、毎日やることが決まってきた。私はその流れに乗った……。新しい技術が発明されるたびに時間不足になったので、結局は他の人たち同様、「誰かに会ってコーヒーを飲むために都会に行く」のはやめにした。その代わりにメールやSNSを送って、スケジュール調整するようになった。同様のことは旅についても言えた。気ままな旅はどんどん減少し、プランに沿った旅が増えていった。

ところが今不意に私は道端に立ち、三十年前の自分に引き戻されたというわけである。偶然あるいは運不運とも言うべきものに任せることになったのだ。隣の谷間までどれくらい時間がかかるか、分からなくなっていた。ヒッチハイクには運行予定表などあるはずはないし、私たちが非難できる責任者もいない。ともかく他人の善意にすがるしかない。どうしようもないのだ。

「なあ、ここに立っていたってどうにもならないぞ」。私はため息をついた。十台目のクルマが通りすぎた時だ。

「いや」。ヨーアンは強気だ。「何とかなるさ」

「今まではそうだったけど、今日はダメだ」。私は諦め気味にそう言いながら、ヒッチハイク時代の八〇年代を思い出していた。当時の私はほとんどいつもヒッチハイクをしていた。無料でA地点からB地点まで行くことができるからお金も節約できたが、ヒッチハイクはともあれエキサイティングだった。

だが二十歳になった年の夏、私はミュンヘンでにっちもさっちも行かなくなった。あの時は友だちのヨーナスといっしょだった。ヨーナスとはその五年前に、二人して何らプランも決めずにエーレブルー（スウェーデンの都市）に鉄道で向かい、それからプラハ行きの列車に乗った。そこからさらにベルグラード、イスタンブールへと向かい、その後はバスで、ヘーゼルナッツの丘の上にあるトルコの温泉町まで黒海沿岸を進んだ。

それから五年後。ヨーナスと私はごく少額のお金を旅費に使ったが、持参した金額がそもそも少なかったので、ドイツまで戻った時にはほとんどスッカラカンだった。

自宅まであと千六百二十キロメートル。もうどうしようもない。ヒッチハイクするしかなかった。ニュルンベルクの丘を走るアウトバーンで、青のゴルフに乗った一人の若い女性、ブロンド髪をカールした女性が私たちを乗せてくれた。モニカという名で、今からカッセルに行くという。彼女は同地で数人の仲間と会う約束をしていた。最近、休暇で知り合った仲間とのこと。

ヨーナスと私はもちろん有頂天だった。ミュンヘン――カッセル。四百八十キロメートル。長距離である。ありがたい。クルマがカッセルに近づくと、彼女は私たちを助けたいので同地のユースホステルで部屋を探してみると言ってくれた。彼女はアウトバーンのガソリンスタンドで停車し、公衆電話に近づき、友だち連中に電話して協力を求めてくれた。戻って来た時の彼女は、いかにもうれしそうだった。

「カッセルには安いユースホステルがあるって、友だちが言ってたわよ」

「それはうれしいな。そこで降ろしてくれる?」

「それがダメなの!」

「ダメ?」

「そう、ダメよ。ただし私の友だちの家で泊めてくれるって」。彼女はそう言って笑い、クルマを発進させた。

信じがたい話。

「それでいいでしょ?」とモニカ。「明日は朝食を作ってくれるそうよ。それが済んだら、私がアウトバーンのインターチェンジ近く、ヒッチハイクしやすい場所まで乗せてってあげるわ」

スムーズだと、こんなにも事はうまく運ぶ。みんなが親切だと、こちらが何を言おうとそれに応えてくれる。浮き浮き気分だ。こういう体験は、自分の恥をさらし、どうにもならず助けを求めている時にちょくちょく訪れる。クルマのドアが開いて、救いの手が伸びてくるのだ。まるで世界が、そして宇宙がすべて自分中心に回っているみたい。幸せの波の上をサーフィンしているようなもので、その状態がいつまでも続くような気がしてくる。

しかしひとたび抵抗に遭うと、事態は真逆になる。何かを盗まれたりだまされたりすると、あるいは、不快な言葉を耳にしたり、何時間も道端で置き去りにされたりすると、一台のクルマも停まってくれない。世界中が悪者、ひどい人、心の小さいエゴイストだらけのような気がしてくる。あらゆることがつらくなり、成功ではなく失敗がすぐに頭に浮かんでくるようになる。

こうした時には、前日のことを思い出して自分を慰めるといい。前日はうまく行った、ということをまだ覚えているからだ。行き着くところまで行けば、何ごとも逆方向に進むはず。

ハンブルクで、そうした事態に遭遇したことがある。私たちは、なけなしのお金で泊まろうとしたユースホステルが満室だったので、公園でシュラーフを使う羽目に陥ったのだ。だが私たちは、カッセルでのモニカとその友人たちの親切を思い出していたので幸福感に包まれていた。寒さと空腹に打ちひしがれてなどいなかった。

翌日、目が覚めた時の私たちは空腹で体は冷えきり、汚い格好だったが、またしても運が逆転した。トラーヴェミュンデ（ドイツ北部の都市）までの長距離をヒッチハイクできたのである。そして残金をトレレボール（デンマーク）までのフェリーのチケット代に使った。

フェリーの船上では二人して空腹を抱えてよろめきながら、後部甲板にあったレストランにたどりついた。憧れのメニューが入り口に掲示されていた。とそこにボーイ長がやって来て、中に入って座ったらどうかと尋ねてきた。

「でもお金がないんです」

「えっ？　君たち、一文なしなのか？」

私たちはボーイ長に事情を説明した。ボーイ長は目を白黒させた。

「昔と同じだな。私が船の乗組員になった時のことだ。若くてハンサムだったが貧しかった。でも毎日が刺激的だった……」

ボーイ長は沈黙し、思い出に浸った。

「君たちの旅について話してくれ！」。彼は熱心にそう諭した。

そこで私たちはここ何日かの運不運について語った。彼はじっくり聴いていた。私が話し終わると、彼は大声でこう言った。

「その手の旅がどういうものか、私にはよく分かる。中に入りなさい。おごってやる」

こうして、私たちは冷えたビールと牛ヒレのステーキをいただいた。おまけにデザートとコーヒー、コニャックまで出てきた。私はさっきメニューで見た値段を思い出して即座に計算してみた。その時飲食した金額は、今までの一週間分の食費に相当した。しかも約束どおりタダ。「あと五時間で夕食になる。その時またここに来なさい。おごってやるから」

こんなに長い航海と親切なタダの夕食が済めば、いつもなら苦労がいくつか訪れるはずだった。世界はそんなに甘くない。残金を数え、ベスタロースまでの距離を考えながら私はそう思った。二百十スウェーデン・クローネで六百キロメートル。若者向けのフライト代二人分は何とか出せる。だが空港まではどうする？

ヨーナスと私はマルメ中央駅前の駐車場を歩きながら、私たち二人を十クローネ（キャンセル待ちフライトのチケット代を除いた残額）で空港までクルマで連れて行ってくれないかと誰彼かまわずお願いした。五人目、六人目、いや、ことによると十人目の人が――私はお願いするのに疲れきっていたし、幸運を祈る気持ちでいっぱいだったので、何人目だったかはもう覚えていない――、驚きの様子で私たちを見つめ、こう言ってくれた。「もちろんいいですよ」

長距離を歩けばランナーズ・ハイを体験できる。エンドルフィンの分泌が増して、痛みや疲れを癒やしてくれるのだ。エンドルフィンはモルヒネと似ている。研究によると、ランニングを四十五分間やれば十ミリグラムのモルヒネに相当するという。

一九八二年八月。ヨーロッパを一ヶ月回った後、私はバックパッカーめいた体験をし、いわばトラベラーズ・ハイの状態になっていた。体がモルヒネ状態だった。ヒッチハイクは順調に行ったが、楽々というわけではなかった。スウェーデン国内を南下する旅は、体を暖めるトレーニングだった。プラハではあえいでいたし、イスタンブールに着くと暑さと金欠のため疲労困憊に近づき、エンドルフィンが初めて分泌された。

その状態は変化せず、とうとう私は帰路のオーストリア通過中に、パスポートとお金（ともに翌日幸いにも警察署で見つかった）、それにシュラーフ（これは紛失したまま）をなくした。だがこうしたことはバックパッカーにとっては水ぶくれや痙攣みたいなものだと高をくくっていた。気持ちがハイだったので、どんなことも起こるさと思っていたし、この程度のことではちっとも意に介さなかった。

だが何でも起こるわけではない。世界のどこでも、すべてが同等に順調に進むわけではない。しかし私はどこへ行ってもそう信じていた。旅費全額を紛失した時には、ある家政婦が見つけてくれて、即座に警察に届けてくれた。

ヒッチハイクも何ら滞りなく進行した。何回も長距離を乗せてもらったし、途中で出会った人たちの自宅に招かれて、タダで泊まらせてもらったこともある。こういうことが続けば、人間の善良さを疑う人などいないだろう。

ヒッチハイクは本当に危険なのか

こうしたバラ色のヒッチハイクの思い出があるから、それから三十年後の二〇一五年にドロミテの道端で立っていてもあまりネガティヴにはならなかった。だが現代においてはヒッチハイクは危険だと、誰もが口を揃えて言う。昔は問題なかったが、今は世の中が不穏になっていると。

ドライバーの側も同様の不安を抱いている。まともなドライバーなら今、ヒッチハイカーを乗せようとはしない。かつて人間同士が抱いていた信頼関係は消え失せてしまったのだ。信用などするな！　ヒッチハイカーの思い出など忘れてしまえ！

不満を抱きつつ、私は親指を立てて道端に立ち尽くした。だがうまく行くとは思っていない。一方ヨーアンは励ましてくる。彼はすっかり夢中なのだ。

「待とうよ、うまく行くから」と彼は言う。

十分後、四十代の女性が運転するクルマが停まった。後部座席には七歳の双子の男の子と、毛むくじゃらのイヌ一頭が座っている。

「場所を見つけてさっさと乗ってね」と女性が言う。

私は子どもの間に座り、膝にイヌを乗せる。ヨーアンが女性と会話を交わす。彼女が語るには、今からロープウェーで高原に行って、日当たりのいい晩夏の山歩きを楽しみたいとのこと。双子のほうは押し黙ったままだが、シャイと言うより言語の問題らしい。二人してイタリア語をしゃべりながら、私をじっと見つめていたからだ。双子も母親も私たちを恐れている。私たちはクルマに乗せてもらっているからには、もちろん彼らのことを恐れてなどいない。その瞬間、ヒッチハイクは危険かもしれないという考えはまったくばかげていると私は思った。

ヒッチハイクは、輸送手段があるところでは常に行われてきた。新約聖書の使徒行伝にはすでに、ピリポがエルサレムからガザ地区までエチオピア人宦官《かんがん》に乗せてもらっていると書かれている。

そして現代においてヒッチハイクは、アメリカでクルマが大量に走るようになって復活した。三〇年代には不況ゆえ、道端に立って合図する人々が増加した。第二次世界大戦中には、ヒッチハイカーを同乗させるのは愛国的な行為と見なされるようになる。アメリカ政府が市民に同乗を勧めたのだ。国内で燃料が節約でき、その燃料を武器に使用できるというわけだ。「一人きりでクルマに乗るのは、ヒトラーと同乗しているようなもの」とアメリカのポスターの下に書かれていた。そのポスターを見ると、フェルト帽をかぶった男が一人でカブリオレに乗っている——そして助手席に幽霊として描かれているのはヒトラー。

ヒッチハイクは六〇年代には、若者の生活様式の一つとしてヨーロッパで広まった。ヨーロッパの主要道一般、特にドイツのアウトバーンに通じる箇所には、リュックサックとボール紙持参のヒッチハイカーがたむろしていた。一番人気があったのは、西ベルリンを出て東ドイツの「通過用道路」を走り、西ドイツに達する道路だった。ドイツ分割と冷戦の時代ゆえ、その道は心理的に例外的存在だったのだ。車外が緊張状態にあったので、車内に一体感が生まれ、同乗者同士がたがいに助け合ったのである。空席のあるクルマはほとんどすべて停まってヒッチハイカーを乗せた。ヒッチハイカーは、こうした「通過用道路」に向かうクルマに次々に乗り込んだ。

イスラエルも、ヒッチハイカーにとても寛大な地域だった。少なくとも一九八七年のインティファーダ（イスラエル支配地区でのパレスチナ人の蜂起）まではそうだった。私は八〇年代に二度、春にキブツで働いたことがあり、好景気を身をもって体験している。その後すぐさま、キブツの友人たちといっしょにイスラエルを縦横無尽にヒッチハイクした。北部のマツ林の中に位置する涼しいキリヤット・シュモナから、暑いシナイ砂漠のヌウェイバに至るまで、行かないところはないくらいだ（同砂漠はその直後にエジプトに返還された）。

私たちは孤独ではなかった。交差点に立っていると、イスラエルの学生や兵士たちが、肩に自動小銃を構え、ボタンを外したシャツ姿で話し相手になってくれた。ドライバーたちもクルマを停めてくれた。二十人のヒッチハイカーが主要な分岐点で立って待っていても――他の国だったらこれは絶望的な状況だが――、せいぜい十分、最長でも二十分待てばよかった。全員がヒッチハイクできたのである。

イスラエルは東ドイツの「通過用道路」と同様の状態だった。外的な脅威のおかげで一体感が強かったのである。人々はまとまりを見せ、たがいに助け合った。だがそうした感情にも限界があった。イスラエル人に言わせれば、パレスチナ人やアラブ人となると話は違った。強烈な不信感を抱いていたのである。

ヨルダン川西岸地区とガザ地区は当時、まだある程度は平穏だったが、そうは言っても共同体としては別で、そこにはユダヤ人はいなかった。私たち各国のボランティアは、ユダヤ人でもイスラム教徒でもないので、ありがたくも両陣営に受け入れられていた。

私はイスラエル人ドライバーよりも寛大なパレスチナ人ドライバーたちのクルマに乗った。パレスチナ人ドライバーは人を乗せるだけでは不満で、私たちを自宅に招いてくれた。ヘブロンでは、不意に、床に置かれたコメと野菜、鶏肉の大鉢を前にして座らされ、それを食べておしゃべりした。見知らぬ人といっしょに夕食を食べるのは当たり前のこと、日常的なことのようだった。

イスラエル北部のヒッチハイク旅は、イエスの故郷ナザレで終わりを告げた。その地で私たちは、アラブ人キリスト教徒の自宅に招待された。そして目玉焼きとピタ（中近東のパン）、それに大量のラキ（蒸留酒）を供され、結局は泊まらせてもらった。私たちは宿泊代が浮いたので大喜びだった。

当時の私は、寛大さについて今のようには考えていなかった。十八歳になったばかりであり、初の外国一人旅だったことも手伝って、世界は寛大で信頼に満ちあふれていると信じ始めていた。人が不安を抱くのは知識不足が原因だと考えていたのだ。

「スデロットには行くな、あそこには背中にナイフを刺すアラブ人が住んでいる」とキブツで言われたことがある。

私たちはそれにはかまわず、ヒッチハイクでスデロットに向かった。

スデロットに着くと今度は「エレズのキブツにいるユダヤ人は信用するな」と言われた。

私たちはそれも無視してキブツに戻った。

だがほどなくして足のマメが破れた。私の頭の中では、若者ならではの無邪気さと、たくさんの苦い経験が混ざっていた。スリにも遭ったし、私と同行していた女性たちが男たちから乱暴にさわられたりもした。私が働いたキブツもＰＬＯに襲撃された（ニワトリの飼育所が直撃された。人的被害はなかったがニワトリが一万羽死んだ）。そして一九八二年春にはついにイスラエルがレバノン南部に侵攻した。同地区はこうして平穏さを失った。一体感の範囲はどんどん狭くなっていった。

だがそうなっても、人間同士の寛大な出会いは、私の心の中に重低音のように響いていた。人間はたしかにわがままだし、いかれているし、自己中心的で、偏見に満ち、疑い深く、不機嫌で、神経過敏かもしれないが、基本的には、他人に悪さをしようとは思っていないと考えていた。たとえ悪と見なされるような何らかの行動に出たとしても。

たとえばアルベール・カミュの小説『異邦人』に出てくるムルソーのようなふつうの人。フランス領アルジェリアに住む凡人だが、ある日、自分が何をしているかも分からずにアラブ人を殺してしまう。同書を私はその旅に持参していて、とてつもなく魅了された。

ムルソーは本来何ら悪をするつもりはないのだが、諸要因が理由で横柄になる。そして他者を思いやることが難しくなる。彼はアスペルガー症候群か、その他の自閉的状態になっていたのかもしれない——この小説の冒頭を読めば、そこにはすでにこう書かれている。「今日、ママンが死んだ。ことによると昨日かもしれないが、私には分からない」

彼の行動はいずれにしてもサディストと同じだろうが、考え方は異なっていた。だから凶行の考えが浮かんだのだ。未成年だった私はそう考えた。誤解、不安、不信こそ、すべての悪の原因なのだと。

ヒッチハイク文化は、七〇年代の「新しい文化」とともに栄えた。ヒッチハイクは文明批判の一環であり、自発的な生き方の一種だった。だが多くのヒッチハイカーは主として、お金を節約し、短時間の冒険を体験するためにヒッチハイクをしたのだ。そして人間の善を認めてから、平凡な日常生活に戻っていった。

だが地球の資源を大切にするためと主張する人たちもいた。一台のクルマに乗る人数が増えれば増えるほど、乗客一人あたりのエネルギー消費量は減るというわけだ。ヒッチハイクをすることで自分が善人になったような気がしていた。

だがその後不安を感じるようになった。

九〇年代のある日、何人かの学生がランカスターに向かう道端でヒッチハイクをしようとしていた。そのうちの一人が手書きの文章を板に書いた。

「ヒッチハイカーを乗せてください！　斧で人殺しをする人はヒッチハイカーの中でほんの少数です」

まるでヒッチハイカーに対する不安が、飛行機への恐怖、ヘビやクモに対する恐怖と同類みたいな言葉。ヒッチハイカーへの恐れが、先天的な不安ないし後天的な恐怖だとすれば、ヒッチハイカーへの反感が次から次と出てくる。そうなればいかなる統計も役に立たない。

人間は、自分が生き残りたいという本能ゆえに、未知のものに不安を抱く。誰もがよそ者に対して敵意を抱いているし、見知らぬ人に対して強烈な抵抗感を抱いている。相手が自分と違えば違うほど不安感は強まる。その感情が支配的になると、真の事実など意味をなさない。

ドライバーは、見知らぬヒッチハイカーが道端にいるのを見た途端に疑い深くなる。逆にヒッチハイカーのほうも、いつ誰に乗せてもらえるか分からないから、同様に用心深くなる。

ヒッチハイクをするのも、逆にヒッチハイカーを乗せるのも危険をともなう。しかもヒッチハイクをするという決心も、ヒッチハイカーを乗せるという決心も即座に下す必要がある――その時どういう気持ちでいるかは関係ない。その決断は基本的には他者を信用しているかどうか、あるいは、危険ではないかどうかを瞬間的にどう考えるか、それしだいだ。ドライバーはフロントグラスを通してヒッチハイカーを一目見ただけで、アクセルとブレーキのどちらを踏むかを判断する。日頃付き合っている人たちが信頼できる人たちだと思っていればいるほど、ブレーキを踏んで停車し、ドアを開けてやる確率も高い。

だがヒッチハイクは危険だという雰囲気は、ヒッチハイカーが幽霊だったという話によって強まった。八〇年代初頭にそうした話が格段に広まったのである。これはことによるとメディアが広めた話かもしれない。あるいはちょうどその時期に、安全性重視の考え方が高まったのかもしれない。欧米では同様のホラー話が伝わっていたし、イスラエルやモンゴル、そして南アフリカでも同種の話が語られていた。

これに似た話は一九八二年五月、フランスの大西洋岸の町ラロシュシュルヨンのドライバーたちによって語られていた。夕暮れ時にヒッチハイクをする僧侶がいるという話。その僧侶は後部座席に座り、ドライバー相手に予言めいた話をするという。たとえば「今年の夏は暑くなるだろう。秋には何らかの流血が起こるだろう」といった話だ。

だがドライバーが振り向くと、後部座席には誰もいない。そこでドライバーは最寄りの警察署にクルマを走らせ、今しがたの経験を語る。警察官は、よく分かったとばかりにうなずいて、こう答える。「他の人からも聞きましたよ」

その後ジャーナリストが警察署で調べてみたところ、ヒッチハイク後に不意に姿を消した僧侶の話は一件だけではなかった。

こうした話の大半には共通点があった。ドライバーが僧侶を乗せた場所は以前に死亡事故があった地点だった。僧侶がドライバーのジャケットを借りたという話もあり、僧侶が姿を消した後、ジャケットはその死亡事故の犠牲者の墓の上で見つかったとのこと。

ドライバーは全員ふつうの人である。だが世の中に完璧な人などいない。ことによると私たちは時には速すぎる運転をしているかもしれないし、気もそぞろかもしれない。その僧侶は私たちのそうした欠点を思い起こさせるメッセージかもしれない。つまり、私たちがしっかりしていなければ、ひどい事態が生じるかもしれないというわけだ。だがそれと同時にこうした幽霊話は警告かもしれない。つまり、見知らぬ人を信用するな、という意味だ。

こうした恐怖をいっそう強めたのはハリウッドだ。一九八六年のことだが、ホラー映画『ヒッチャー』が公開されると、大勢の人たちが私のところにやって来て、ヒッチハイクはもうやめるようにと諭した。

その映画では、一人の男性がクルマでアメリカを横断しようとする。だが孤独を感じたので、見知らぬヒッチハイカーをクルマに乗せる。ところがその人は頭がいかれた殺人者だと判明する。しかも、そのヒッチハイカーは警察官に信頼され、自分のほうがドライバーだと言う。犠牲者が罪を着せられ、犯人が尊敬されてしまうのだ。一流のホラー映画である。

さらに不安をあおったのは、一九九三年の映画『カリフォルニア』だ。まともなカップルが、相乗りしてくれる人を募った結果、二人のヒッチハイカーがクルマに乗ってくる。だがその後ホラー映画ならではの展開になる。相乗りしてくれる人を募集しても危険な場合があるのだ。

この映画の趣旨はこうだ。「ドアを開けるな。見知らぬ人を中に入れるな。クルマもそうだし家の玄関もそうだ。もし入れたら、それがあなたの最期になるかもしれない」

八〇年代末以降、ヒッチハイクは激減した。幽霊話やホラー映画のせい？　いや、もっと高度な安全性が関係していた。イギリスの社会学者二人、つまりグレイム・チェスターとデイヴィス・スミスが、ヒッチハイク文化終焉の原因を突き止めた。二人はヒッチハイクについて研究論文（二〇〇一年）を書いた。

二人はヒッチハイクについての文章、それも九〇年代に『ガーディアン』紙と『インディペンデント』紙に掲載された文章を調べ、無数の記事に目を通した結果、記事の大半で主要テーマになっていたのはヒッチハイクの危険性だったと突き止めた。ただしそうした記事にはしばしば、ヒッチハイクをする際にはどうすれば安全性が増すか、という賢明なアドバイスが添えられていた。とはいえヒッチハイクの冒険的な側面、良い思い出の側面、そしてヒッチハイクが人間を信頼する上でリハーサルになるという側面は、そうした記事にはほとんど書かれていなかった。陽気で自由なヒッピー時代は完全に終わったのである。

二人の社会学者は、旅行ガイドブック『ロンリープラネット』の初期の版も調べた。その結果、ヒッチハイクをするならどこで、いつ、どのように行えばいいかについて多くのアドバイスが含まれていることを発見した。だがそれから十年ほど経って世紀をまたぐ頃になり、メディアがヒッチハイクの危険性に焦点を当てるようになった時期に刊行された同ガイドブックでは、「ヒッチハイクは危険すぎるので勧められない」という説明が全冊に付されるようになった。統計的に見れば、全般的に犯罪被害者になる危険性は減少していたのだが、その危険性が強調されるようになったのである。同論文によるとこうなったのは安全性重視が原因ではあるが、「犯罪数は増加しているし、世界は危険になった」というのは誤った推測だという。

同論文によると、ヒッチハイク文化滅亡の原因はもう一つある。生活が向上したため、ごくふつうの行動に対しても見方が狭くなっているというのだ。人は、持っているお金が増えれば増えるほど寛大ではなくなるというのである。その結果、ヒッチハイカーは悪の烙印を押された。どういうことかと言うと、道端で親指を立てていると、貧困、犯罪、奇矯、「まともでないかもしれない」と連想されてしまうという。ヒッチハイカーは社会から逸脱した危険な存在かもしれないというわけだ。極言すれば、自家用車を持っていない人は危険な人というわけ。

クルマが大量消費財になっていった時期、オーナードライバーはプライドが高くなった。ヒッチハイカーを同乗させる権利も所持したからである。自家用車を持つことは、当時まだ特別なことだった。現在では、クルマは持っていて当たり前とされ、自家用車を持てそうにない人、道端や道路の近くにいる人はどこか変わっていると見なされるようになった。ああいう人はいったい何をほしがっているのだろう、というわけである。

安全志向が高まるとともに、ヒッチハイク文化の滅亡は加速した。技術進歩と安全性向上は、車内のいっそうのプライバシー化を意味した。エアコン、高級な音響設備、エアバッグ、最新のブレーキ装置、ナビ。さらに、他のクルマに接近しすぎると警告を発してくれるセンサー類――こうしたモノはすべて快適さと安全性を高めると同時に、周囲の危険を車内に持ち込みたくないという感情を強める。車内に座ってエンジンを始動させるドライバーは、安全性に関与する情報を計器類から多量に得ている。同論文によれば、安全をはっきり意識するというのは、危険とリスクをも意識するということだ。

フロントグラスを通して道端のヒッチハイカーを見かけると、ドライバーは危険と脅威を感じる。クルマは常に「愛車」と呼ぶことで明らかなように、自宅であり要塞なのだ。ヒッチハイカーは迷惑な存在なのだ。

ヒッチハイカー並みに危険な存在は他に何があるだろう？　それを見つけるのは困難だ。ヒッチハイカー関連の犯罪に関する統計がないからでもある。ただしアメリカのＦＢＩは、州間幹線道路沿いで殺人と性犯罪がどのくらい起こったか、その数字は把握している。それによると、一九七九～二〇〇九年の三十年間に発生した殺人事件は計五百件ほど、そしてレイプは百五十件ほどだそうだが、この期間の州間幹線道路利用者総数から計算すると、そうした道路でこの手の犯罪の被害者になる確率は〇・〇〇〇〇〇八七パーセントだそうだ。つまりヒッチハイカーを乗せる危険性はゼロではないが、きわめて少ないのだ。

しかもこの率は実はもっと低い。ＦＢＩ統計を詳しく読んでみると、殺人の五十六パーセント、レイプの十二パーセントの犯人は、被害者とは見ず知らずだったのだ。つまり、かなり多くの犯人は被害者と顔見知りだったのである。具体的には夫や友人、父親、おじ、仕事仲間、親友。通常なら、付き合っても安全だと思う人たちだったのだ。道端で立っている親類や知人を同乗させる例は非常に少ないから、アメリカではヒッチハイカーを乗せる危険性は先ほどの確率以上ではないのである。

ヒッチハイカーを乗せるドライバーが――いや、クルマを運転する全ドライバーが安全性を心配するなら、その対象は幽霊話やハリウッド映画がまき散らす危険性ではなく、運転すること自体に潜んでいる危険、つまり事故である。安全に生きていきたいなら、はるかに安全な交通手段、つまり列車や飛行機を使うべきなのだ。自動車事故に巻き込まれるリスクは、ヒッチハイク関連の事件で被害者になる率、あるいは逆にヒッチハイカーが、見知らぬドライバーに襲われる率の何倍も高い。

それでももしあなたがクルマに乗ると決心するなら、絶対に顔見知りの人と同乗してはいけない。見知らぬ人と同乗するのがいちばん安全なのである。

11

遠い過去へと戻る旅立ち

「年齢を重ねるにつれて、
私は過去の時代に徐々に惹かれるようになっている。
回顧中心の旅がしたい」

11　遠い過去へと戻る旅立ち

世界の進歩と空虚な心

仮に、ファラオが支配していた時代のエジプト文明が現在まで存続していると仮定してみよう。ルクソールの神殿やスフィンクス、そしてギザのピラミッドへの崇拝が何千年間も本来の目的で続いていて、今も変わらず以前どおり実施されていると想像してみよう。

そうすればあなたは、インド南部のマドゥライにあるミナクシ寺院で現在行われている祭礼の実態を、ある程度具体的にイメージできるはずだ。毎日、少なくとも一万五千人の参観者が、同寺院を訪れている。同国で最大級のこの寺院には、その見事さに感動し、祈りを捧げ、そしてミナクシから恵みを賜るために人々が集まってくるのだ。

そうした古い文化を備えたこの町で、私は何本もの狭い通りを歩いた。そうした通りには、バナナの木の横でキオスクが営業していたし、ザクロの実が青い木棚にきれいに並んでいるジュースの売店が何軒もあった。どちらを見ても自転車とウシ、オートバイ式人力車が雑然と動いている。そして何百という仕立屋が客に、いわばオーダーメイドの衣服を売っている。

私は寺院の入り口で椅子に座り、グラスでチャイを飲み、この町についてのパンフレットを読んだ。歴史は紀元前までさかのぼる、とそこには書かれていた。この町はパーンディヤ朝のもとで何千年以上も存在し続け、古代ギリシャやローマ帝国とも交易を行ったと。

この寺院への崇拝はさらに古く、紀元前十五世紀に編纂されたヴェーダへの信仰にさかのぼる。だが寺院崇拝がとても古くから行われていたということに、私はあまり心を揺さぶられなかった。それより心を動かされたのは、崇拝が古代から現在まで続いているという事実だった。これではまるで、ギリシャ人が今もポセイドンを崇めているみたいだし、イタリア人が今もってアポロの前にひざまずいているみたいではないか！　そしてスカンジナビア人がトール神を信仰しているみたいだ。

私は寺院の塔門の近くに何百とある、多彩な神々の彫刻をじっくり眺めながら目を細めて、もしイェーテボリ（スウェーデンの都市）がこのマドゥライみたいな町だったらどうだろうと想像してみた。そうなれば、（イェーテボリの駅近くにある）巨大なショッピングセンターは姿を消すだろう。その代わり、壮大な寺院建築が何平方キロメートルにもわたって広がるだろう。神々が崇拝され、香煙が焚かれる。

寺院中央の聖域を想像してみる。アサ神族（北欧神話の神々の種族）への信仰を捨てた観光客はそこへの立ち入りを許されていない（ちなみにインド南部のこの寺院の最奥部は、非ヒンドゥー教徒には閉ざされている）。そしてイェーテボリの聖域では、北欧神話のオーディン、トール、フレイヤが君臨し、赤く塗られ、聖なる油を注がれ、周囲では火が焚かれる。日の出直後に、私は何時間も寺院地区内を歩き回った。日の入り後にも同地区に赴き、さらに何時間か、すすけた暗い小路で時を過ごした。朝晩とも私は道に迷い、いろいろなことに驚きつつ、あちこちさまよい歩いたが、とても満ち足りた気持ちになった。自分が見ているものを、理屈で理解しようとはしなかった。寺院を博物館のように調べようなどとはしなかった。

線香から発しているダイウイキョウとビャクダンの香りを吸い込む。そして、寺院の塔四基を飾っている何千という小さな悪魔と神々の彫刻、けばけばしい色が塗られているそうした彫刻をじっと見つめる。超自然的な音楽に耳を傾けていると、何かが自分の中に入ってくる感じがする。

大人の男女と子どもたちが、木製の大きなクルマを引いている姿が見える。中を見ると女神が入っている。何百という熱い白熱電球で明るく照らされている。ダッダッというディーゼル発電機の音がやかましく聞こえてくる。寺院のゾウの耳には卍《まんじ》が描かれている。一ルピーをゾウの鼻の中に置くと、感謝の証として私はそっと鼻をつつかれた。

ヒンドゥー教に魅力を覚える。長時間にわたり繰り返される儀式に見入っていたせいだ。あたかも昔の人間を見ているような強烈な感情にとらわれる。しかし、精神的なメッセージとかヨガ、瞑想、そして諸宗派の違いといった、今まで大勢の西洋人旅行者の関心をとらえてきた事柄には興味がなかった。私はこの宗教を通じて過去に戻る旅をしたかったのだ。

とはいえ、過去は多大な苦悩をはらんでいた。私が東洋に旅する前の二十年の間に、ビート世代の詩人アレン・ギンズバーグは、文筆業仲間のピーター・オーロフスキーといっしょにインドの巡礼都市ベナレスに行った。二人は無数のヒッピー旅行者にとって先駆者になった。二人のあとを追うようにしてヒッピーたちは体験と麻薬、それに哲学の知恵を求めてインドに流入することになる。彼らは屋根の上に座り、違法な物質を吸い、サルにバナナを与え、階段越しにガンジス川を望んだ。

ギンズバーグは『ダシャシュワメード・ガートの雨』という詩の中で、いかにもビート文学らしく、目撃した光景を拡大写真のようにこう描写している。

今日は、ショートパンツ姿でバルコニーの鉄の柵にもたれ、ハンセン病患者をじっと見ていた。その人は自転車の背後に隠れて座っていたが姿を現し、包帯が手袋と化した左右の義手を使って、灰色の雨に濡れた地面上で尻を引きずっている。片脚は膝下で切断されていて、黒いゴムで包んだ丸いノブ状の義足だった……。

地面を這って行く、脚のないハンセン病患者の物乞い！　ギンズバーグは現実のショックおよび、一人の人間の苦悩を見つめる自分の鋭い視線を、ヒンドゥー教およびインドの聖人たち、すなわち灰、そして真っ黄色と深紅色の粉を塗った聖人たちと溶け合わせている。彼はこう語りたがっているかのようだ。つまり、世界は大いなる靄《もや》ではあるが、東洋哲学の非物質的な高みには希望があると。その希望は毛皮の香りがしたし、真鍮の鐘と単調なマントラの響きがしていた。そしてその希望には、オレンジ色の腰布が巻かれていた。

だが私には将来の希望は見えなかった。過去しか見えなかった。当初は、六〇年代の旅するルポライターと同じことを考えていた。この宗教は、とりわけ進歩を拒んでいると思っていたのだ。ギンズバーグとほぼ同時代にベナレスにいたに違いないスヴェン・リンドクヴィストは、『アジアの体験』の中でこう言い切っている。この地の聖人たちは「うぬぼれたカメ」であり、「卑屈で狂った目つき」をしている。この巡礼地には「過去の詐欺師と便乗者」が群がっているだけだと。リンドクヴィストによれば、ヒンドゥー教徒は営利主義者である。彼が書いているところによれば、ヒンドゥー教の精神は早々に「浄化する」必要がある。

私がここに立って、インド南部の寺院での太古以来の崇拝をじっと見ていても、東洋の宗教は多くの混乱の元凶にもなると思う。しかしそうした宗教の最強の原動力は物欲だと言ったら、それは言いすぎというものだろう。それよりも、インドのカースト制のほうを批判するほうがましだ。

たとえ私が宗教関連のあらゆる事柄に懐疑的になったとしても、有史以来存在するこの寺院は、今までできわめて世俗的で合理主義的な世の中で肥大化していた私の心の空虚を、古来の典礼によって埋めてくれた。

西洋人は新しい事柄に取り組んだり、熱心にそれを実行する点では世界一だが、時にはまだ使えるモノやアイデアを歴史のゴミ箱に捨ててしまう。

だが西洋から離れれば何かが起こる。不意に、まるで新旧の事柄が同等に高く評価されるようになり、社会が瞬時にして原始時代から近現代へと跳躍し、その間の時期が省略されてしまうのだ。そうなると、古代と現代とは、息をのむようなコントラストをかもしだす。

牛車は砂利道をきしみながら市場のほうへ向かっているが、その一方で、農民は空を見上げ、インド南部のシュリーハリコータ基地から火星に向けて打ちあげられたロケットを見ている。このコントラストに息苦しさを感じる人もいるらしい。なぜ人間は宇宙をめざすのか？　地球のもめごともまとめきれないというのに？　ことによるとこの疑問は正しいかもしれないが、双方の世界の併存にも価値があるのかもしれない。

一九三八年にスウェーデンでは、史上初めて休暇が法律化された。これにより私たちは、ただ生きていくだけの他に、時間とお金の双方を手にした。だがこの法律が制定されたことだけが、第二次世界大戦後に旅行ブームが始まった原因ではあるまい。

私の考えでは、西洋の速やかな現代化と外国旅行増加との間には関連がある。赤い木製のバラックが取り壊され、そこに灰色のコンクリート製巨大建造物が建つようになり、そして、市場で生産者から消費者へ手渡しで直売されなくなってスーパーマーケットが出現したからこそ、さらには、くねくねとした砂利道が整備されてアスファルトが敷き詰められたからこそ、私たちの心にぽっかりと穴が空いたのだ。

スーパーマーケットではレジが機械化されたので、私は一度も販売者と会話を交わしたことはない。たしかに食糧部門の効率は上がったが、空疎な気持ちも強くなった。この虚無感を埋めたいので、私は、人が大勢いる古くて落ちぶれた地区を訪れる。そこは、私の故郷もかつてはそうだったと思えるような場所だ。

私は過去をよみがえらせるという夢を捨てることができない。私自身はそういう生活を送ったわけではないのに、昔の集団生活の記憶を触れ回っているようなものだ。

九〇年代のことだが、ダール川の南にある木造の「夏小屋」に祖母を訪れたことがある。祖母がどのように育ったかを話してもらおうとしたのだ。一九一七年の春には一家して飢えで苦しんだ。スウェーデンのいくつかの都市では、飢餓ゆえのデモが起きた。わが一族は、ヴェステルフェルネボの小さな家を手放さざるを得なくなり、家財一式を持って三十キロメートル北の家へと引っ越した。収穫と食べ物が増えることを祈った。

他の学友は、買ってもらった靴を履いていたが、祖母は、靴職人だった祖父が作ってくれた長靴しか持っていなかった。祖母はその靴が恥ずかしくて仕方がなかったので、家の片隅の草地に靴を隠しておいた。十キロメートル離れた学校までは、砂利道をはだしで歩いて行った。足の痛みよりも見苦しい靴を履くほうがつらかったのよ、と語る祖母の顔には、いたずらっぽい微笑が浮かんでいた。

私は自分がそこに座って、第一次世界大戦中の話とか、女性参政権が認められていなかった時期に起きたあれこれのことについて祖母とおしゃべりしていると気づいた時、目の前がくらくらした。そして同時に、過去が歴史の本に出ていることだけではなかったことを教えてくれた祖母に感謝した。いろいろな物語があり、思い出が、そしてほほえみがあったのだ。額のしわを初めとしてあらゆることが、その時期と結びついているのだ。

私は座って、石油ランプの明かりをいっしょに受けながら、祖母の話に耳を傾け、私の誕生前に祖母は世の中をどう見ていたか、それを想像してみた。祖母の言葉をじっと聞いていると、自分がその時代に戻って、別世界を訪れているような気がした。

失われた世界を求めて

私が北欧から初めて外に出た時の行き先は、イタリアとスペインだった。両国とも、六〇年代にはまだ部分的には発展途上国だった。ということは異国趣味の色彩が残っていたとも言えるが、私は山村に行くのが大好きだった。ロバに乗ることが、そして年輩の女性がスカーフをかぶって街頭に座り、編み物をしている姿を眺めていることが、気に入っていた。

だがそうした国々に近代化の波が押し寄せてくると、私はギリシャとトルコを旅するようになった。この両国は、まだ古風だったのですばらしかった。ホテルの廊下とか、年配者が好んでいたベージュ色のカフェの壁には、暗褐色の敷物が見られた。五〇年代、六〇年代のクルマはほこりにまみれて走っていたし、それ以前のバスはまるで色あせた絵葉書から出てきたみたいだった。飲食店の食材にしても近くの畑や家畜小屋から持って来たものであり、決して食糧工場から段ボールに入って運ばれて来たものではなかった。私のような現代社会の難民にとっては、そうした時代遅れの環境は癒やしそのものだった。

しかし、こうした東方の地中海諸国もゆっくりと確実に近代化し、ついにはその波に征服されてしまった。それから二、三年後、フェリーでエーゲ海をわたった時にはもう、縁なしの帽子をかぶって木製の首飾りをいじくっている老人も見かけなくなってしまったし、スカーフをかぶってギリシャ・コーヒーを小ぶりの陶磁器のカップから一気に飲み干してしまう年輩の女性もいなくなってしまった。

ギリシャ人は帽子とスカーフを身に着けないようになり、ケータイのディスプレーを見ながら、カフェラッテを蓋付きの大きな紙コップで飲むようになった。たしかに昔風の生活が現代人にとって不似合いなことは分かる。だが私の美的な趣味だけから言わせていただくと、彼らには昔どおりに暮らしてほしいのだ。

ここ何十年間のグロバリゼーションの波は、多くの文化的特徴を排斥してしまった。誠実なもの、滑らかなもの、硬質なもの、そして輝かしいものの空疎化は、私が感じているだけではない。使い古したモノや錆びついたモノはすべて壊され、独特のものは抹消され、姿を消した。世界はどこへ行っても、たがいにどんどん似かよってきた。今は、コペンハーゲンやタリン、ハンブルク、さらにはソフィアの商店街をぶらついても、ベスタロースのヴァーサ通りやストックホルムのドロットニング通りにあるのと同じファストフード店、カフェ、洋服店がチェーン店を出している。同じものを見れば安心感が得られるとお思いかもしれないが、私は見放されたような、悲しい気持ちになる。

ノスタルジーの語源はギリシャ語で、ノストス＝帰郷とアルゴス＝苦痛だ。この概念は一六七八年に初めて用いられた。スイスの医学生ヨハンネス・ホーファーが病的なホームシックをそう呼んだのである。だが私なら、もしノスタルジーを感じたとしてもこう言ったことだろう。

「私は何時間もそこに立っていることができる。そしてキツネにつままれたかのように、インドの鍛冶屋の様子を眺めていることができる。鍛冶屋は手動のふいごを使って、灼熱の鉄をハンマーで叩いている」

私は、インドネシアの自動車工を目の前にしても、夢中になって立っていることができる。自動車工が小さなハンマーで車体を滑らかにするのを見るのだ。あるいはネパールのクルマ大工が、壊れた馬車の木製の車輪を修理するところを見ていることもできる。

以上のようなことは、私にしてみればまるで思い出のようなものだ。そうした仕事が、かつて私の日常の一環だったかのように感じられるのだ。何かヘンだろうか？　ホーファーに診断してもらえば、おそらくこう言われるだろう。時代遅れという症状は、過去を理想化することによって心理的なバランスをとろうとする現れだ。変化に直面した時に即応しなければならなくなったのだ。だから、近現代からしばしば距離をとれば、すぐにも状態は改善されるだろう！

他の医師、たとえばオーストリアのレオポルト・アウエンブルガーは十八世紀にこう書いている。「重症のホームシックになっている患者は、こういう行動をとる。「眠りは不安定。憂鬱で、集中力に欠ける。（中略）絶えずため息をつき、うめき声をあげる。日々の生活などどうでもいいといった行動をとる。（中略）体は弱くなるが、憧れは強まる」

失われた世界を求める、というロマンティックな夢がきっかけとなった一件をご紹介しよう。二〇〇一年春のこと、『ダーゲンス・ニュヘテル』紙に掲載されたアンデシュ・マットレインの記事に多くの読者が熱をあげた。その記事のタイトルは「この世のものとも思えない美しすぎる島」。文章の冒頭はこうだ。

「クロアチア沿岸にある特別な島、レテ島はまだ観光ブームにほとんど汚染されていない。ここにはサンゴ礁があり、名士もいる。シャンパンは信じられないほど安い」

この島は本土のすぐ近くにあり、「世界でもっとも保護が行き届いていて」、何もかも揃っている楽園だと記されていた。島の中心にある大きなサン・マンソージュ広場で営業している「バー・地中海」に入れば、映画の舞台が思い出される。

「ブラインドは夕刻の陽光を縞模様に分けている。天井のエアコンは親しげな音を立てているし、客たちは実に多様だ。たとえば黒服を着た女性はマルガリータを飲みながら誰かを待っている。その『誰か』は日の出がトレサンティ大聖堂のらせん階段付きの塔を赤く染める頃にやっと来店する」

この記事が発表されると、同新聞社の電話がいっせいに鳴り出した。何百人という読者がその島に行く方法を尋ね、ホテルの予約方法を知りたがった。というのも、この記事を紹介した旅行会社「四月一日ツアーズ」および航空会社「ジョーカー・エア」と連絡を取ることができなかったからだ。

どうやら彼らは上記二社の妙な名前に気がつかなかったようだ。記事が載った四月一日という日付もヘンだとは思わなかったようだ。マンソージュというのがフランス語で嘘を意味することも、また島名レテがギリシャ神話で忘却に関連するということも一切考えなかったのだ。

彼らは、昔のハリウッド映画に出てくるようなロマンティックな環境でノスタルジックな休暇を過ごそうと夢見ていたので、餌に飛びついてしまったのである。過去への憧れに誘惑されたのだ。

旅で時間を巻き戻す

年齢を重ねるにつれて、私は過去の時代に徐々に惹かれるようになっている。どこかのカフェに行き、著名な作家や芸術家がいつも座っていた場所でコーヒーを飲んだら、まるで私がその時、その場にいたような錯覚を感じるだろうと思う。回顧中心の旅がしたい。

だがパリのモンマルトルには失望した。条件は整っていた。あそこは印象主義誕生の地であり、近代の詩人ギヨーム・アポリネールが作品を書き、スペイン人ピカソが詣で、アンリ・ドゥ・トゥルーズ＝ロートレックが絵を描いた。彼の多色石版画は有名で、世界中の家々の中に複製が無数に掛けられている――私のストックホルムの家でもトイレに掛かっている。被写体はナイトクラブのムーラン・ルージュ。

ピカソ行きつけの飲み屋ラパン・アジルはその時もまだあったが、それ以外のモンマルトルは、けばけばしく装ったノスタルジーの対象であり、「芸術家たちにとってのディズニーランド」に他ならないと言わざるを得なかった。そこにあったのはアイリッシュ・パブ、ありふれたフランスの飲み屋、赤白チェック模様のテーブルクロス、赤いマフラーと黒いベレー帽姿をしたウェイター。テルトル広場に行ってみると、冷たい雨模様の一月の午後でさえ、観光客の肖像画を描く「画家たち」が大勢集まってパリの神話を守ろうとしていた。

では私はいったい何を期待していたのか？　結局のところパール・ロードストレームが書いているとおりだ。つまり、「パリは以前とはまったく違っているが、しかしそれこそはパリの魅力なのだ」

現実よりも神話を追いかけているとしたら、人はいったい何をしているのだろう？　それを確認するために、私はガタガタと音を立てる古典的なパリのメトロ四番線で南のほうへ向かった。もう一つの過去のオブジェ、モンパルナスである。かつてボヘミアンの第二の波はそこに向かったのだ。モンマルトルとピガールにはナイトクラブやダンスサロンがあり、街娼やそのヒモたちがいる歓楽街へと変貌していった時期のことである。

第一次世界大戦後、パリの文化の中心はモンパルナスの古典的な芸術家カフェだった。ル・ドーム、ラ・クーポール、ル・セレクト、ラ・ロトンド。ル・ドームにはバルカンや東欧、スカンジナビアの芸術家たちが集い、ポーカーで遊びながら、インスピレーションが湧いてくるのを期待した。私はここがとても気に入った。ラ・クーポールには、スウェーデンの芸術家イーサク・グリューネヴァルトが描いた柱がまだ残っていた。まるでタイムスリップしたみたい。

だが私はそれ以上を望んだ。だからサン・ジェルマン・デ・プレに向かった。スティグ・クラエソン（別称スロー）が五〇年代にパリにやって来た時に歩いた通りを散歩してみたのである。私の上着のポケットには、思い出の詰まった彼の本が一冊入っていた。スローがここにいた時のパリは、まだ貧しくもスリリングな憧れの地であり、貧乏な芸術家たちに適した都会だった。彼はその時点ではまだ本を一冊も出していなかった。若い欧米人の大勢の中の一人にすぎなかったが、文学と美術の面で野心を抱いていた。

私は、今や飲食に適していない古典的なカフェの大きなガラス窓の前に、試しにずっと立ってみた。また、カフェ・ド・フロールの中でアメリカ人作家たちが、「CIAのために働いているのは誰か」について論議している姿を想像してみる。ことによるとジャン＝ポール・サルトルとかシモーヌ・ド・ボーヴォワールがそれを目撃していたかもしれない。だがその一方で、クロアチア人とセルビア人は近所のセルビア・レストランで、両者の戦闘が今後どうなるかについて討論していたかもしれない。

私はポケットに入れていた、二〇〇二年のスローの回想録『洪水のあと』をさぐっていた。「私たちは若かったし活発だったが、責任を取るべきことなど一つもなかった。（中略）私たちは自由を満喫していたが、私は今にして時々思う――そもそも私たちを守ってくれたのは誰なのかと」

私の考えでは、その自由は時代のおかげだった。回顧してみれば、楽観的な進歩論（西欧の急速な経済発展）と没落のシナリオ（核戦争の脅威）がミックスしてエネルギーを生み出していたのだ。近未来の話としては、希望と恐怖の組み合わせはもちろん無敵だったに違いない。若きビルギッタ・ステンバリは一九五〇年にすでにパリに来ていた。作家になる夢を抱いていたし、新たな戦争が勃発する前に世界を見たいとも思っていた。こうしてスローとステンバリは文章を書いた。第三次世界大戦の前の時代は、テーマに事欠かなかった。

二人は、カフェ・ド・フロールとレ・ドゥ・マゴの中で、実存主義者たちが座りながら「間違った客観性」について論議する場面の魅力を目にしていた。若者たちの情熱、そして自己自身と社会を理解しようとする燃えるような意欲は、頭で考えるだけでなく体も使っていた。「私たちは夜を徹して愛し合った。窓を開けると夜の冷気が入ってきた……」と彼女は回想録の中で書いている。そしてこのように続けている。

「こうして早朝になり、私たちがホテルを後にする時には、二人の体は睡眠不足で重くなり、愛の分だけふくらんでいた。ホテルの玄関を出るやいなや、煮え立つような新たな期待が心の中で高まっていた」

ノスタルジックな視線であちこちうろついていたのは私だけではなかった。一九一九年に開店したシェイクスピア・アンド・カンパニー書店で私は、「ヨーロッパ周遊鉄道乗車券（ユーレイルパス）をズボンのポケットに入れ、夢見心地の視線をさまよわせているアメリカ人学生たち」を見かけたことがある。ことによると彼らは、そこにいつもやって来ていた自国の宝、アーネスト・ヘミングウェイの姿を見たかったのかもしれない。

私が二階に上がると、ほこりまみれの廉価本やおんぼろの家具類、ポータブル・タイプライター、ベッド、椅子が目に入った。その椅子には別のアメリカ人が座りながら古本をめくっていた。

私もしばし学生たちの横に座って、その時代を回顧していた。『ユリシーズ』の原稿を持って入ってきて、この店の創業者シルヴィア・ビーチにそれを手渡し、刊行の意向を訊いたのはジェイムズ・ジョイスだっただろうか？　そこにはヘミングウェイやスコット・フィッツジェラルド、つまりはロスト・ジェネレーションの半数が座っていなかっただろうか？　そしてパリは、サクレクール寺院の階段から眺めるとヨーロッパでいちばん白い都会だなどと語っていなかっただろうか……？　だが今は活発さは皆無で、装飾とファサード、回顧だけ。

憧れが募ると、死者がよみがえってきて、ことによると私に何か語ってくれるような気がするのだろうか？　それとも私は、少し退屈な時代から逃げ出したいのか？　歴史的なモノ、場所、環境、出来事に関心を抱くのは、私が不甲斐ない自分のまま死んでしまうことが怖いからではないのか？　考えただけでもぞっとする！　過去を想起する場所を訪れるのはことによると、そうした忌まわしい予感から解放されたいからではないのか？　私が死ぬ時に、私自身のちっぽけな記憶を抹消して大きなものに近づきたいからではないのか？

昔のことを考えるのは、もちろん現実逃避主義でもある。私がパリで行ったように、消えてしまったロマンティックな時代に逃げ込むのもその一例だ。ピカソが、ヘミングウェイが、ビルギッタ・ステンバリが、そしてスローがパリで過ごした日々を私たちは美化してしまう。彼らが私たちよりも強烈な情熱と高度な理想を持っていたこと、深遠な感覚を持ち、情熱的に愛し、ひどく憎悪し、魂を込めて美徳も悪徳も彩り豊かに、どぎつく、徹底的なものに仕上げる決心をしたと考えるのはいとも簡単なことだ。

回顧している間は、貧乏すらロマンティックに思えてくる。自分自身の貧乏ですら、それが現実には終わっていたとしても、そう思えてくるのだ。スローはパリから実家へ戻ってからずいぶん時間を経た頃に、ストックホルムのレストランで若いスウェーデンの作家二人が会話をしているのを小耳にはさむ。話題は、パリで上質のワインを飲んだかどうか。スローは立ち上がって二人に近づき、大声でこう言った。「君たちがパリで何を飲んだかを覚えているなら、今ここにいる場合じゃないだろ、畜生め！」

その後私は新聞でスローのアル中が進行していることを知ったが、その記事からはパリへの憧れの強さが感じられた。つまり、ワインの質よりパリでの会話のほうがスローにとっては重要だったのだ。

当時スウェーデン・アカデミーの院長だったホレス・エングダールは、なぜ過去はこんなにも魅力的なのかとラジオ番組で問われて、こう答えている。

ゲーテの『ファウスト』にあるように、過去に浸って喜ぶのは危険なのだ。過去は不可解だとファウストは言っている。私たちが過去について学ぶ時代精神は、過去に反映させた現代の姿なのだ。エングダールはファウストの思考の歩みをこうまとめている。

「もし私が歴史的な場所に立ったとしたら、そこで生きていた人が現実をどう考えていたか、それを知りたくなるだろう。しかも、死者たちと同じ考え方をしようとするだろう。……そうすると見知らぬことが不意に理解できたような気になる。それはまるで、ある人に後ろから近づいていくような感じだ。ぼんやりとではあるが、その人は本来の自分自身だという気持ちになるのである」。あるいは自分がなりたがっている人だという気持ちだ、と私は思う。過去が魅力的なのは不思議ではない。

ウィーン・ノスタルジー

いずれにしても私はタイムスリップをやめられなくなった。そしてウィーンに行った。ノスタルジーの旅人すべてにとって夢の都会である。リング通りを永遠に輪を描いて走る市電に乗る。ブルク劇場、国立歌劇場、市庁舎、そして家々、豪華さ、さまざまな付け足し。都心をとことこと走る市電で何周もする。ここは第一次世界大戦前には強大なハプスブルク帝国の中心だった都会。人口五千万、十七の人種、十二の言語などを支配していた国の首都。

ウィーンにはヨーロッパ各地から人がやって来る。コーヒーを飲むためだったり、劇場に行くためだったり、音楽を聴くためだったり、あるいは、世の中をどう変えるべきかについて議論するためだったり。

作家シュテファン・ツヴァイクは、『昨日の世界』の中でウィーンの最盛期をとても美しく描写している。そしてウィーンが独創的だったのは、ヨーロッパの全文化が統合していたからだと言う。強制や偏見がなく、民族間ないしは言語間の対立を融合させることが可能だったからだと。この愉楽の都会で生活するのはすばらしかったが、それは「他者を全員、親しく受け入れたからだ」と言う。ウィーンほど容易にヨーロッパ人になれるところは他になかったし、多文化の帝国はなかった。これほどコスモポリタンの都会はその後出現しなかったとも言う。「世紀末の創造性と豊かさは、残念ながらよみがえっていない」。これは町のガイドであるパブロ・ルディチが、私といっしょにウィーン王宮を散策している時に口にした言葉だ。王宮は、ウィーンの他の多くの建物同様、まるでクリームケーキのように見える。

彼も私も八〇年代当初に初めてウィーンにやって来た。私はインターレイルパスでウィーンにやって来て数日滞在したが、この町全体が大きな老人ホームのような感じがした。パブロは両親といっしょにウルグアイからやって来て、以来ここに住み続けている。

「私は一九八一年にやって来ましたが、ウィーンは老人のための都会だという印象を持ちました」と私は言った。「家々が古いだけでなく、ショーウィンドーにある商品も、通りにいる人々も古くさかったのです。ワクワクする事柄はすべて過ぎ去ってしまったかのようでした」

「たしかに」とパブロが答えた。「ウィーンは老人の避難所というのが私の感想でした。けれども今はすべてが変わりました」

何が変わったというのか？　ことによると私たちが年を取り、古いモノ、時代遅れのモノを高く評価するようになっただけなのか。

永続するものなど一つもない。三〇年代にはコスモポリタン的な寛大さが消え、国粋主義的な不寛容に入れかわった。ウィーンで暮らしウィーンの文化で重要な役割を果たしていた十八万五千人のユダヤ人のうち三分の二はここから逃げ去り、居残った大半は強制収容所に送られた。

戦後になると、オーストリアはこの一件から目をそらす決断をした。パブロは、学校での歴史の授業についてこう語る。「教師も歴史の本も二〇年代から六〇年代へとジャンプしてしまい、その結果、ヒトラーもナチスもホロコーストもなかったことになりました」。彼がそう言ったのはちょうど、ウィーン最古のレストランであるグリーヒェンバイスルの前を通りかかった時だった。この店は一四四七年以来、クネーデルとザウアークラウトをメニューに入れている。もちろん今も食べられる。ウィーンに来ると、世紀末に何が起こったかを思い起こすが、（ドイツとの）合邦と降伏の間の出来事は忘れるに限るというわけだ。

昔ながらの証券取引所内にあるカフェ・ツェントラルは天井が教会風だ。店内にはヨハン・シュトラウスの『美しく青きドナウ』が流れていた。私はウィーンならではのメランジェ（カフェ・オ・レ）とオーストリアのカプチーノを注文してから、目を閉じて、夢に浸った。外のクルマの音も聞こえず、黄色いカーテンと、金色の壁の縁、そして緑の花びらはもう見えなかった。

その代わりに、レーニンとトロツキーの姿が見えた。彼らが激論を闘わせているのが聞こえた。その後方には、ひげを生やした若きヒトラーがいた。いかにも不機嫌そうだ。もしかすると、彼らはたがいに語り合ったことがあるかもしれない。別のほうを見ると、『新自由新聞』の編集者テーオドール・ヘルツルがいて、黒いひげを撫で、シュテファン・ツヴァイクに向かって「ヨーロッパのユダヤ人は、固有の国家をパレスチナに作らなければならない」と主張している。「だが近東で私たちは何をしたらいいか？」とツヴァイクが問う。「私たちは結局のところ中欧文化圏に属しているのだ」

ふたたび目を開いてみると、今の情景は溶けて消え、スマホと都市地図、ガイドブックを持っている観光客の姿が見えた。旅の合間に別な旅をしたような感じ。

回顧を笑うな。伝統への憧れ

消え失せた時代を売りにして観光業が利益を得ているのは不思議ではない。観光客は過去が大好きなのだ。ノスタルジーは、市内ツアーの主催者にとって確実な収入源である。

私はインド南部のケララの港湾都市フォート・コーチにいた。北東から吹くモンスーンが始まった秋の湿っぽい日、魚市場の前に立っていたのである。岸辺のすくい網は、まるで石器時代の火打ち石のように見えた。カラスがベンガルボダイジュの中でカアカア鳴いていた。そして魚や海、ディーゼルの排気ガス、さらには熱帯のフルーツのにおいがした。遠くで何隻かの船が騒音を発している。

空が暗転して雷が鳴り、ねずみ色がかった青い海に雨が点々と落ちてきた。その後、熱帯モンスーンが強まって、家々の屋根に当たり始める。大男が腹を立てたような感じ。瓦が響き、ココヤシに囲まれた中で嫌な音を立てている。

ガイドブックによれば、すくい網は中国製。中国の商人が持ち込んだ技術のミックスだという。まだフビライ・ハンが生きていた時代のことだそうだ。私は何を見ているのだろう——八百年前の技術で魚を捕っている人たちだ——その時、一人の男がこう呼ぶ声が聞こえた。

「ハロー、おまえ、こっちへ来いよ!」

呼んでいた男の名はジョーゼフ。仲間五人といっしょに木製の道具を使って海から魚を揚げている。その道具で粗い麻縄の網が引き上げられているが、その作業中は一トンほどの石一個がおもりとなっている。だが釣果は、都会の環境汚染のため微々たるもので、今日は小魚類と小ぶりのカニ一匹だけ。彼らは私に、その仕事をやってみるかと声をかけてきた。私のカメラを借りた彼らは、私が本格的に作業中であるかのような写真を撮った。

「やったぁ！」と私は元気よく叫び、カメラに向かってほほえんだ。

それから作業仲間は私を中央にしてグループ写真を撮影した。私は彼らに少額のお金をやった。

フォート・コーチの岸辺には他に六本の古いすくい網があって、そこには六人ずつの作業グループがいた。つまりは計三十六人の男たちが、この非能率的で報酬のない仕事に従事していたわけだ。ケララの湿地内にある川や海の岸辺には、他にもすくい網があった。陸の人たちは魚を家計の足しにしていたが、町の近代化や汚れた水のせいで、海での魚捕りは時代遅れの遺物と化していた。

ジョーゼフとその友人たちが港湾作業やバスのドライバーといった仕事を覚えようとせず、かと言ってドバイに出稼ぎに行こうともしない理由は、すくい網を見にここにやって来る観光客からチップが得られるからで、それがいい稼ぎになるのだ。高齢でも暮らしていけるのは、観光客がお金を払ってくれるからだ。

ケララの文化遺産はすくい網だけではない。昔は収穫したてのコメを運んでいた古い川舟も今はトラックに仕事を奪われたが、舟の数は増えている。水上ホテルとして改装され、観光施設になったのだ。

また、市内の住宅の壁は以前は乾燥粘土だったし、屋根はヤシの葉やツルカメソウで葺《ふ》かれていたが、今の住宅はセメントや瓦、アルミニウムで造られている。
とはいえ、岸辺のホテルの内部や国立公園内の休暇村の中は裸足で歩くことができ、観光に寄与している。そうした場所では旧来の材料が復活してきている。なぜか？　伝統様式のほうが環境に優しいと観光客が感じているから、だけでなく、そちらのほうが本物だと思っているからだ。過去のほうが現代よりも真正だと言いたいかのようだ。

観光ブームには保守的な力がある。古来の伝統は、観光客が求める限り長く守られる。あるモノを観光客に見せればチップを手にすることができるとすれば、古いがらくたをわざわざ捨てることはない。私は、世界中の歴史的な都心を走っているすべての蒸気船と馬車を、そしてストックホルムの観光地区で盛況を謳歌しているレストランの前を走っている馬車のことを考える。そのレストラン内ではバイキングの物語が演じられているし、西暦七〇〇年から一〇〇〇年までの食事が今も出されている。観光ガイドたちは、難しい現代の話など滅多にせず、ひんぱんに昔の国王や戦争の話をしている。

レストランの壁に目を向けてみよう。歴史的で絵のように美しい農機具、ひびが入って灰色になった木製の農機具が多くかかっている。それはいいことなのだ。なぜだろう？　現代生活が今風であればあるほど、休暇中は伝統への憧れがいっそうふくらむのだ。ジョーゼフと漁師仲間がフォート・コーチで魚をほとんど捕らなくても何ら問題はない。観光客といっしょの写真を撮らせてあげて、まるでその一瞬に漁師が昔どおりの魚釣りをやっているように見せてやれば、お金は手に入るのだ。

12

国境を越えて、自由に動き続ける

「地球上のどこに行っても
物事はうまく運ぶという自信がある。強い確信だ。
どこにいても落ち着いていられるし、
どこにいても落ち着いていられない」

12　国境を越えて、自由に動き続ける

モノに囲まれて見失うこと

私がコスルティ・スティーゲと初めて会ったのは一九八一年秋のことで、場所はベスタロース市内の伝統あるビール醸造所内だった。彼女はパンクバンド「タント・ストゥルル」の歌手であり、スヴェルタン川沿いにある古い丸天井の地下室でコンサートを開く予定になっていた。そこは以前はビールを醸造していたところ。

私はそのコンサートの主催者の一人だったが、地元紙のために写真を撮り、評論を書くことにもなっていた――相反する役割を一人で請け負っていたようなものだったが、そのことを私はあまり深く考えないでいた。私にとってとにかく大事なのは、新しいエキサイティングな音楽文化を各方面に伝えることだった。

私は彼女を長く見つめていた。彼女は、白漆喰《しろしっくい》を塗ったカフェの壁にもたれて立っていた。背が高くてすらりとしており、髪はくしゃくしゃ。黒いマスカラを塗っていた。彼女には芸名

があった。それはコスルティ・スティッチ。パンク風の興味深い人物に見えた。

彼女の動きは上品と言うより衝撃的であり、絶えず強烈な好奇心を放っていた。私から言わせると、彼女の動きと、その憧れに満ちたまなざしは、バンドのイメージともども時代精神のエッセンスだった。つまりは、「直接行動」とか「何であれ即、行動」に代表されるアナーキズムの理想が、そうしたミュージシャンとそのファンたちの間に流行っていた時代だったのだ。

その直後、私は、コスルティのいとこのイングリッドといっしょにアジアを旅した。イングリッドによれば、コスルティはパンクバンドで歌っているだけでなく冒険旅行もひんぱんに行っているとのことだったし、また、コスルティのボーイフレンドは当時胃を病んで、インドで入院しているとのことだった。私は、髪を束ねたパンクの偶像と、頬を流れ落ちるほど汗をかきながら、ほこりっぽくてカオス状態のあの国を旅している姿とを何とか一致させようとした。だが無理だった。彼女の生活の中で生起していて私があずかり知らないことはどんなことだろう？

それから十年以上あとにコスルティと再会した時、謎は解けた。私が当時見た彼女の絶えざる好奇心に満ちた生活は、あくまでも舞台に出て行くまでであり、それは旅に出る憧れの予兆だった。時代は九〇年代になっていた。私たちはストックホルムのゼーデルマルム地区にあった、旅行誌『ヴァガボンド』編集室でソファーに座り、仏教寺院とチベット僧を被写体とした彼女の写真をじっと見ていた。その時である。彼女は、その写真をひとまとめに刊行してほしいと言ってきた。

彼女は大学受験のあと、男友だちの一人とニューヨークに行き、ブルックリンに住んでマンハッタンのクラブでぶらぶらし、アンディ・ウォーホルのスタジオ54・フェスタに行った。そしてマンハッタンで初めて、「ヨーロッパとアジアのヒッピー・ロードを旅し、インド哲学のフラワーパワー（ヒッピーのスローガン）について感激して語る旅行者」と接触する。

さらに二十年後、ストックホルムのとあるカフェで再会した時、私たちのような人間はどうしてこんなにも旅をするのかという話になった。彼女は火花がはじけるように語り出した。ヒッピーとの出会いからインスピレーションを得た彼女はアジアに出発したが、その時荷物の中には千クローネしかなかったという。「でもそれで半年過ごすには充分のはずだった。少なくとも半年はね。倹約すればだけど」と打ち明けながら、彼女は私の視線を追った。私がその幸福感を共有しているかどうか知りたかったのだ。彼女にしてみれば、世界を見るには裕福である必要はないという。重要なのは、どういう旅をするかだと。

コスルティはヨーロッパを南に向かって旅した時の気持ちを回想していたが、より強烈な感情は、イスタンブールのシルケジ駅で列車を降りた時だったという。外国に行くと、自分が本来いるべき場所を見つけたような気になるというのだ。南へ行けば行くほど、ないしは東へ行けば行くほど、郷土にいる感覚は強くなった。

「私、パキスタンとインドの国境を歩いて越えた時、こう叫んだわ。『やっと落ち着ける場所に来たのよ！』。そして私は泣いたわ。うれしかったのよ。国境警備員たちは私を見て驚いていたの。頭のいかれた人間を国に入れてしまったと思ったかもね。私はいつも人生を、大勢の人たちがいるバザールに、異質な香りに、色彩に、視線に、サリーに、額の中央に付けるビンディーに、そして角《つの》が青く塗られたコブウシに求めてきた」

彼女はその翌年、スウェーデンでオリンパスOM―1を買い、クリステル・ストレムホルムの写真学校に通った。だが我慢できたのは一学期だけ。じっとしていられなかったのだ。ふたたび東へ向かう。私たちが親しんでいる世界とは異なる世界を体験するためだ。たとえ現代的でなかろうと、そして貧しかろうと、幸福な生活を送ることができることを証明したかったのだ。貧困は不幸とは違う。七〇年代の私たちは第三世界のショッキングな写真に囲まれていたと彼女は回想する。悲惨、悲劇、災難。彼女は、それとは別のことを伝えたかったのだ。

だが彼女の写真を見た人たちは誰もが怒った。「こういう写真の被写体になっている子どもたちは、なぜこんなにも喜んでいるように見えるのか?」。彼女の展覧会を訪れた人たちは疑問に思った。「インド人はいろいろなものを持っていなくても喜んでいられるのだろうか?」

彼女は、自分がインドでこういった人たちに本当に出会ったのだと説明しようとした。別に幸せそうなフリを要求したわけではなかったと。彼らの喜びは自発的で真正なものだと。しかし展覧会の訪問客は大半が批判的に首を振るばかりで、不満そうだった。

「ゴアのアランボール・ビーチで、私は他のヒッピーたちといっしょに一本の木の下で寝泊まりした。ヒマラヤではヨガ行者とともに洞窟内で瞑想したし、砂漠では遊牧民といっしょに移動した。寺院の前では聖者の男性たちといっしょに物乞いをした。ほとんどモノを持たずに各地を旅した。今となってはお決まりの言葉に聞こえるかもしれないけど、そうしたことで自由な気持ちになれた」

当時を回顧している今の彼女は、体験と思考はナイーブだが、ことによるとまさに挑発的だったのかもしれないと理解しているのだろう。まるで、自分が貧しいけれどもそれを楽しんでいるかのように行動していたし、真剣である時もまるで楽しく遊んでいるかのようなフリをしていた。地球上には、湿度の高い洞窟内に住んで、コメとレンズマメだけを食べている人たちがいる。それこそ貧しい人たちの宿命だが、モノを持たなければならないと考えたり、モノを持って喜ぶことはやめよう。

彼女は当時感じた幸福に、それ以来巡り会うことができなかった。今の彼女が言うには、その時こそ、人生の本来の意味に近づいたのだ。それは所有物のことなど考えない生活だった。モノはいつか壊れるし、失われる。昨日のことを悔いない生活、そして明日がどうなるか心配しない生活。いつも今、ここだけが大切な生活。

「いちばん良かったのは、私が遊牧民といっしょだった時、つまりヨガ行者、インドの諸階層の人たちといっしょに移動していた時ね。旅の予定なんてなかったし、なるようにしかならなかった。逆説めくけれど、私はそういう日々こそいちばん真正だと感じたわ」

彼女は、パキスタンからアフガニスタンへ商品を密輸するトラックでヒッチハイクしていた。そうしたトラックは、警官に口止め料を払わずに済まそうとして主要道を避け、カーブの多い狭い砂利道を走る。彼女は運転室内の男たちの間に潜り込む。男たちは半裸で強靱。顔はひげだらけで、たいていは実弾を装塡した銃を片手に持っている。

トラックは、ガタガタと音を立てながら進んでゆく。どのトラックも武装していたが、彼女はそれでも安全だと感じていた。今の彼女に言わせると、不安を感じない性格だから怖くなかったのかもしれない。彼女が旅日記に記した冒頭の文章はこうだった。

「感覚と心を開いて世の中と向かい合ってみたい」

彼女が思うには、そう考えていたからこそ恐怖を感じなかったのだ。

彼女はしばしば裸足で歩いたし、アフガニスタンやインドの服を着たり、小さな鐘をアンクレットにしたり、伝統的な腕章を上腕の素肌に巻いたりした。カブールの男たちは彼女を凝視した。服装などを旅先の女性風にしたところで地元民でないことは周囲には分かる。地元民は大笑いしつつも、少なくとも彼女が地元民を装おうとしている態度は気に入っていた。彼らはその扮装を尊敬の印、融和の意思と見なしたのである。

終わりのない旅の哀しみ

一九七八年にストックホルムで女性文化フェスティバルが開催された。この時、彼女はヨーアンと巡り合う。ミュージシャンであり、「ダーグ・ヴァーグ」というバンドでギターを演奏していた。彼女はヨーアンに開口一番こう言った。

「もしあなたが私といっしょになりたかったら、私と東方に行くことね。それがダメなら、この話はおじゃんよ」。その旅は彼女にしてみれば絶対条件だった。そしてヨーアンはこの話に乗った。

二、三年後、二人の間に長女が誕生した。二人はその後も何度かインド旅をしたが、その合間を縫うようにストックホルムでの日常生活を試みた。しかしチェルノブイリ事故が起こり、スウェーデンを含むヨーロッパに放射能汚染が広まると、コスルティは不安を覚えた。

彼女はこう考えた。官庁はこの危険をわざと軽視し、政治家はいくらテレビが事件について報じても落ち着いた風を装うだろう。スウェーデン政府は間違った情報を広めるだろうし、官庁は不安やパニックを引き起こす情報をつかんでも、それを国民に知らせる勇気はないだろう。

コスルティはグリーンピースに電話し、自分たちはどこに行くべきかと尋ねた。こうして彼女は、ニュージーランドに原発がないことを知った。彼女はそこに旅することを即決し、末娘を連れて出発した。ヨーアンと長女はまだ自宅から動かず、あとから行くことにした。生活の手はずが整い、住まいが見つかったら行くつもりだったのである。だが住まいは見つからなかった。しかも、パニックがおさまるにつれて、ニュージーランドは遠すぎるとしだいに考えるようになった。それに、ニュージーランドに逃げたら、故郷のセシウム汚染の中にいる友人たちとの付き合いが途切れてしまう。

この時、彼女は子ども時代の南欧旅行を思い出した。家族で黒のフォルクスワーゲン「カブトムシ」に乗って行ったことがあったのだ。フランス、スペイン、ポルトガル。彼女の頭にポルトガルが浮かんだ。大西洋、音楽、人々、香り。その二、三ヶ月後、ヨーアンと彼女はアルガルヴェ海岸（ポルトガル）近くの山中にあるエストルニンニョス村に行き、ロバを連れていた顔がしわだらけの一人の男性と出会う。

「私は土地を売りたいんだ」とその男性は言い、村の前方に見える高台にコスルティの家族を連れて行った。そこからは大西洋が見渡せた。ここで暮らせば、大海原への日没を見ることができる、と彼女は考えた。まるでヒマラヤにいるみたいな気分だったし、しかも海の展望付きときている。

「おいくら？」

ロバを連れた男性は、棒をつかんで砂に値段を書いた。ヨーアンとコスルティはその数字をじっと見つめた。この人、一桁間違えていない？

「今買わない手はないな」。ヨーアンが言った。

一年後、高台に家が完成した。ストックホルムの住まいは賃貸に出すことにした。いろいろなモノを二、三のバッグに詰め込み、その他のモノはスウェーデンのフリーマーケットで売った。子どもたちは一人当たり五つのモノを持っていくことを認められた。こうして一家は出発した。夢に満ちあふれ、希望と、並外れた理想を胸に抱いていた。

「私たちは文明から避難した。きっかけはチェルノブイリだったけど、現代の生活や利益から逃げ出して、もっと自然な生活がしたかった」。一家は、野菜を植え、ニワトリとイヌ、ネコ、それにブタを手に入れ、大半のモノを自給自足した。娘の一人は、ロバを一頭手に入れてティムと名づけた。子どもたちは村の学校に通ってポルトガル語を学び、年中、外で遊んではヘビとカメを捕まえた。一家揃って毎夕、海への落日を眺めた。

現在のコスルティは、自分たちがノスタルジーとロマンティックへの憧れを持っていることを認めているし、絶えず合理性を優先するわけではない人間だと自覚している。彼女は、「自分のルーツ」と呼んでいる、単純で、必要なものしかない生活に戻ることにいつも憧れている。既製品の惣菜は買いたくないし、満員の地下鉄に割り込みたくもない。食材の出所を知りたいし、諸々の事柄を理解したい。好きな時に顔を太陽に向けていたいし、腕を空に向かって伸ばしたい。

私たちがベスタロース市内の古いビール醸造所で初めて出会ってから、そしてストックホルムのカフェで座っていた時から三十年が経つが、今の彼女をじっと見ていると、彼女は、あちこち旅することの短所についても語りたいのではないかと思う。

ヨーアンとコスルティは冬を中心とする半年間はポルトガルの高台の家に住み、夏になると毎年、ストックホルムの古い住まいに戻って来る。そこには一人の子がずっと住んでいる。その他の成人した子ども二人はロンドンとニューヨークに移った。

「見捨てられたような気分？」と私が訊いてみる。

「旅のことを考えると、今も私はじっとしていられなくなる。自分が知らないうちに世の中で何かが起きているような気分に、しばしばなるの」

彼女の言によれば、ほとんどいつも別の場所に憧れているし、絶えずどよめきが聞こえてくる。そして目を閉じると、多彩な万華鏡を見ているような気持ちになる。だからいつも自問する。どうして自分は今ここにいるのか、他のところにいないのか……他のどこか……？

彼女には、地球上のどこに行っても物事はうまく運ぶという自信がある。強い確信だ。どこにいても落ち着いていられるし、どこにいても落ち着いていられない。

「すべてがうまく行かなくなったら、インドかアフリカに行って洞窟内で座っていればいい。そこで眠ればいい。食べ物は何とか見つかるだろう。子どもたちは今は大きくなって、うまくやっている。何であれ答えは見つかるものだ。生きていくことはできる。何とかなるものだ」

コスルティは現在さまざまなことをやっているが（カメラマン、講座の指導、旅行ガイドの長、そして料理人）、自分のことを「移住したスウェーデン人」だと感じている。旅するヨーロッパ人であり、定住種族の一員ではあるが、実は遊牧民になった人間だと自覚しているのだ。自由に動き続けているのだ。それは幸せだが、同時に物悲しい。だが彼女はこうした感情のことを、旅をしない人には語ろうとしない。もし語れば、相手は、誇張された話だと思い、彼女のことを幼稚で愚かな人と見なすだろうと思っているからだ。「だから、ひたすら口をつぐんでいるの」と言いながら彼女は私の顔をじっと見て、話が的確に伝わっているかどうかをたしかめている。

13

自由な旅人、無鉄砲な旅人

「私たちは体験でできているのだ。体験の結実なのだ。
体験する印象が増えれば増えるほど、
私たちは人間として成長する」

13

自由な旅人、無鉄砲な旅人

スタン巡り

今どきの若者の中にも、無鉄砲な旅人はいるだろうか？　六〇年代や七〇年代には、トマス・レクストレームやコスルティ・スティーゲのような若者たちが時代精神を反映していたが、それは突然消えてしまった。なぜか？

スウェーデンの鉄道は一九九一年に、インターレイルパス販売の新記録を樹立した。同年、七万人のスウェーデン人が鉄道に乗って、ヨーロッパ中を旅したのである。だがその後、同パスに対する関心は落ち込んだ。

その原因は、同パスが値上がりしたこと、スウェーデンが経済危機に見舞われたこと。そしてパスが数年間スペインで通用しなくなったこと、ユーゴスラビアで戦争が勃発し、ギリシャに行く時に愛用されていた路線が閉鎖されてしまったことが挙げられる。だが最大の理由は、国営の航空会社による独占が廃止されて航空運賃が安くなり、鉄道が相対的に高価になったことだろう。

とはいえ、九〇年代初頭にはまだ、旅行形態には各種の選択肢があった。たとえば予算の割に冒険心が旺盛な若者たちは勝手気ままな旅をしたが、子どものいる家族や中年の人たち、そして年金生活者は旅行会社に行って旅行日程の大半が前もって組まれているツアーを予約した。

しかしインターネットが導入されると、それまでは外国のホテルに電話して部屋を予約するのに慣れていなかった人たちも、自宅でコンピュータを使えば旅行日程を決められるようになった。フライトのチケットやレンタカー、ホテルも予約できるようになったのである。

その結果、十八歳であれ七十歳であれ、冒険心は持ちながら安全性も求める人たちは一人残らず、何もかも前もって予約して、あらゆるサプライズを避けるようになった。前もって日程を決めるのが、信じられないほど簡単になったからだ。

もちろん旅をする人は増加した。自由な旅に付きものの困難は克服しやすくなり、旅はややすくなったが、それでも——若者の中にはまだ無鉄砲な旅人はいた。知り合いに当たってみると、私の友人の息子も当時、中央アジアから戻ってきていた。その息子は二十二歳で、名前はヤーコプ・ヤッグブルム。彼とは、ストックホルムのマリアトリエット（広場）に面したホテル「リバル」で会い、放浪の旅以外は考えていないかを尋ねてみた。放浪と言えば今や、年金生活者か祖父母世代の人たちしかやらないような旅だ。

今や自由な旅という考え方はなくなったのだろうか？　今の世界にも何らかの宝があるはずだと思って、それを見つけようとする人はいなくなったのか？　以前の世代の旅についてどんなことを知っているのか？

　世界中にいる他の大勢の青年同様、彼は小さな町の高校を卒業後、いつか大都会に出て、人生をスピードアップしようと決心したという。そして、近い将来に大きなことをするべく野心を抱いてロンドンに向かい、バーで職に就いた。

　暇ができると、友だちになったオスカーと座って空想にふけった。二人は旅先を決めるために地球儀を回した。その回転が止まった時、二人の視線は五カ国に釘付けになった。二人の関心はそこに注がれたのだ。その五カ国は、すべて国名の最後が「スタン」だった。決まり！カザフスタン、トルクメニスタン、ウズベキスタン、タジキスタン、そしてキルギスタンだ。

　私たちがいちばん知らない地域である。まずイランのテヘランに飛行機で行き、それから陸路で今回はトルクメニスタンとカザフスタンを通って中国に向かい、北京から帰国することにした。ことによるとキルギスタンにも行くかもしれない。

　多くのことが未定だった。直感まかせである。偶然と運、そして人々との出会いは旅の最中に決まるだろう。詳細な旅行計画は立てない。あまり計画を密にするとクリエーティブでなくなる。二人はそう思っていた。


　二〇一五年九月。真夜中。タクシーの後部座席に座っている。クルマはテヘラン市内のガラ空きの道路を疾走している。ドライバーは英語をまったく話せない。しかし二人はファルシー語（現代ペルシャ語）の単語を一つだけ知っていた。それは安宿という語。ヤーコプはその単語を何度も繰り返した。ドライバーはうなずきアクセルを踏んだ。

不意にヤーコプは気がついた。これほど不安になったことはかつてない。ことによるとこの旅は恐ろしい交通事故で終わりを告げるのではないか？

だがテヘランは恐怖の町ではなかった。二人はユースホステルに泊まった。そこには西側旅行者が他に七人いた。みんなで集まると家族みたいな感じ。昼間は全員で大都会テヘランを動き回った。歩いたり、地下鉄に乗ったり。晩になると、その日に体験したことをユースホステル内で語り合った。

テヘランは、イェーテボリやストックホルム、ロンドンのような都市とは違う。彼らは周囲から浮いて見えた。外国人風の人が目立たないでいるのは困難なのだ。この状況に憧れていた、とヤーコプは思った。

「カフェではティーとコーヒー、水キセルをおごってもらった。何世帯かの家族からは夕食に招待された。大勢の人に歓迎され、自宅に招かれた。西洋からやって来たエキゾチックな若者たちは彼らの自宅で歓待されたんだ」とヤーコプは語る。ホテルのロビーで赤いビロードの安楽椅子に座りながら彼から聞いた話だ。

外では十二月の闇の中に冷たい雨が落ちていて、茶色く汚れた雪の吹きだまりの最後の残滓を溶かしていた。広場に立つクリの大木を風が揺らしている。ヤーコプがスウェーデンに戻ってきてから数週間しか経っていないから記憶はまだ生々しい。

彼は覚えている。テヘランでは、みんなして何軒もの家の居間に座ったり、食事にも招待された。子どもたちや孫たちといっしょにふざけもしたし、その両親や祖父母とは身ぶり手ぶりでコミュニケーションを図った。

大勢の親戚が集まっている場所に連れて行ってもらったし、教室に招かれて子どもたちに英語を教えた。そこの校長は大いに感謝してくれたので、彼ら外国人とクラス全員をレストランに招いて夕食をおごってくれた。ヤーコプはイランのことを、とても開放的な国だったと記憶している。

そして彼らはヒッチハイクで北のカスピ海をめざし、それからトルクメニスタンとの国境に向かおうとした。インターネットはなかったが、ヤーコプはオフラインで世界地図をダウンロードした。だが、行くべき場所は詳しくは分からなかった。地図が大ざっぱだったからだ。しかし、今立っている道が東に向かっていることは分かった。東を意味する単語も彼はファルシー語で知っていた。

「この……バス……東?」

「はい」とドライバーは答える。

方角は分かっているが、目的地ははっきりしない。だが、さしあたりはそれで充分だ。彼らはバスに飛び乗った。夜行バス。空は満天の星。バスは轟音を立てながら直線道路を走行する。客たちはたがいにもたれ合いながら眠っている。

早朝にクーチャーン着。ケータイの地図を見て、ここで降りるべきだと知る。さらに先に行けば、アフガニスタンとの国境へと向かうことになる。だが今から向かうべき方角は北。バスを降り、親指をあげる。クルマを停めて窓ガラスを下ろしてくれた人全員に尋ねる。

「トルクメニスタン？　トルクメニスタンへ行きます？」

ガソリン代を少し払って乗せてもらう。四台のクルマを乗り継いで、国境にたどりつく。トルクメニスタンの国境警備員は一名。スウェーデンのことなど何も知らない。パスポートに記されている英語も読めない。しかしフランスという言葉は知っている。

「おまえ、フランス？」と国境警備員は期待を抱いて尋ねる。

二人はうなずく。これほど簡単なことはない。二人は国籍欄に「フランス」、出生地に「パリ」と記す。これで全員満足。

とうとうトルクメニスタン入りだ。厳格な独裁国家で、外国人が自由にうろつくのは許されない。ビザを取得するために旅行会社とコンタクトを取って、ドライバーの手配もしなければならない。手配したドライバーは、彼らがこの国にいる限りはそばを離れない。うっとうしい存在だが、他にどうしようもない。そのスタンツアーズ社（ツアー業者）のドライバーは国境の停留所で彼らを待っていて、首都アシガバード市内のホテルまで同行した。彼らは今から数日間、この町に滞在することになる。

「トルクメニスタンには天然ガスがあるから豊かな国なんですよ。でもすべての権力を握っているのはごく少数のグループです」とドライバーがあけっぴろげに語り、さらにこう付け加える。「この国が一九九一年にソ連から独立した時、多くの仕事がなくなりました。ここの国民はソ連時代を懐かしんでいます」

クルマは幅広の直線道路を走る。往来は少ない。壮大な大理石のファサードを誇る宮殿や高層ビルが見える。だが都心を通過している時、彼らは、市民が不安を抱いているのを感じる。誰ひとり彼らと話そうとしないのだ。地元民は抑圧を恐れているので、不安そうだし控えめに見える。

トルクメニスタンはイランとは違うのだ。ここでは、自分たちを自宅に招いてくれる人などいない。すべてが静かで寂しく、誰もが意気消沈している。自慢げに見える大理石のビルも、内部はからっぽか？　アシガバードはゴーストタウンみたいだ。

ドライバー付きのレンタル・ジープで、さらにカザフスタン方面へと向かう。アスファルトから砂利道に変わる。カスピ海とカラ・ボガス・ゴル湾の間にある狭い砂嘴《さし》を走る。ドライバーは元ソ連軍兵士。二十二歳のヨーロッパの若者たち三人のことを心配している。

「大変ですよ。カザフスタンは危険な国だから」と言って、彼らの顔をじっと見つめる。

「私たちもいい話を聞いたことはありませんでした。でもドライバーさんに対して、そして私たち自身と世界各国に向かって、今の話が間違いだと説得しないわけにいかなかったんです。私は自分たちが、偏見に対抗する十字軍兵士のような気がしていました。ドライバーさんが口にした警告は、見知らぬ隣国に対する偏見に基づいた不信感であり、ただの想像だと考えることにしたんです。不安を抱いている人は大勢いますが、悪人はほとんどいないと」

国境を越えても景色は同じ。見渡す限りのステップ。人っ子一人いない。輸送手段は皆無。ここの人たちはどのように暮らしているんだろう？　だが彼らは思い起こした。そう言えば国境の停留所にタバコ密輸業者が数人いたっけ。紙巻きタバコはトルクメニスタンでは入手困難な品だ。だからあの密輸業者は全員が、家に帰ろうとしているカザフ人に違いない。

旅人三人は三十ドルと引き換えに、ジャナオゼンまでヒッチハイクした。そこは、ヤーコプのケータイによると最寄りの町だったが、実際に行ってみるとひどく寂しげだった。道路はガラ空き、家々は黒っぽく、レストランはなし、ホテルはなし、カフェもなし。

そこで彼らはカスピ海沿いの次の町アクタウまでヒッチハイクした。アシガバードを出て以来初めて、住民のいそうな町の道路を走行する。英語をしゃべる人など一人もいない。だがそれは何とかなる。グーグルの通訳機能を使えばいい。路上で女性たちを呼び止め、自分たちが宿探しをしていることを説明する。意味が通じた。手助けしてくれるとのこと。こうして旅人三人は、荒廃した灰色の大コンクリートビル内に住まいを借りることができた。

三人が路上に出ると、人々から疑わしげな目で見つめられた。先ほどの女性たちは時々身ぶり手ぶりをまじえケータイを駆使して話をしてくれたが、男たちは彼らを寄せつけなかった。しばらくして、なぜ男たちの愛想が悪いか、その理由が分かった。女性たちから聞いたところでは、カザフスタンの経済もトルクメニスタン同様、ソ連が解体した時に崩壊したのである。

彼女たちが言うには、その挫折の原因は西側諸国にあると大勢のカザフ人が考えているとのこと。そして以前に仕事と食糧を与えてくれていた大帝国ソ連が崩壊した原因も、結局は西側にあるとされていたのだ。

彼らは列車で東に向かい、中央アジアの広大な地を通過した。列車はガタゴトと前進する。

旅人たちは好奇心を抑えきれず、他の乗客たちと話をしようとするが、車内の空気は張り詰めていた。他の乗客たちは、目をそむける。あるいは、何のことか分からないので目をそむけるフリをする。

酔っ払った男性が一人、近づいてきた。酒臭かった。その男性は、見知らぬ三人を指さしながら、興奮気味にこう叫んだ。

「スパイだ、スパイだ、スパイだ！」

この言葉の意味は分かる。ロシア語でも同じ単語だからだ。

「ノー、ノー、ノー！」。旅人三人はそう言った。

するとその男性はさらに挑戦的になり、三人の体を小突きだした。だが結局三人はその男性をコンパートメントから追い出して、ドアを閉めた。

その後、おびえたカザフ人乗客数人の説明によると、あの酔っ払いは車掌だとのこと。

「車掌たちは仕事中いつも飲んでるんですよ」

何日か旅をし、何度か乗り換えをして、三人はとうとう旧首都アルマトゥイにやって来た。やっと大都会である。バーに入り、ビールを飲んで、カザフ人の青年たちと知り合った。青年たちはおびえてもいないし、疑い深くもない。それどころか、ＥＵすべての国々を合わせたより広い中央アジアに住む自分たちの生活ぶりを説明しようとした。

彼らの話は楽しかった。両親はいつもかつてのソ連時代の平等原則にこだわっているので、話は退屈だという。仕事という義務を果たしてから家に帰り、沈黙を守らなければいけない、という話ばかりとのこと。

「でもぼくらは違うよ」と青年たちは言った。「ぼくたちは、もっと……もっと君たちに近い。西側の若者に近いんだ」

さらに話を続けていると、彼らが西側旅行者三人と同じ映画を見たり、同じ音楽を聴いたことがあると分かった。要するに彼らは全世界と一体化したがっていたし、近現代とグロバリゼーションを求めているのだ。そして親にはうんざりしている。

「ぼくたちはビヨンセが好きだよ、君たちもそうかい？」と彼らが訊いてきた。ヤーコプは、国境を越えてポップカルチャーを共有するってすごく気持ちいいと思った。

「未知の国だとばかり思っていた場所の真っ只中で、私は、そこに住む人たちが私たちと同じことを知っていると気づいたんです。過去何年間か、世界は快速かつダイレクトな情報拡大によって開放されてきました。今、私たちは全世界を一体と感じています。このことを私は、アルマトゥイとビシュケク（キルギスタンの首都）の若者たちとのおしゃべりで感じました。馬が合ったんです。私たちは会って話をし、たがいに理解しましたが、それもこれも共通点があったからです。カルチャーを共有していれば会話は簡単です。たとえ他の事柄がいろいろ異なっていてもね」

緊迫の峠越え

三人はカザフスタン・中国間の国境を通過後、モンゴル経由で北京に行くつもりだった。だが荒涼たるステップ、ヤギの乳はもうたくさん。やはりアルマトゥイで味わったような体験に憧れていた。活発、ワクワク、動き、テンポ、雑踏。ひょっとして中国に行くには、もっと南のほうで国境を通過する方法があるのではないか？　人口の少ないモンゴルを回避する方法があるのではないか？　こうして三人は町中で人々に尋ねまくった。

するとと「ありますよ」という答え。「オシ経由でイルケシュタム峠を越えれば中国に入れます。でも今は秋ですから、上のほうは大雪です。危険すぎます」

三人はイルケシュタム峠を通る経路に即、決めた。まずアルマトゥイからビシュケクまでヒッチハイクする。こうして大バザールとコンテナー場のあるビシュケクに行った。秋だったので、景色は灰色で雨がちだった。三人はさらに先に行こうとした。耳にする警告はどんどん厳しくなっていった。誰に訊いても、ここから先へは行かないようにと忠告された。

それでも、ビシュケクの地元民に頼んでみた。一握りのドルと引き換えにオシまで運んでくれるかと。全員が拒否。しかし二十人目か三十人目の男性が「オーケー」と即答した。

クルマで山中に入っていくと、幹線道路に吹雪が舞っていた。クルマが何台か溝にはまっているのが見えた。霧の中で視界は悪かったが、つるつるの路面を上っていこうとする。クルマは停まることなく進んでいく。時計を見ると夜の二時になっていた。外は相変わらずの吹雪。暗闇の中で向かい風がうなっていた。ドライバーが、これ以上は無理だと口にした。眠りたいという。

三人は反発した。

「ここではダメだ！　今はダメだ！」

「私が運転しよう」とヤーコプが言った。

ドライバーは疑わしそうな目つきをしたが、何しろ疲労困憊だったので結局うなずいた。ヤーコプが運転し、ドライバーは後部座席で眠った。夜明けの頃にはオシに着いた。三人はもっと前進したがっていたので、ビシュケクで用いた方法をここでも用いた。三十ドルをつかませてイルケシュタム峠越えを図ったのである。

こうして中国へ向かうことになり、標高三千メートルのアジア・ハイウェイ六十五号線を走った。この道は少なくとも二千年間、隊商が商品を運んで東西を往来してきた道だ、とヤーコプは思った。人里離れた地域ではなく世界の中心なのだ。

三人は中国との国境を通過した。気分が高揚し、体がほてった。一台のトラックをヒッチハイクし、荷台に乗った。激しい吹雪の中、冷たく湿った風を顔面に受けながら旅をした。

結局、テヘラン到着から二ヶ月と四日経った日に彼らはアジアをあとにし、飛行機でヨーロッパに戻った。そして今ヤーコプは私と会って、ゼーデルマルム地区にあるホテルのロビーに座っている。

「私たちは肉体的な困難の克服を求めたわけではありません。山頂を征服するとか困難な山道を進むとかいったことに興味はありませんでした。長距離や標高の記録を樹立するつもりなどなかったのです。私たちが挑戦したかったのは肉体ではなく心の限界で、偏見を乗り越えることだったのです」とヤーコプは言った。そしてその意味で言えば、彼の旅はまだ終わっていないのだ。

「私たちが一度も内輪もめしなかったのは驚きです。ことによると、詳細なプランをまったく立てなかったからかもしれません。ルールも目標もありませんでした。ルールがないのですから、それを破ることもありません。ですから、荒涼たる砂漠のただ中に座ってクルマが来るのを待っていても、おなかがすいても、はたまた外で寝なければならなくなっても、それを失敗とは思わなかったのです。いつかクルマが来るだろうと、私は考えていました。そして遅かれ早かれクルマは来ました。我慢すればいいだけだったんです」

また旅の虫が騒ぎ出している。こうなると動くしかない。動かないでいると彼は不安になる。体験が人間を形成してくれるのだ。私たちは体験でできているのだ。体験の結実なのだ。体験する印象が増えれば増えるほど、私たちは人間として成長する。

「不愉快な状況に置かれても不快さを受け入れる、ということを学びました。試練が厳しければ厳しいほど、うまく行った時の安心感は強くなります。こうして、見知らぬ人への信頼は、肉体的な記憶同様、私の中に蓄積していきます。私は、世界への好奇心がますます強くなっているのを感じています」

彼らにとって大いなる目標は、地元民との接触だった。出会って、会話を始め、たがいに近づいて、相手を知る——これは大いなるごほうびだ。彼らはたしかに不愉快な目にも遭って肉体的に疲労はしたが、心が折れたことは一度もなかった。

「今の時代は、大半の人たちが旅行を前もって予約し、詳細に至るまであらゆる計画を立てます。もしプランを立てなければどういうことになるんでしょうね？」と私は尋ねた。二人して柔らかな安楽椅子に座っている。広場に面している窓ガラスに雨が当たる音が聞こえる。

「私には分かりません。（中略）私はジャック・ケルアックやその他五〇年代のビート作家たちの作品を読みました。そして世界に対する彼らの好奇心に眩惑され、彼らの生きる喜び、エネルギー、今ここにいることへの賛美、そして新たな経験を求める精神に触れました。そうした本のおかげで、自分が失ったものをふたたび見つけたのです。そういう人は他にもいます。（中略）ギムナジウムのクラスメートたちが、最新のバーバリーのジャケットや最新のスマホ・アプリの話をしていても、それにかまわず私はさまざまな先住民族から影響を受けた服装を着ていましたし、ブータンの国民総幸福量に没頭していました。私の最大の夢は、そうした人たちと出会うことです。本で読んだ山岳民族や先住民族、孤立している民族と出会うこと」

「だからロンドンへ逃げるのかな？　旅は、ヴァールベリ（スウェーデンの都市）から離れるための方法？」

「ええ。ヴァールベリはとても狭いので、あそこにいても新しい刺激はほとんどありませんでした。世界がどのくらい広いか、外に出ればどのくらいの体験ができるか、そうしたことを、ヴァールベリに留まると決めた人たちはまったく分かっていません。そう思った私は、これじゃダメだと思いました。でもそういう人たちを非難したいわけではありません。私が思うに、そうした人たちは自分で、牢獄みたいな窮屈な生活を送ることに決めたのです」

14

世界の旅行記を旅する

「彼は、自身では意識していなかっただろうが、
煽動的なパンクと、旅する人たちの自由への衝動を
結びつけていた。これこそ人生だと私は思った」

14　世界の旅行記を旅する

チャトウィンの放浪癖

旅行記は七〇年代に大流行した。列車でアジアを走破する『鉄道大バザール』が刊行されたのは一九七五年。著者はポール・セロー。フランス風の名前だがアメリカ人だ。この本はベストセラーになり、イギリス人ブルース・チャトウィンを刺激した。チャトウィンはジャーナリストの仕事をやめて、南アメリカへ出発した。その旅の成果が、一九七七年に刊行された『パタゴニア』である。そしてこの本は『ニューヨークタイムズ』紙上で、旅、歴史、冒険部門における小さな傑作と評された。今日、上記の本はともに、旅業界で崇拝の的となっている。

その後十年間、旅行記は英米で売れ筋のジャンルになった。『グランタ』誌は一九八四年に、旅行ルポは三〇年代以来かつてなかったほど「人気があるし重要だ」と判断した。

私が旅を開始し、文章を書き始めたのもこの時期である。私の旅は周囲の人たちとあまり違わなかった。ベスタロースの私のクラスメートの中で、もし大学入学試験後の夏に一ヶ月間インターレイルパスで旅をしない人がいれば、それは変わり者だった。中には、秋にシベリア鉄道で北京まで行ってアジアを周遊したり、オーストラリアに向かう人たちもいた。

当時、休暇中の放浪は当たり前のことだった。私は何度も旅に出たがった。そのことが、ことによると他の人と少し異なっていたかもしれないが、全体として私の旅は友だちの旅とあまり違いはなかった。

エスキルストューナ出身のクリスティアン・ニレロフはフォルクホグスコーラ（国民高等学校）でジャーナリスト課程を修了してから、ベスタロースの隣町で発行されていた民主的な週刊誌『ヴェストマンランド・フォルクブロード』で実習を終えていた。実はそこの編集長が私の母だったので、その縁で私たちはある夏の日の晩、私の両親の家の庭で開かれたバーベキュー・パーティーで顔を合わせた。

「ぼくは雑誌を創刊したいんだ。いっしょにやってくれるかい？」。彼はそう訊いてきて、計画を説明した。その計画は、彼が帰り便のチケットを持たずに無銭旅行をしてムンバイ（当時のボンベイ）に行った時に考えたものだという。

彼は結局、運良く帰宅できた。そして、雑誌プロジェクトに関心がありそうな十人宛てに手紙を書いた。お金のある人は一人もいなかったが、そのアイデアに賛成の人、少なくとも暇な時に手伝うつもりがある人は何人かいた。

「どんな雑誌？」と私は尋ねた。きっと社会派ルポ志向のカルチャー誌だろうと思っていた。

そうした雑誌はスウェーデンには先例があった。若いジャーナリストたちは、資金がなくても、心躍るような新しいジャーナリズム誌を立ち上げていたのだ。

「いや、旅行誌だよ」とクリスティアンは言った。私はチャトウィンの『パタゴニア』を英語で読んでいて、『グランタ』誌の編集部同様それに魅了されていた。私はチャトウィンの姿を想像してみた。放浪用の長靴を履き、黒のモレスキンノートを片手に持ち、急ぎ足でパタゴニアのステップを通り抜けていく姿。この申し出を引き受ければ、他ならぬ私がそういう生活をすることになるのだろうか？　そういう生活に私は憧れているだろうか？

それにしてもチャトウィンは旅をどうやってスタートさせたのだろう？　視覚に問題を抱えていた彼は、じっと座って詳細な計画を練ることなどせず、見渡す限り広い光景の中をさすらうことにした。そうだ、そういうことだ。彼は医者のところに行き、アドバイスを受けた。環境を変えなさい！　旅をしなさい！

ニューヨーク、一九七四年。ロンドンの『サンデー・タイムズ』紙のレポーター一人と編集者一人が大西洋を渡った。アメリカの高名な一族に関する一連の記事を書くための資料集めだった。その時、若くて野心満々のフリーランスライターだったチャトウィンもニューヨークにいた。そして彼らはあるパーティーで顔を合わせた。だがチャトウィンは自分のもくろみを口にせず、翌日チェルシー・ホテルで会う約束だけをした。

「そこに現れたチャトウィンは、半ズボンにリュックサックという姿だった。そして、まるでその瞬間にパタゴニア行きを思いついたかのように語り、去っていった」と、チャトウィンの出版社の編集者スザンナ・クラップは著書『チャトウィンとの旅』（一九九九年刊）に書いている。

「二、三時間後、キング（レポーター）はニューヨーク市内の別の地区でタクシーから外を見て、こう叫んだ。『あそこにチャトウィンが歩いている』。ウィンダム（編集者）は車外を見て、『彼がブロードウェイをぶらついている。本当にパタゴニアにでも行くみたいだ』」

チャトウィンは自分が今やっていることを仲間や友人に話す時は、ひどく控えめだった。彼がすでに南アメリカにいる時に打った『サンデー・タイムズ』紙編集部宛の電報はこういう文面だった。「パタゴニア到着」。そしてこの知らせに対する編集部の反応にはあきらめの調子が込められていた。「チャトウィンがまた家を出た」

ロンドン、一九七六年。スザンナ・クラップは三百五十ページにおよぶ原稿に関して判断を下そうとしていた。直前に出版社に送られてきた原稿だ。彼女はこう書いている。この原稿の文章はパタゴニアの印象、思い出、出来事、物語の寄せ集めみたいなものだ。並外れた独特の詩が含まれていて、「私が読んだどの文章も印象深かったが、それでも先を読みたい気にはならなかった……。著者はおそらくこの文章を自分の創造の核と感じているのだろうが、それでも何カ所かカットしたほうが間違いなくベターだろう。だが何カ所か削除するのは容易なことではない――もし示唆に富む見識と知的な記述が組み合わさっていてこれほど印象深くなかったら、残念ながらノーと言うべきところだが」

出版社は『パタゴニア』の刊行前にチャトウィンと共同で、原稿のほぼ四分の一ないし三分の一を削除していた。チャトウィンの文章は、しばしばフィクションとルポの中間みたいなもので――実話もあれば、作り話もあった。思いつきと連想に満ちてはいたが、不意に時間が飛んだりしたし、単語数の多い説明もあれば、比喩的で簡潔な言葉が続くこともあった。

チャトウィンは歩くのが大好きで、長距離を早足で進むのがお気に入りだった。オックスフォードシャーの彼の自宅から八キロメートル離れたところに友人が夏の別荘を持っていたが、その友人宛ての手紙の中で彼はこう書いている。「君の家は、歩いて行ける距離しか離れていない」

アルゼンチン南部のパタゴニア。荒涼たる道。一九七五年。彼は三日前からうろついている。「激しい風が吹きつけてくる。両脚は萎縮し、肩は悲鳴をあげている」。チャトウィンは、表紙が黒の防水布製の手帳にそう記している。三日前にいたペリト・モレノ村では、アラブ人のレストラン経営者に、「ここから二百キロメートル以内に次の集落があるか」と尋ねている。経営者は首を振ってから、こう言った。「チリのトラックが数台いるかもしれないけど、それも稀だね」。チャトウィンは出発した。

『パタゴニア』の誕生

パタゴニアに向かった時の彼は三十二歳。本はまだ一冊も出版していなかった。だが「自分自身のための文を書きたいといつも思っていた」。それまでの経歴は少し変わっていた。十六歳の時、父は彼をロンドンのオークション会社サザビーズに守衛として就職させた。彼はすぐに仕事を覚えてカタログ作成係に昇進し、次いでディレクターになった（こうした昇格はサザビーズにおいては珍しいことではなかった）。だが彼は最後の出世をした直後、同社を辞める。独学の若いインテリには、博識ならではの野心があった。おしゃべりで（「彼はいつまでもしゃべっていた……」とスザンナ・クラップは証言している）、芸術に造詣が深く（専門は印象主義）、しかも元ディレクター——まだ二十五歳だった。

後年になってチャトウィンが書いた文章によると、ある朝起きたら目が見えなくなっていた。そこで眼科医にかかると、何かまったく別のことをしたらどうかと勧められた。「あなたは今まで絵画をあまりに近距離で見てきたのです」と医師は言ったのだ。「なぜ少しは遠くを見ようとしないのですか？」と。実際、彼は目が見えなくなったのではなく、潜在性の斜視になっていたのだった。ストレスを感じつつも、長期間にわたってモノを近くから見てきたので、斜視になってしまったというわけ。

遠い視野とは旅を意味した。チャトウィンはスーダンに向けて出発する。同地では、ゾウ革の盾を持つ遊牧民と出会ったし、自分のシュラーフの下にはとぐろを巻いた毒ヘビがいた。また、砂に残る足跡からさまざまなことを読み取る方法を学んだ。

その四年後。人類の放浪癖の源泉をテーマとする原稿を、ある出版社に送った。だがその文章に記された、遊牧民に関する空想的な見方は過激すぎた。編集者は「この原稿は活力にあふれていて挑戦的ではあるが、残念ながら常軌を逸した持論、スキャンダラスな主張が入っている」と判断した。つまりはボツだったのだが、その文章は八〇年代にエッセー集『どうして僕はこんなところに？』に収載・刊行された。

そこでチャトウィンは『サンデー・タイムズ・マガジン』誌の編集部に足を踏み入れる。その時には、砂漠地帯および、アフリカのさまざまなドアと壁の写真を、片腕に山のように持っていた。写真編集部員はそれらをすばらしいと判断はしたが、写真を一枚も発表しなかった。だが同編集部員はチャトウィンを自分の後継者として推薦し、そのとおりになった。『サンデー・タイムズ・マガジン』誌は初期の頃、大勢の人を怒らせた。飢えている人間についてのルポと、やせたがっている人間についてのルポを並べたり、戦争の跡が刻まれている民族と有閑富裕層の人間を同時掲載したからである。この週刊誌は、対照的なものとか、フィクションと報道写真を併載したのである。

だが同誌内のチャトウィンの仕事はすぐさま変更になった。自分でルポのアイデアを出し、それについて文章を書くようにと言われたのである。こうしてフリーランス契約に変わったので、不意に自由の身となり、希望どおりのことができるようになった。彼は旅をし、イングランドやペルー、ソ連、そしてインドから文章を送ることになる。

七〇年代初頭のこの時期に、チャトウィンは文体を磨き、のちにその点を評価されて有名になった。壮大な推測とワクワクするような理論（編集部に拒否された遊牧民の本のような理論）を書くようになり、自分で見聞きしたものについて集中的に執筆するようになった（『サンデー・タイムズ・マガジン』誌上の文学的ルポ）。しかし一九七四年、パタゴニアに行くためにカーキ色の半ズボンを穿いてリュックを背負っていた時には、新聞向きの記事は概して書かなくなっていた。今や彼は独自の文章を書く作家になろうとしていた。

一九七七年に刊行された『パタゴニア』はチャトウィンのデビュー作である。旅のルポだが、短い場面が次々に登場し、今そこにいるという実感が見事に表現されている。だが博識のエッセーでもあり、この辺鄙な地域に向かったヨーロッパの初期の植民者が登場してくる。たとえばウェールズからやって来た絶望の移民とか、怒ったボーア人、ないしは「ビーグル号」に乗ったチャールズ・ダーウィンといったところだ。それから、アメリカの罪人ブッチ・キャシディーの南アメリカへの逃亡にも触れている。

まさに『サンデー・タイムズ・マガジン』誌とチャトウィン自身同様、デビュー作のテーマであるパタゴニアは矛盾をはらんでいた。つまり、「パタゴニアの人々は国民ではなく多国籍の集合体なのだ。移民や逃亡者もいたが、その多くは外国にいるほうが生きやすい人たちだった」。ボードレールが「家の恐怖」と呼んだ感情であり、休むことを知らない放浪者チャトウィンはもちろんそれに共感した。

この本は、著者の親戚である船員チャーリー・ミルワードのことにも触れている。この人物は、毛皮のような分厚い肌をしていて、髪は赤い剛毛。十九世紀末にパタゴニアで見つけたというういう動物の皮を祖母のチャトウィン家に送ってきた。それは、パタゴニアの氷河で倒れたブロントサウルスの一片だと言われたこともある。「山を下って青い氷河に閉じ込められ、完璧な状態でふもとにたどりついた」。それがチャトウィンの祖母の食堂内に置いてあった飾り棚の中にあったので、チャトウィンはパタゴニアに行きたいと思うようになったのだ。旅ルポの戦後最高傑作はその食堂からスタートしたのである。

だがチャトウィンは少し年を取ったある時、それがブロントサウルスではなく、三万年前にアメリカで生息していた大形のナマケモノ（ミロドン）だと知る。ゾウほども大きな動物で、後ろ足で走り、木の葉をむしゃむしゃ食べていた。

だがだからと言って、船員チャーリーが動物の皮を見つけたという洞窟を旅したい、という衝動はおさまらなかった。『パタゴニア』の末尾で彼は、新たな皮を探しに洞窟に入る。祖母が皮を隠してしまったからだ。

「私は不意にある場所で、自分がよく知っている赤髪の房が二、三、浮いているのを見つけた。それをそっと引っぱり、封筒に入れ、地面に座った。とてもうれしかった。取るに足らないこの旅の目標を達成したのだ」

チャトウィンは、旅行記によって世間にその名が広まった。彼は考古学、芸術、人間の運命、政治に関心を抱いていたし、一字一句ゆるがせにしない忍耐強いジャーナリストであっただけでなく、自然に関心を抱く不屈の研究者でもあった。チャトウィンはある時キリスト教徒かと訊かれた時、こう答えた。「私の神は、放浪者全員にとっての神だ。人々がひんぱんに放浪すれば、他の神は必要ないだろう」

彼はバスに乗るよりも歩くほうが好きだった。心の底から貴族的な人間で贅沢が大好きではあったが、地面にしゃがんでイワシの酢漬けを夕食に摂ったり、ほこりっぽい溝の中で眠ったりしても気にならなかった。農家のバラック内の簡易寝台や、悪臭がする安宿のようなホテルで寝るのも気にしなかった。努力して誠実に描写しようとした対象は、子ども時代の記憶に残る茂みの中の空き地であり、歴史の回顧、そして博学の知識だった。

チャトウィンには、人生の変転を十行で活写する才能があった。たとえば『パタゴニア』の第九十六章は、正確な記録（ジャーナリストとしての技術）と情景の描写（文筆家としての技術）が基礎にある。引用してみよう。

「プンタ・アレナスに一人の男がいる。マツ林を夢見て、歌をハミングし、毎朝起きると海峡の黒い水を眺める。彼は、海の香りがする工場に行く。彼の周囲は深紅のカニだらけで、ごそごそ這っているかと思えば、湯気を立てていたりする。その殻が裂け、はさみが割れる音が聞こえる。うまそうな白い身がアルミ缶にしっかり詰められているのが見える。彼は有能だった。彼には以前、生産工程で働いた経験がある。彼は、物が燃える時の別のにおいを覚えているだろうか？　それとは別の、小さな歌声を？」

チャトウィンの放浪癖は留まるところを知らなかった。彼は、人間同士を結びつけているあらゆるものと縁を切ることにいつも憑かれていた。だから外に出て行くのだった。こうしてカメルーンやガーナ、ナイジェリア、スーダン、中国、パキスタン、ソ連を旅した。もちろん、遠く離れているから到達不可能な地の象徴とされたティンブクトゥ（マリの都市）にも行った。またオーストラリアにも赴いた。その旅から『ソングライン』（一九八七年刊行）が生まれた。内容の大部分は移動とさすらいであり、同じ場所に留まる期間はさほど長くなかった。

しかしこの本ではとりわけ、この大陸にある、人目につかない迷路が話題になっている。ヨーロッパ人がソングラインと呼ぶ小道であり、アボリジニは祖先の足跡ないしは掟の小道と呼んでいる。

チャトウィンによれば、アボリジニがさすらうのは独特な景色が原因だという。

「オーストラリアの内陸は大部分が乾燥した茂みか砂漠で、ある年に雨がたっぷり降っても、その後七年間は乾燥が続く。こうした環境で生き抜いていくためには移動する必要があり、一カ所に居続けるのは自殺を意味する」

アボリジニおよび、彼らのさすらいの小道と遭遇したあと、チャトウィンはこう確信した。

「一般的に生物学的な法則によれば、移動性の動物は定住性の動物に比べ『攻撃的』ではない（中略）。移動は、巡礼にも似た苦難の旅であり、（中略）動物界の『独裁者』は豊かな環境で生息し、アナーキストは、やはり『さすらう騎士』なのだ」

私はチャトウィンのこの推理が大好きだった。話の規模は大きいが気取っていない。まさに私の期待どおりだった。しかも彼は、自身では意識していなかっただろうが、煽動的なパンクと、旅する人たちの自由への衝動を結びつけていた。これこそ人生だと私は思った。

だが、もし学校に通う子どもが自分にいたらどうすればいいのだろう……？　私のガールフレンドに五歳の息子がいた。そして彼女は日々のルーティンとフルタイムの仕事に制約されていた。彼女のような立場だったら、私のような長旅はどうすれば可能だろうか？　たしかにこの難問には解決策があったが、私にはできそうもなかった。それは作家パール・ロードストレームが三十年前にやった方法である。

五〇年代のことだが、スローは多少ドキュメント風のパリ描写『もし友情があるのなら』

（一九八一年刊行）の中で、パール・ロードストレームとの最初の出会いについて書いている。時は一九五四年、場所はモンパルナスのカフェ「ル・セレクト」。ロードストレームはスウェーデンの自宅で突然指痙攣を発症し、パリ行きの列車に乗ったのだった——妻には何も告げなかった。しかも家には生後九ヶ月の男の子がいた（ニクラス・ロードストレーム。この子も後年作家になる）。

「私の行動を無責任と思うなら、そう言ってください」とパール・ロードストレームはスローに言った。二人してカフェ「ル・セレクト」のカウンターにもたれていた時である。

「いや、まったくそうは思いませんよ。衝動的にパリに行きたくなることはありますからね」

これは文学の世界でだけ通用する話だ——しかも、この一件から三十年後の話で、すでに傷は癒えていた。

ロードストレームもスローも五〇年代には若かった。だが八〇年代になると世の中は変わった。私にしても、急に旅に出たいと思ったからといって、父親としての責任から逃げることはできなくなっていた。私は旅をしたい。何度でもしたい。それはたしかだ。だがどんな代償を払ってもというわけにはいかない。

私は数ヶ月間、南アジアを旅したあと、再度、新聞社に短期間、いわば補佐として勤務した。ニューデリーのバザールで買ったシャツは、私のワンルーム・アパートのタンスの中にあり、まだ線香の香りがしていた。私には分かっていた。すぐまた旅に出るだろうと。私の最大の夢は、森の湖の石灰について短くて客観的な報道記事を書いたり、マルメのフォルケッツパークで催される消防祭について記すことではなく、広い世界について長くて主観的なルポを書くことだった。

庭でパーティーを開いたことがある。宴も終わりに近づくと、グリルも冷えていた。私の母の仲間たちは、料理をすべて平らげてくれた。野生のハトが、高いモミの木の上で鳴いていた。私はキッチンに入り、自動食器洗い機をセットした。その時突然、私は旅行誌の創刊を決意した。

旅で何を表現するか

一九八七年五月。『ヴァガボンド』編集部がストックホルムのフーンスガタン地区に置かれた。面積九平方メートルの物置だった。雑然とした編集デスクの上には、タイプライターと灰皿、原稿の山があった。そしてその間にフォルダーが二、三あったが、魅力的な旅行写真などは一枚もなく、そこにあったのはキルケゴールの引用句だった。

「何かを敢行するということは、あっという間に地歩を失うことを意味するが、何かを敢行しないということは、自分自身を失うということだ」

私たちはちょうど『ヴァガボンド』の第一号を作り終え、第二号のプランを練っているところだった。私はネパール放浪のルポを書き終えていて、カール＝ヨーアン・ヴァルグレーンのデビュー作『遊牧民』（フィクション）の抜粋とともに掲載される予定になっていた。で、他には？　誰かをシベリア鉄道に派遣しようという案が出ていた！

「私が行こう」とペール・ヤールが言った。フリーのジャーナリストで、いつも編集室にいる人だ。

「写真だって撮れる」。彼は興奮気味に続ける。「スティグにも訊いてみるよ。同行する気があるか、書く気があるかってね。彼はTT通信社で見事な地図を作成している。かなりの腕だよ」

「地図については分かったが、文才はあるのかね?」と他の面々が訊いた。

「もちろん!」ペールが答えた。

「スティグ・何ていう名前だ?」

「スティグ・ラーション」

今も覚えているが、私はTT通信社の地図作製者スティグについてうさんくさく思っていたが、しかしペール・ヤールのことは信頼していた。ペールがそう言うなら、スティグには文才があるのだろう。

こうして二人はある夏の日に旅立った。すでに『ヴァガボンド』第一号がスウェーデン各地のキオスクに並んでいた。そして二人はその一ヶ月後に、モスクワ・北京間の旅行記を持参して戻ってきた。

私たちは満足したか? ペール・ヤールの写真はOK——もっとも彼は元来カメラよりも文才に恵まれていると私は思っていた。では、当時まだ未知の存在だったスティグ・ラーションの文章はどうだったか? 一週間におよぶ列車旅、そう、泣き出したいくらい単調な景色の中の移動を活写できているか？　その文章はそもそも公表に値する内容だったか？

読み始めたところ、彼の記録は――Ａ４で十四ページ。ノーミスできちんとタイプ打ちされていた――雑誌にそぐわない感じだった。そのルポの書き出しはこうだった。「千年ほど前にヴォルガ地方の革命的な農民たちは、飼いならしたクマを一頭、ヤロスラフ賢公に送った。この独裁者を殺害するためだった。だがその計画は失敗した」

スティグは続けてこう書いていた。

「モスクワは世界でも屈指の権力の中心地だ。だが北京は違う。シベリア鉄道がつなぐ両都市間の距離は九千一キロメートル。多くの人々にしてみれば、この距離は強烈なマゾヒズムを味わうことに匹敵する。好きこのんで一週間にわたり、シャワーも冷暖房装置もない状態に置かれるのだ。現代人にとって不可欠なその他の便利な設備もない状態で、狭いコンパートメントに閉じ込められるのだ」

ウーン、「現代人」か。この言い方は尊大では？　削除したほうがいいかも、と私は思った。で、残りの文章は？　ルポはこう続いていた。

「だが人は旅する動物であり、放浪のプロにとって旅は生活の一種だ。今の世界においては、飛行機に乗るのは流線型の貨物として乗ることを意味し、船に乗るのは金銭と引き換えに十字軍兵士になること、そして自動車に乗るのは大勢の人と同じ観光をするということである。交通手段の中で唯一まともなのは列車なのだ。列車好きにとってシベリア鉄道はまさに夢であり――鉄道の中の鉄道と言える」

これは鉄道紹介文として優れている。ところで、一週間同乗することになったシベリア鉄道八両目の乗客十八人は、いったいどういう人たちだったのか？　スティグはこう記している。「フィンランド出身の口数の少ないパンク族二人。六十六歳の年金生活者のノルウェー船員一人。彼は上海へのノスタルジーを感じて乗車した。それから、リュックセレ（スウェーデンの都市）から来たマスケット銃を携えた兵士三人。ノルウェーからイスラエルに移住した化学者一人。デンマーク人一人。彼は何を言っているか誰にも分からなかったが親切そうだった。それから、コンパートメント内でナイトクラブを開店した女性一人。彼女はストックホルム出身の旅のプロで、プランを細かく立てていた。さらに作家志望の青年が一人。ボルレンゲ（スウェーデンの都市）出身の旅の初心者二人。二万クローネもする高級カメラ「ハッセルブラッド」を持参し、お金の続く限り東洋に留まっていたい男性一人。そして三ヶ月間の休暇旅行のために中国に向かう学者カップル。それからスコーネ（スウェーデン）出身の兵役拒否者一名。この人はチベットに向かおうとしていた。そしてノルウェー人男性二名。彼らは北京到着後すぐさま飛行機で故国に戻る予定」

スティグ・ラーションの要約を読むと、乗客たちはつまりはシベリア鉄道に典型的な旅行者の一団だったのだ。当時の私は考えてもいなかったが、今にして思えば、上記の「作家志望の青年」こそ、この記事自体の著者だったのかもしれない（スティグは当時三十二歳だった）。

この寄せ集めの旅行者の群れは、たがいに絆を結んだ。結束力が強い人もいれば弱い人もいた。

「列車内の恋愛——少なくともソ連国内での恋愛——には、忍耐力とアイデアが求められた。コンパートメントには絶えず人々が出入りするので、プライバシーは保てない。常に誰かが通路に立ってタバコを吸っている。トイレは快適でもないし、きれいでもない。車両連結部に留まっていれば命の危険をともなう。列車内恋愛はプラトニックな体験に限られる。エクスタシーは、ひそかな視線と握手、それに小声の会話だけ。しかも会話は線路の音にかき消される。それでも恋は芽生える。偶然ではない——だからこそこの鉄道は、他の交通機関以上にロマンティックな自由の象徴で、劇的なアバンチュール、そして将来に対する人間の永遠の夢になったのだ」

こんな風に言うと大げさに聞こえるかもしれないが、スティグは、同乗者たち——という小さな世界——を観察し、それを、現象としての鉄道——大きな世界——と関連づけようとしたのだ。私もこういう風に書いてみたいと思った。

スティグの文章の末尾はこうだった。

「朝六時三十六分、最後の区間を走って北京の駅に停まった時、旅は不意に終わりを告げた。始まりと同様に突然だった。九千一キロメートルの鉄道旅が終わったのだ。運行時刻表を見ると、四時間遅れの到着。冒険は終わりを告げたのだ。八百万人の自転車乗りの中に混じる新たな冒険が私たちを待っている」

私は彼らの写真を見ているうちに、ペール・ヤールとスティグ・ラーションが私たちの雑誌のフリーの同人だったことに気づいた。だがスティグの旅ルポはその後一本も来なかった。その理由を私は知らない。きっとＴＴ通信社の仕事が多忙だったのだろう。ただし彼はしばらくの間、私たちのために地図を作成してくれた。結局のところ彼は地図作製者だったのだ。彼に文才があることは間違いなかったが、私がそう考えているうちに、たがいの連絡は途切れた。当時の私は、彼がスウェーデンを代表する国際的な作家になるとは予感していなかった。

スティグのルポは、シベリアの歴史関連の報告と、世界的に有名な鉄道路線、そして八両目車内の微細な描写のミックスだった。彼は、単調な車内においても、特殊な事柄とふつうの事柄をミックスすればいかに容易に緊張を生み出せるかを示してくれた。「この手法は使える」と私は確信した。旅をテーマとすれば、退屈でこぎれいな旅行パンフレットとは異なる文章が書けるのだ。

15

人は旅で本当に変わるのか

「彼女は何かから離れるために旅をしているのではなく、
何か新しいことに近づくために旅をしているのだ」

15　人は旅で本当に変わるのか

旅行者の変身

旅は私にどういう影響を与えてきただろうか？　私は未知のものを探すために何度も世界に出て行ったのだから、仮に一度も旅していない場合と比較すれば、今は別な人間になったのだろうか？

この問いに回答を出そうとしたのがユーリア・ツィンマーマンである――彼女の対象はもちろん私だけではなく、「私のような人間」全般だ。彼女は、イェーナ（ドイツの都市）のフリードリヒ＝シラー大学心理学研究所で教鞭を執っていて、同僚の教官フランツ・ナイヤーといっしょにこの問題を徹底的に研究しようと決心した。これまでナイヤーは、初恋や最初の職業など人生上の大きな出来事が若者の心理をどう変化させるか、調査をしていた。

二人は共同で千人を対象としてインタビューし、何ヶ月間かの外国旅行が人格にどう影響するかを調査した。五年以上にわたるインタビューを基にして作成されたこの旅行者研究は、学術誌『JPSP』に「旅に出れば人は変わるか?」というタイトルで公表された。

ユーリアとフランツが関心を抱いた対象は、行楽地で二週間を過ごした観光客ではない。二人の調査対象は、現地人との交流を要する長旅を行った旅行者だ。だから二人は学生たちに問うたのである。それは六~九週間にわたって他のヨーロッパ諸国の大学で学んだ学生たちである。

「もし私たちがアジアやアフリカに旅した学生を選んだとしたら、影響は明確だったでしょう。ですが、自国と同じ文化を共有していると思っている地域に旅した学生たちが、大きな影響を受けたことを知って驚きました」

これはユーリアがイェーナから私にスカイプで伝えてきた言葉である。

この研究における対照群は、自国内に居続けた学生たちである。この研究に関して重大な疑問はもちろん、ニワトリが先か卵が先かだった。開放的で好奇心があり人付き合いが好きな人が旅をするのか、それとも旅が私たちをそういう人格にするのか? 信頼に足る回答を得るために、二人は被験者たちを、旅の前後で比較した。

まず被験者グループが旅立つ前に、各々の学生の人格を五つの要素で判断した。五つの心理学的次元(属性)によって特徴を把握したのである。具体的には開放性、友好性と思いやり、誠実さ、感情の安定度、そして外向性。

旅立つ前から違いはあった。外国旅行を決意した人たちは、自国にいると決めていた人たちより外向的だった。だがこの実験を繰り返すたびに、旅をした人としない人との相違は広がっていった。
「若者たちは絶えず変化しています。私たちは誰しも、年を重ねるごとに柔軟性を失い、共同で何かをしたがるようになります。これを私たちは成熟と呼んでいます。ですが旅をした人たちはその成熟度が速かったのです。自国に戻ってきた時、彼らは自国に居続けた人たちより大人になっていました」とユーリアは言っている。

彼女と話をしている最中に分かったことがある。旅は人間を成熟させると人は本能的に考えた、ということだ。その時私の念頭にあったのは、十八〜十九世紀の貴族の若い息子たちにとって義務だった「研修旅行」のこと。彼らは世界に送り出されて変身させられ、パーティー大好き人間になって戻ってきたのだ。旅が人格を形成するという考えは、別に新しいものではない。

だがユーリアによれば、そうした研修旅行にはその他の効果もあった。旅人たちは目標をかなり強く意識し、自分たちの任務を見事に達成した。そうした人たちは、予見不可能な出来事に遭遇しても容易にはストレスを感じなくなっていた。まるで、すべてをコントロールしなくても人生はうまく運んでいくことを知っていたかのようだったし、途方に暮れるようなことに遭遇しても別にひどいことではないと納得しているかのようだった。
「旅をした人たちは人付き合いが良くなったし、好奇心が増し、感情が豊かになりました。また、新しい環境や新しい出会いに対応しなければならなくなっても、あまりストレスを感じなくなりました」とユーリアは語っている。

ユーリア自身も旅をしている。外国留学だ。フランスに七ヶ月間、そして南アフリカに三ヶ月間。彼女はしばしば貧困区域でボランティア活動をした。旅が変化の触媒になることを彼女自身が体験していたのだ。

「でも、耐久力もなければダメです」と彼女は言う。「二ヶ月が重大な分岐点です。異質な環境でそれくらいの期間滞在すれば、何かが起きるのです」

その研究によれば、旅の前までは当たり前と思っていた事柄について新しい見方をするようになり、物事を高く評価するようになることが判明した。旅をした人は新たな体験に対して開放的になり、精神も安定し創造的になるが、それは旅が私たちの言動を調整し、行き先の習慣を受け入れることを教えてくれるからだ。旅をする人は他人に共感するようになり、容易に妥協して他人とうまくやっていくようになる。

「私たちは本来それを目標としていたのです」とユーリアは言う。「こうして科学的な結論と私たちの推測が一致を見たのです」

私は、自分の数限りない旅を心理学的に説明できるかどうか、それを試みてみた。私に不足しているのは何か？　それは子ども時代と関係があるか？　安定した物事、何度も繰り返す物事を信用しているか？

私の家族は、私が外国に初めて行く前に計九回、引っ越した。三度は子どもの時で、学校、クラス、友だちを変えざるを得なかった。最後の引っ越しは私が八歳の時で、その時がいちばん大変だった。私は、冒険好きで恐れを知らぬ性格だったのだが、シャイで慎重な性格に変身したのだ。ことによると私は子ども時代の引っ越しが原因で、どうしても旅をする必要性が心の中に根づいたのかもしれない。この最後の大変だった引っ越しを繰り返すことによって、毎回、出発と帰宅を何とかやってのけているのだろうか？　もしそうだとしたら、私の旅は長期にわたる反復であり、私は絶えず、自分がいい子であることを確信しようとしていることになる。

旅をすると時折、周囲と何のつながりもないことに悩む。よそ者であることをもっとも強烈に感じるのは、一人旅をしていてヨーロッパの都市に到着した時、故郷の町を思い出し、日常生活のことを考える瞬間だ。この疎外感がいちばん強いのは、朝夕の交通機関に乗った時である。周囲にはその町の住民が集まっていて、誰もが一方向に、つまりは目的地をめざして進んでいる。全員が所定の場所に向かっている。仕事場とか自宅に向かっているのだ。学校や友人のところに行ったり、トレーニングや恋人のもとへ……。いずれにしても待っている人がいるのだ。おたがいに必要としている相手が。

だが私は混雑の中で流れに逆らって歩道を進み、中央駅へと向かい、リュックを担いでプラットフォームをめざす。好奇心に満ちた顔つきをしているが、それこそは私が地元民でない証だ。私は誰にも必要とされていないし、誰かを必要としているわけでもない。次に何が起こるかも分からないが、ともあれ、私を待っている人は一人もいない。

この孤独感は冷め切ってはいるが、その日に何をするかを考え始めると、気分が少しは晴れてくる。ウェイターが陽気だったり、カフェの他の客とせわしない会話を交わしたり、ユースホステルの休憩室で誰かと出会ったり。こうなると万事が明るくなる。平凡な話題すら大きな喜びとなり、ささいな事柄さえ特別な出来事になる。

孤独と絶望が癒えてきて、仲間意識と高揚感がふたたび訪れる。ことによると私が何度もやりたくなるのは、心の旅かもしれない。旅を通じて人付き合いははるかに貴重なものとなり、孤独感は去っていく。何時間も空腹を抱えてうろついたあと、何かをやっと食べられるようになったようなものだ。出発と到着の反復。それをまたやる。真剣にやる。何度も何度も繰り返す。

しかし、旅を愛するためにトラウマを体験する必要などもちろんない。チャトウィンならおそらく、私の子ども時代の「出発」など、潜伏していた遊牧民の本能が目覚めたくらいのささいなパンチだと言ったことだろう。

動くのは、人間にとって本性である、と彼は言った。移動という基本的な衝動を、人間は誕生時に表現しているというのだ。赤ん坊の時に泣くのは、じっとしていることに耐えられないからだ。食べ物、温かみ、親近感についての欲求が満たされると、あとは動きさえすれば人間は落ち着く。

大人になると、私たちは散歩したりジョギングしたりして憂鬱を抑える。中世の時代に巡礼を導入した時、教会は定住農民全員にセラピーを提示したのだ。そしてそれは、あまり大昔ではない時期に遊牧民が日々行っていたことだったのである。

どこかに閉じ込められたり孤独にさせられたりすると、人はしばしば攻撃的になる。「旅は心身にとって快適だ。それに反して、長い間定住したり定期的な仕事をしたりして単調な生活を送るようになると、脳は疲れるし不満を覚える」とチャトウィンは言っている。

旅の遺伝子

だが私のガールフレンドであるカーリンは別な説を口にする。

「あなたが異郷に旅するのは自分を見つめるためだわ」。彼女はある晩、古来イギリスの田舎にあったパブみたいに見える居酒屋で、私にそう言った。その居酒屋が好評なのはたしかに、人間が動きたがっている証拠でもあり、異なる文化への好奇心の表れでもある。彼女は続ける。「あなたは異文化の中に入って初めて、自分を見つめ始めることができるのよ。別の文化に反応することによって、自分が何者か、自分がどこから来たかを理解する。異文化の人たちから奇妙だと思われることによって、あなたの自画像は正確になっていく。旅は鏡のようなものよ。そして最高のセラピー」

「あるいは」と彼女は話す。「ことによるとあなたは旅の遺伝子を持っているのかもしれないわね」。旅の遺伝子？　調べてみたところ、本当にそういう遺伝子があることが分かった。アメリカの進化生物学者ジャスティン・ガルシアの説によると、旅の遺伝子を持って生まれてきている人もいるとのこと。この遺伝子は、大きなリスクを冒したり、新たな環境を探したりするらしい。遺伝子の名称はＤＲＤ４―７Ｒ。ガルシアによれば全人類の二割がこの遺伝子を持っている。

とすれば、私は遺伝子テストを行うべきかもしれない。生物学者たちが意見の一致を見ているところによると、どれか一つの遺伝子だけで何か特定の行動に影響を与えたり契機を作ったりするようなことはないらしいが、その遺伝子はもっと一般的な性格形成の原因になるらしい。たとえば衝動的な行動や冒険への誘惑を導き、ひいては他の行動傾向を促進するというのだ。DRD4─7Rが高まれば、強まるのは旅行熱だけではないのである。この遺伝子は、好奇心、意欲、新たなアイデア、飲食、セックス、そして薬物に手を出す原因になるという。要するに、この遺伝子は新たな興奮状態を求める源であり、だから人類の二割もが──私のように──自宅に居続けると不満になり、世界に飛び出していこうとするのだ。

この遺伝子の持ち主は、快適さを味わうためにドーパミンを大量に必要とする。その結果どういう状態になるかはさまざまだ。旅好きは症状の一つである。新たな視野を得れば、新たな考えが浮かぶ。自宅にいるのがつらい人は、しばしば外に出たがる──だから外に出て問題を解決する。だが旅にも欠点はある。つまり、どうにも消えてくれない憧れが生じるのだ。旅をしたいという気持ちを鎮めることができなくなると、フラストレーションがたまってしまう。旅人で作家のイザベル・エーベルハルトは悲しげにこう語っている。「遊牧民である私は残りの人生を、辺鄙で未踏の地にすっかり夢中になって過ごすことになるだろう」と。

旅する人の共通点

エーヴァ・エルマンの主張によると、自力で旅をする人は順応力が強化され、さまざまな社会的状況に対応できるようになる。「(旅の最中には) 特に劇的な出来事は起きませんが、いろいろなことは生じます——前もってプランを立てずに旅をすれば肝をつぶすこともあります。旅先のローカル・バスで移動するとなれば、他人とぴったり体を寄せ合って過ごすこともあるのです」。これは、同級の子どもたち同士が校庭のジャングルジムで遊んでいる時に彼女が私に語った言葉だ。

彼女と初めて会った時、私たちには共通点があることが分かった。彼女が告げたところによると、旅行好きは彼女の場合は生まれつきだという。それを自覚したのは、九〇年代初頭のギムナジウム通学中に社会見学に行き、学校から解放された時だそうで、その時の社会見学の目的は、インドのケララに行って、エイズに関する情報を広めることだった。彼女の回想を聞こう。

「大学受験を終えてから、私はタンザニアに行きました。スワヒリ語を勉強しにね。私はあちこち歩き回り、児童保育所で働き、自国にいたら会わなかったような人たちと会いました」

この話の間、校庭にいる私たちの子どもらは、金属の骨組みにロープでつながれたクルマのタイヤの上を跳びはねていた。彼女は自国に戻ると、旅行熱はおさまった。もう再発することはないようだ。エーヴァの夫ニクラスも熱狂的な旅好きである。もちろん私たちはすぐに友だちになり、家族同士で春の公園ピクニックを行った。子どもたちがフーンスガタン地区にある彼らの自宅内で遊んでいる間に私たちは会話を交わした。その折りに、エーヴァは頭の回転が速く、語りもスピーディーで熱狂的な性格だということが徐々にはっきりしてきた。

エーヴァは長い間、サッカーのビッグ・チームに所属していた。とても優秀な選手だった。数年後にはスウェーデンの代表チームのメンバーに選ばれ、いくつかの大会にも出場した。だが、旅をあきらめはしなかった。毎年秋になってシーズンが終了し、初雪が降るようになると、これから何ヶ月間か、ネパールかインドネシアに行くことができると思った。彼女のトレーナーは、チームスポーツの選手らしからぬ彼女の行動にショックを受けた。だが彼女の考え方によれば、人生はサッカー・オンリーではなかった。常にトレーニングと競技だけ、という暗黙の約束など破ってもいいじゃないか！　そんなことはどうでもいい。人生のほうがサッカー場より重要と彼女は考えていた。

「実際問題として、毎年秋に、アエロフロートの安いアジア行きチケットを購入し、何ヶ月間か、明確な計画など立てずに各地を旅することが重要でした。そうした旅は、いつもスタートが困難でした――私はこのことにあとで気づきました。南アジアは暑くて疲れやすいですし、どこへ行っても大勢の人たちがいます。私は初めての場所に行くと、いったい自分はここで何をしているんだろうと思いました。よりによってどうしてここに来たんだろうとね」

エーヴァは社交的な人柄だが、一人旅をした。そしてそのことを本人は当然と思っていた。若くて好奇心が強く開放的な人間がアジア旅行をすれば、もちろん他人とコンタクトする無限の可能性が生じた。「他の旅人たちと出会いましたし、時にはしばらくの間同行して、いろいろ教えてもらったり、確認したり、仲良くしたりしました」。だがその後彼女はまた一人でつらい旅に出るのだった。

リュックを背負った現代の旅人たちはしばしば、他の旅人と出会うチャンスのある場所に惹きつけられる。だからユースホステルや安いレストランに足繁く入っていく——そういった場所はたしかに、ツアー旅行みたいにわざとらしくはないし、前もっての計画とも無縁だ（ツアー客もこの点を強調することはあるが、しかしツアーの場合は世間から隔絶されている）。彼らは、地元のバスや三等の列車に乗るお金しか持っていないが、だからかえってさまざまな可能性が待ち受けている。

「私は、他の旅人がうじゃうじゃしているタイの海岸に留まっていたくありませんでした。ありがちなカフェでバナナのパンケーキを食べたくもありませんでしたし、満月の下で岸辺のパーティーに参加したくもありませんでした。私はバングラデシュ、カンボジア、ベトナムに行きたかった。西側の旅人にまだ汚されていないところです」

自身バックパッカーであり、旅行ガイドブック出版社「ロンリープラネット」の創業者であるトニー・ウィーラーは、「旅は安ければ安いほど体験が豊富になる」と言う。エーヴァもこの意見に賛成だ。「旅先の公共交通機関を使って旅をしたり、家族経営の全寮制学校で泊まったりすれば、無限に多くのことが体験できます。それは、他の旅行者みたいにA地点からB地点まで飛行機で移動したりホテルにしか泊まらなかったりする旅に比べ、圧倒的に豊富な体験なのです」

だがその彼女にしても、そういった旅は、当初自宅のベッドに横になって世界に憧れていた時にはそんなにすばらしいものとは考えていなかった。一種の自虐的行為に思えたし、疑心暗鬼にさいなまれながら自問自答していただけだった。そして、旅をするのがそもそもそんなにまともなことかと、ひんぱんに考えていた。

一人旅の途中にチベットの村で胃を病んだ時とか、憂鬱になった時には、ひどく寂しくなった。しかし旅することは、他のさまざまな事柄と同じで、「一つの過程」であると彼女は確信していた。最初のうちはうまく行かなくても、いつかそれまでの感情が解放されてカタルシスが訪れるというのである。その時、すべてが転換する。

「旅はサッカーの試合を想起させます。旅の最初の一ヶ月は試合の前半です。二ヶ月目は試合の後半。そして後半の最中に選手は脂が乗ってきて、試合に集中するようになります。ジョギングも同じです。まともな呼吸ができるようになるまではとても大変ですが、がんばり通せると分かってくると動揺や絶望は消えてしまいます」

エーヴァはかつてスウェーデンに戻った時しばしば、自分のことをひとりぼっちのように感じていた。周囲のすべての人々が何らかのつながりを持っているのを見た途端、孤独感に襲われたのである。他人は全員、通勤・通学したり、家族と夕食を摂ったり、友だちと過ごしたりしていたが、彼女はただ一人座っているだけで、周囲とのつながりがまったくなかった。国内外の双方で仲間はずれだったのである。

「国内では、否応なく押し付けられた孤独を感じましたし、外国では自分が選んだ孤独を感じていました。旅の日々は孤独感で満たされていました。旅が長くなればなるほど、孤独をひんぱんに感じるようになりました。中国のある村で周囲の全員に見つめられ、『あなた、誰？

ここで何してるの？　旦那さんはどこにいるの？』と訊かれた時には、自分のことを小さくて弱い存在だと感じました。けれどもその後新しい友だちと知り合うようになり、その仲間に入っていったのです」

彼女はそう言って笑った。その時私たちは公園内でピクニック用の敷物に横になりながら赤ワインをすすり、子どもたちは少し離れた茂みで穴を掘っていた。「寂しさって、瞬間的にひとりぼっちになったとしても、強い親近感や幸せに包まれると克服されるのよね」

彼女は、春になってスウェーデンに戻ってくると、友だちからこう訊かれるという。「そんなに旅して何の意味があるの？　どんないいことがあるって言うのよ？　それより家にいて、まともなことをしてなさいな！」。彼女にとって旅は、目的も意味も消える時間であり、ともかく一人になる時間だった。彼女は、みんなの質問に簡単には答えられなかったので、友だちから詰問されているような感じになった。

「スウェーデンに帰ると、すべてがいつもどおりでした。私が友だちとコーヒーを飲めば、友だちはよく、インドのコーヒーはおいしかったかとか、天気は良かったかと訊いてきました。私としてはそんなことより、インド北部の文化はインド南部と比べてどうだったかとか、インドとパキスタンの社会構造の違いはどうだったかと訊いてほしかったんですけど」

しかし友だちは、彼女の旅にはどうやら興味がなさそうだった。その代わりに、友だちは、長旅に飽きることはないかとか、スウェーデンが気に入らないのか、スウェーデンに何か文句があるのかと何度も訊いてきた。

彼女にもしだいに分かってきたことだが、こんなに何回も旅をするのはスウェーデン社会が安定していてあまりに変わらないからなのだ。彼女は何かから離れるために旅をしているのではなく、何か新しいことに近づくために旅をしているのだ。

スウェーデンの生活が安定しているからこそ、そしてスウェーデンにいれば安心だからこそ、しばらくスウェーデンを離れるのも容易なのだ。もしスウェーデン社会が荒れていたら、旅立つのは不安だろうし困難だろう。しかし、ポジティヴなことであれネガティヴなことであれ、ともかく何も変わらないからこそ、彼女は冒険家になることができ、不意に姿を消したり、不意に戻ってくることができるのである。

ある日、彼女はサッカーの試合に嫌気がさした。チームを離れて、ストックホルム経済大学で勉強することにした。二十七歳にして、何かを変える必要性を感じたのだ。授業と試験を何学期か受けたあと、博士論文を提出することにした。論文が順調に進行したので、自分の時間が持てるようになった。快適だった。旅が可能になったからである。読み書きはどこでもできた。スウェーデン国内にいる必要はない。だが彼女の論文を担当していた教授は、その旅のプランを耳にした瞬間、不安を覚えた。

「旅に出てしまったら、どうやって論文を仕上げるつもりかね?」と教授は尋ねた。だが彼女はそのことを心配していなかった。すでに博士論文の大半を書き上げていたからである。アジアの村の小屋で地面にあぐらをかいて書いたこともあるし、アフリカのみすぼらしい安ホテル内で書いたこともあった。大学構内の研究室やストックホルムの狭いアパートの中のような環境でなくても、明晰に考えることはできるし、集中して論文に取り組むことはできる。

学術面の履歴書に旅のことを書くのは適切ではない、と彼女も思っていた。しかしそれから数年後、学業を終えて大学で職を得ようとした時の面接の場で、彼女は旅について語った。人間の心を知り、日常と異なる環境において安心感を得ようとした時には、旅が勉強になったということを、彼女は説明したかった。そのことを話せば就活に成功するかどうか、彼女は知らなかった。大学というところは主として、今までに発表した学術上の業績が重要であり、他のことはどうでもいいのだ。だが彼女は結局、政治哲学専門の教授に就任した。

ある金曜日の晩のことだが、エーヴァとニクラスの家の居間に行ってみたら、子どもたちがフロアで大騒ぎしながら遊んでいた。じゅうたんが波打っている。私たちは旅についての種々な考え方について話し合っていた。私は本棚に目を向けた。すると『ロンリープラネット』があり、政治や哲学についての学術本があった。

ニクラスが口を開いた。世界のどこか目新しいところに行けば、「ここで自分に何ができるだろう?」としばしば疑問に思うとのこと。一方エーヴァのほうはむしろいつもこう思った。「私たち、ここで何をしているのだろう?」と。「この二つの疑問はあまり違わないように思えるかもしれない」とニクラスは言う。「でも、違いは重大です」

エーヴァは、貧しい国々を旅していた時、地元の人たちから、金持ちがうろついていると見られていることに気づいた。彼女はバックパッカーだったし、つましい旅をしていたのだが、どんなにひどい服装をしても、どんなにひんぱんに地元のバスに乗っても、周囲から見れば特権階級に見えていた。

　だが、アフガニスタンやパキスタンといった家父長制の国々に行くと、女性だからという理由で男性より下と見られていることを感じた。ただし、西側からやって来た白人の金持ちとも見なされていたわけで、そこには矛盾があった。

「でも私は自分のことを、女性の白人以外の存在とみなしてほしかったんです。地元民といっしょにいたり、ある家に泊まったりした場合には、私のことを白人の金持ちではなく一人の人間として見てほしかった。たとえば『あなたはどういう生活をしたいのとか、どんな食べ物が好きなの、どんな映画やどこの国、どんな本が好きなの？』と訊いてほしかったんです」。彼女が一カ所に長く留まれば留まるほど、一個人として見なされるようになり、単に一外国人とは見なされなくなった。

　旅を楽しむためには、母国が幸せな状態にあることが前提である。帰国はエーヴァにとって、長旅の終焉のプロセスであり重要だった。「帰国したらスウェーデンはすべていつもどおりだろう、と思わなかったとすれば、それまでいた外国での異常な状況下でも安心感を抱くことはなかったでしょう。こうした考え方はおそらくとてもスウェーデン的で、つまりは私たちが特権的な存在だということです。私たちスウェーデン人は、結局のところ、他のどこよりも幸せな生活を送っているのです」

　エーヴァの旅はなおも続いた。ニクラスと知り合ってからも、子どもが生まれてからも、そして大学での仕事に就いてからも続いた。ただし旅のやり方は変わった。研究のために、家族といっしょに時々外国に出かけるようになった。時にはキューバやタンザニア、スリランカ、モロッコといった国々に旅をした。昔ながらのバックパッカー流のやり方——地元のバスに乗り、民泊可能な地元の家に泊まる——ではあったが、以前ほど長旅はしなくなった。何はともあれスウェーデンに住んでいることに、とても満足していることを自覚するようになった。

彼女の友だちは、彼女のことをスウェーデン嫌いだと思っていたが、本当は、旅に行った結果として、彼女は福祉国家スウェーデンを大切に思うようになっていったのだ。そもそも旅ができた前提は福祉国家だったおかげである。彼女は資金に恵まれていたし、いわば大胆でもあった。旅のおかげで「何ごとも当然」とは思わなくなり、西側諸国の生活に感謝するようになった。

旅をすればするほど、各種の文化同士の共通点のほうが相違点より大きいと感じるようになった。言語が異なる人と仲良くなることもあった。ペルーでバスに乗っていた時のことだが、彼女と地元民が同時に、何かとんでもないことで大笑いしたことがある。二人はたがいに見つめ合い、笑い、凝視し、再度笑った。エーヴァはこう言う。

「旅は人付き合いのトレーニング場でした。私は、何が正しくて何が間違っているか、何が良くて何が悪いか、それを旅で学んだのです。ペルーやバングラデシュといった国々で一人旅をしている最中に地元の人たちとコンタクトすると、私の世界像が純化されました。そして人付き合い、心理、倫理が鍛えられたのです」

とはいえ、彼女も二種類の世界観の間で迷っている。一方は学問研究の視点であり、それが焦点とするのは社会、文化、民族上の相違点だ。そしてもう一方は旅人の視点であり、それが焦点とするのは、生活条件の相違にもかかわらず存在する、すべての民族の共通点だ。

彼女のような人文学者はしばしば、旅人と同じ問題を抱える。私たちの心の底はどうなっているか、その点で悩むのだ。エーヴァに言わせれば、自然科学者はいとも簡単に「すべての民族は共通だ」と言う。人間は全員が生物学的には同じ構造をしているからで、基本的にはそれ以外に疑問はないからだ。

16

旅と病の間

「どうしても旅をしたいから、さらに先へと進むのだろう。
故郷の環境に適していないと感じているからこそ、
旅が心の悲しみに効く薬になっていると言うのだ」

16 旅と病の間

徘徊症という旅

ボルドーのサン＝アンドレ病院に勤務する精神病医アルベール・ピトルと実習生フィリップ・ティシエは、奇妙な患者と出くわした。何しろウィーン、プラハ、モスクワに向かって長期の放浪をしたいと言って泣くのである。患者の名はアルベール・ダダ。近代医学史上初めて、病理学的に徘徊症（フューグ）と診断された人物だ。

長期にわたる記憶喪失を特徴とするアルベールのマニアックな旅は、ごく若い時から始まった。アルベールは実習学生ティシエ相手に、それまでの無数の出発と旅の中味を告げた。それは目的地の決まっていない旅だった。

「私は十二歳の時にガス会社ＭＬに弟子入りしたのですが、不意に町を去ったのです。隣人たちは、私がアルカションのほうに歩いて行ったと父に伝えました。私の兄弟はすぐさま私を探し始めました。兄弟は私を見つけましたが、その時私は傘を行商する会社にいました。『何してるんだ？』と尋ねながら、兄弟は私の肩をさすりました。その時、まるで夢から覚めたみたいな感じがしました。今も覚えていますが、自分がもうガス会社の弟子ではなく傘売りの行商人だということを知って、私自身とてもびっくりしました。

私はふたたびガス会社で働き始めました。ある日、私と同僚はコークスを買ってくるようにと言われました。代金として百フランを渡されました。しかしその翌日、私は自分が列車に乗っていたので驚きました。車掌が目の前に立っていて、私の切符を見せてくれと言っているのです。ポケットを探すと切符がありましたので、それを差し出しました。そこには『パリ』と記されていました。これをどうやって手に入れたのだろう？　分かりませんでした。その次の記憶は、パリのオルレアン駅（現オステルリッツ駅）で椅子に座っていたことです。どうやってそこに行ったのか分かりませんでした……。

私は、父も兄弟も働いているボルドーのガス会社の仕事に戻りました。何ヶ月かは順調にすぎていきました。ですがある晴れた日のこと、私は不意にバルブジューにいたのです。身分証明書を持っていませんでしたので、私は捕まって牢に入れられました。でもボルドーの役人が私の身元を知らせてくれましたので、私は自由の身となりました。しかし私は家に戻ろうとはしませんでした。私は身分証明書を渡してくれと言いました。パリに行くためです。身分証明書は手に入りました。

けれどもシャテルロー（フランス西部の都市）に到着した時には、身分証明書を紛失していましたので、また捕まりました。そこで新たに身分証明書を手に入れ、ポワティエ、トゥール、そしてオルレアンに向かいました。しかしオルレアンで会った警官から、放浪生活は良くないので家に戻るようにと言われました。私が分かったと言うと、列車のタダ券をくれましたので、ボルドーの家に向かいました。

父と同僚は、私が憧れているのはパリであり、だから姿を消すのだろうと推測していました。だから私はパリに行かされました。マルテル通りにある同じガス会社で働き、プティ＝エキュリのパサージュに面したオテル・ドゥ・リヨンに宿泊させられました。とても幸せでした。二週間というもの、私は熱心に働き、初めて給料をもらいました……しかしまた姿を消したのです。ふたたび意識を取り戻した時には、ジョアンヴィル＝ル＝ポン（パリの東端）にいました。上司のところに戻ろうとはせず、さすらいを続けたのです。ヴィトリー＝ル＝フランソワに向かった時には、切符を即座に買い求めました……けれども牢に入れられました。またしても身分証明書を紛失してしまったのです。

二週間後、私は自由の身となり、また旅に出ました。シャロン＝シュル＝マルヌ、ショーモン、ヴズール、ディジョン、マコン、ヴィルフランシュ。それからリヨンに向かいました。この旅はとてもすばらしかった。とりわけペラシュ広場は立派でした。登山鉄道が見えましたので、グルノーブルに向かいました。同地のイゼール川沿いの遊歩道がひどく気に入りました。けれどもアヌシーでまたしても牢に入れられ……。

ふたたび私は、故郷ボルドーのガス会社で働き始めました。三ヶ月間勤務したのです。ところがある晴れた日、私はまったく見たこともない市場にいました。そこはポーの町（ボルドーの南二百キロメートル）の県庁前広場でした」

アルベール・ダダの人生はこのように進んでいった。放浪と列車旅の間にガス会社での時間がはさまっていたのだが、旅の記憶は一切ないのだ。経過はいつも同じ。目覚めてみると、家から遠く離れた場所にいるのだが、どうやってそこに行ったかは分からない。いつだったか、ひどい頭痛を感じ、病院に送り込まれた。

その後、軍隊に徴集され、ベルギー国境近くのヴァランシエンヌ第百二十七歩兵連隊に入った。それでも徘徊症は変わらなかった。彼は再度姿を消したのである。そして旅の範囲は広がった。今度はまずベルギーに行き、その後、オランダ、ドイツ、そしてオーストリアに行った。彼はウィーンに行きたいという固定観念に憑かれていた。ウィーンに着いてみると、あるガス会社の仕事を与えられた。そこの上司は、ボルドーの同社に勤めている彼の父・兄弟の顔見知りだった。だが事態は繰り返す。また姿を消したのだ。不意にドナウ川の蒸気船に乗っていて、ブダペスト方面に向かっていたのである。その後フランスに戻りはしたが、また逃亡した。国境警備隊は彼の身柄をヴァランシエンヌに送り、彼はそこで炊事勤務を命じられた。

「どうしても旅に出てしまうので、つらかったです。だからある日曜日に炊事の仕事を終えると、私は同僚の一人に代理になってくれるよう頼んでコンデに向かい、二度目のベルギー入りをしました。その後、私はさらにヴェルヴィエ、アーヘン、ケルンへと向かいました。そしてレーゲンスブルク、パッサウ、リンツ、そしてウィーンへと放浪していきました。ウィーンではまたしてもガス会社に勤めることになりました……。

でも、不意に気づいてみると、ブトバイス（チェコの都市）にいました……。プラハでは、フランス人の学生たちが私のために寄付を集めてくれたので、八フロレンティナーを手にしました。ライプツィヒでは、フランス領事から五フロレンティナーをもらいました。ライプツィヒからベルリンまでのチケット代は三フロレンティナーでした。ベルリンに着くと、私は大使館などの公的機関に行きました。私は故郷に戻るためのお金をいくらか手にしました。しかし私はフランスに行かずに、ポズナン（ポーランドの都市）に向かっていたのです。

これからどうすればいいんだろうと考えました。領事は、私と関わろうとしませんでした。となると、ひたすら放浪するしかありません……。貨物列車で旅をし、動物の面倒を見ながらワルシャワからモスクワへと向かいました。モスクワに着くと、ツァーリ（皇帝）が殺害された直後でした。町全体が大騒ぎでした。私は長い間何も食べていませんでしたし、仕事にも就いていませんでしたので、どうしたらいいか分かりませんでした……。ひたすらそこに立ち尽くし、大きな広場の中央にあるピョートル大帝の彫像を見て感嘆していました。すると軍帽をかぶった警官たちが私に話しかけてきました。

『身分証明書を出せ！　身分証明書はどこだ？』と警官の一人が訊いてきました。

『ありません』

『毎日何をしてるんだ?』

『いろいろです。たくさん旅をしてます。お金がある時は払います。なければ物乞いをします。お金をもらえない時は、おなかを空かしてます』

『なぜモスクワにいるんだ?』

『こう言っては何ですが、どういうわけかここに来ていたんです。ひどく頭痛がするんです。興奮すると旅をしたくなるんです。どこかへ行きたくなるんです。何がしたいかも分からずに出かけてしまうのです。ふたたび目が覚めると、自分がどこにいて何者なのかが分かるのですが、ずいぶん遠くにいるんです。その証拠に、何ヶ月か前にはヴァランシエンヌにいました。そして今はここにいるんです』

『間違いないな』とその警官は言いました。そして私を捕まえて、突っついたり乱暴に引っぱったりしました。私は抵抗しました。

『私をどうするつもりですか?』

『ニヒリストといっしょの牢に入れる!』。その警官が言いました。

私はニヒリストと見なされましたが、ニヒリストとは何か、その意味も知りませんでした」

ロシア当局はアルベールを追放した。フランス人だと分かりはしたが、フランス当局は彼のことになど関わりたくもなかったので、アルベールは他のニヒリストや望ましからざる人物たちといっしょにトルコ国境に送られ、そこでロシア帝国から追放された。彼らは何日も歩いた。

国境警備のコサック兵の説明によると、今後もしロシアの地を踏んだらシベリアの捕虜収容所送りになるとのこと。

アルベールは何週間も歩き続け、漁師の家で寝て、パンを恵んでもらった。結局彼はコンスタンティノープル（現イスタンブール）にやって来て、国際機関の宿泊所に親切に受け入れてもらった。シラミを駆除してもらったり、全身を洗ってもらったり、清潔な服や食事を渡されたりした。同市のフランス領事からは鉄道のチケットとお金をもらった。ステッカーももらったが、そこには「この人はトルコ語が話せないので、列車の職員はこの人の面倒を見てください」と書かれていた。

アルベールは以前働いていたウィーンのガス会社にふたたび雇われた。もっとも上司は、「ロシアから追放されたあとコンスタンティノープルまで歩いた」という彼の話などまったく信じてくれなかった。ある日曜日、彼はウィーンのプラーター公園で一人のフランス人男性と出会った。その人はスイスと、雪に覆われたすばらしい山々の話をした。アルベールはその山々を何としても見たくなった。彼はウィーンを去り、しばらくしてスイスのバーゼルに到着した。同地のフランス領事は、彼に新しいパスポートを発行した。ふたたびフランスに戻った彼は警察に保護され、ヴァランシエンヌの連隊に彼を戻した。

一八八二年十一月二十四日、アルベールは、二度にわたり軍服と武器を持参したまま脱走したかどで懲役三年の判決を受けた。彼の弁護士は「彼は自分で自分のことが分かっていないし、しばしば頭痛が起きる。だが立派な家柄の生まれだ」と主張した。だが弁護士がそんなことを言ってもどうにもならなかった。彼はアルジェリアのポルト＝ドゥ＝フェールにある軍刑務所に送られ、そこで頭をそられたが、それがひどく痛かった。口癖のように言っていたとおり、頭部がとりわけ敏感だったからである。

一八八三年のフランスの祝日に彼は恩赦に浴した。ボルドーに戻り、ふたたびガス会社で職に就いた。彼の家族は、行方不明だった息子が戻ってきたので喜んだ。アルベールは、今後はまじめに振る舞うと約束した。そして一人の女性と知り合いになり、その人を好きになった。家族は結婚の準備をした。アルベールは幸せになれると喜んだ。これで奇妙な放浪癖から解放されると。

それから数年間、彼は静かな生活を送った。だが一八八五年六月十八日、また姿を消した。九月初めに目覚めてみると、ヴェルダンの病院にいた。どうやってそこへ行ったのか、六月以降何をしていたのか、まったく分からなかった。今度は重大だった。本格的に病気と診断されてしまったのだ。身分証明書をしっかり持っていられない人であり、単なる旅好きの放浪者ではないと言われたのだ。旅行委任状が作成され、同伴者付きでボルドーに送りかえされた。

一八八六年一月、故郷ボルドーのアン＝アンドレ病院に入院した。だが二月にはもう逃げ出して、百キロメートル南のラブーエールで捕まった。そこの市長は、常に気が動転しているこの男に同情し、宿を無料で手配し、今後はできるだけ早く実家に戻るようにとアドバイスした。だがアルベールは家には戻らず、さらに南のポーに行き、それからスペイン国境近く、ピレネー山脈の麓のタルブとイロスの町に行った。

ふたたびボルドーの病院に戻ったのは四月末のことだった。アルベール・ピトル医師の患者になり、その実習生フィリップ・ティシエと話すのを許された。ティシエはこの「病理的に見たこともない『さまよえるユダヤ人』」に関する観察日記をつけた。アルベールはアハスエルスと関連づけられた。アハスエルスとは、エルサレムの靴屋であり、刑場に行くイエスを休ませなかったために、永遠に世界中を流浪する運命を与えられた人物である。

放浪癖のあるアルベールは、病理的に「姿を消す人」の第一号と診断された。フィリップ・ティシエとの会話は、博士論文に取り上げられ、新たな病気「徘徊症」の例に挙げられた。つまり、「未知の地を見たがる病的な憧れ」ないしは「抑えきれない放浪衝動」を持っている人物とされたのである。この病気の原因を巡る論争が始まるとともに、フランスとイタリア北部で徘徊症が伝染した。

一八八〇年代のヨーロッパでは、ヒステリーとてんかんが基本的な二大精神病と見なされていた。ほとんどの精神病がこの二つのどちらかとされた。ティシエおよび、もう一人のボルドーの医師は「徘徊症はヒステリー系の病気」という意見だったが、パリの医師たちは「徘徊症はてんかんの一種」と考えていた。

精神障害という概念は実質的にはあらゆる文化圏に存在しており、通例は、正常と見なしている事柄から逸脱しているものをすべて精神障害と見なしている。だが、過度に旅に出ることを病気と呼んでいいものか？　マニアックな逃走をして記憶を喪失してしまうアルベールの例はたしかに判断が難しかったが、徘徊症という診断は当局には好都合とも言えた。「貧困ゆえのホームレス」なら行商人として逮捕するのも可能だが、「ブルジョアで教養人の男性が、みすぼらしい浮浪者みたいな放浪をする場合には」——患者はほとんどが男性だった——徘徊症という病名を付ければいい。つまり、診断によってブルジョアと貧しい浮浪者を区別できるようになったのだ。診断しだいで階級分けが可能になったのである。

不安や憂鬱から始まる旅

フロイトの師の一人でもあるサルペトリエール病院（パリ）の神経科教授ジャン＝マルタン・シャルコーにも、同じく徘徊症と診断されたメンという名の患者がいた。メンは、病気だが放浪に出て警察に捕まった。警察は彼が七百フランを持っているのに気づき、そのお金は彼が盗んだものと考え逮捕した。それから六日後、金持ちのこの放浪者はようやく放免された。彼の故郷の町に電報を打ってみたところ、そのお金はメンがまじめに稼いだもので、しかも彼の出自がまともだということが判明した。

シャルコーはこの出来事のあと、「徘徊症患者が全員、医師の署名入りの公式証明書を携帯すること」を提案した。それさえあれば、当該人物が病人であり、決して貧しいホームレスではないことが分かるというわけである。

シャルコーから強く影響を受けたフロイトは自身、旅にはあまり興味がなかった。いちばん嫌っていたのは列車の旅。駅に足を踏み入れた途端に、彼は冷や汗をかいたし、もし即座に駅から外へ出なければ動悸が激しくなり不安を覚えた。

鉄道に対する不安にも学問上の名前がついている。鉄道恐怖症というのだ。トンネルに入って抜けることに対する恐怖から察すれば、おそらく閉所恐怖症だろう。自分では列車の動きをコントロールできないから不安なわけで、今は同じ症状の多くは飛行機の乗客に見られる。たしかに鉄道恐怖症は、飛行機への不安同様、容易に克服できる。行動療法によってしだいに慣れていけば、この不安は消えるだろう。しかしその療法をフロイトは知らなかった。

徘徊症という診断は、十九世紀末のベルエポックの時期に最高潮に達した。この診断が当時流行したのには、文化史的・社会学的な説明がなされている。それについては、カナダの哲学者イアン・ハッキングがその著『マッド・トラベラーズ』（一九九八年刊）で書いている。

ベルエポック当時、フランスのブルジョアの大多数は日々、何事も起こらないので、平凡で退屈、無関心な感情を抱いていた。そうした人々は富裕な階級ゆえ、毎日働く必要はなかった。そこで憂鬱を吹き飛ばすために旅に出たり、姿を消したりしたのである。

哲学者カントは、働く必要がなくなれば人はどうなるかを知っていた。最善の解決策は、カントによればアダムとイヴに起こった出来事、つまりは退屈な楽園からの放逐だった。またアウグスト・ストリンドベリは、その作品『火あそび』（一八九二年刊行）の中でブルジョアの憂鬱を描写している。登場するのは家族。父親はここ十年間、不労所得者であり、働く必要がない。家族は全員が食べて、眠って、死を待つだけ。義理の娘は、仕事も刺激も活動もない単調な生活に退屈しきっていて、何でもする気になる。彼女はこう言う。

「私は時にはとても悪い人間になります。大きな悲しみを待ち望んでいますし、伝染病が広まったり、大火災が発生したり……（ここで彼女は声を落とし、ささやく）、私の子どもが死ぬことを望むのです！　さらには私自身が死ぬことも！」。これはもちろん誇張した表現だが、この芝居で表現された感情は、生き抜くことなどどうでもよくなった人たちの心理状態である。

十九世紀のフランスは野心を抱き、ブルジョアをコントロールしようとした。その結果、故郷から外へ出ようとする時にはパスポート携帯が義務とされた――アルベールが繰り返し紛失してしまう「身分証明書」のことである。さらに一八七〇～八〇年代には、放浪者に関する新しい法律が次々に公布された。放浪者はしだいに社会問題と見なされるようになる。故郷以外の地に滞在している人たちは全員が、絶えず警察に呼び止められ、携帯している身分証明書が正しいかどうか調べられ、もし正しくなかったら牢獄に入れられたり、アルベールの場合のように入院させられたりした。

放浪者はフランス民族の退廃の印とされた。放浪者の増加を阻止し、彼らの「病的な」遺伝子が広がるのを阻止する試みが広く支持された。さらにリヨンの一医師は、放浪者を「社会から除外すべきである。なぜなら有害だから」と提案するに至る。

だがその後、第一次世界大戦が勃発して砲弾ショックなどの戦争トラウマ状態が広まり、戦後はロストジェネレーションなどの憂鬱な状態がはびこる――こうしてマニアックな放浪者は、少なくとも医者のカルテ上ではごく稀になる。国も国民も、他のことが心配になったのだ。

スウェーデンではどうだったか？　ウプサラ大学で思想史と医学史の教鞭を執っているカーリン・ヨハニソン教授の指摘によれば、二十世紀初頭のスウェーデン軍は精神医学の面においてフランスの医師たちから、病的な旅の診断に関して影響を受けた。

ただし、スウェーデンの医師たちは、区別することが重要だという意見だった。アルベールのような放浪者と、ロマやその他のさすらう民族、およびきちんとした生活を送れない放浪者とは区別しなければならないし、また、道徳的に非難に値する脱走兵と、ノスタルジーにふける甘えっ子（ホームシック）とは区別しなければならないと主張したのである。同じ自由への憧れでも、厳密に区分する必要があった。つまり、ホームシックの人たちは故郷に憧れを感じていたが、姿を消すタイプは、できればそうした憧れを排除しようとしていたのだ。姿を消すタイプは秘教めいた目的に魅了されていたのであり、誰もが潜在的に持っている「逃亡を夢見る扇動者」と見なされた。

アルベールは、ロマンティックな観光と、物騒な放浪との中間に位置していた。ヨハニソンによると、観光は、自由時間、娯楽、空想上の逃亡を意味したが、放浪は不安に立脚していた。「この両極は、近現代の課題に対して相反する態度だった。つまり、合理性と規律を求める進歩に与するか、あるいはその進歩から逃げるために、他の場所や他の地域、文化、夢、記憶を旅するか、その二者択一だったのだ。後者の旅は自由の象徴ではあったが、過去に信頼されていたものにどんどん近づくようになる。その結果もちろん、進歩よりも社会的秩序への回帰が始まる」

それ以来、逃亡という行動は一般化、規格化、パッケージ化され、逃走は上層階級以外にも許されるようになっている。百年以上前に仕事から解放されたブルジョアが感じた欲求は、今や一般国民にも受け入れられ、広範な中産階級に普及した。変化を求める心情は現在、たしかに一時的であり表面的ではあるものの、その心情は、各家庭がキッチンをどんどんリフォームしたり、いっそう遠くの外国に旅行するといったことに具現されている。

徘徊症という診断は第一次世界大戦勃発後、激減したが、無計画な旅に対する不安はまだ消えなかった。そして四〇年代に入ってもスウェーデンでは、放浪癖という診断は強制断種に直結していた。「善良な国民は無責任な放浪に没頭することはないし、きちんとした勤勉な生活を送り、定住する」というのである。

今なお、こうした診断の影響は残存している。福祉関連の官庁用語として、こうした症状は解離性徘徊症と呼ばれているのだ。記憶喪失をともなう異常な旅というわけである。

現代のバックパッカーにしても、楽しみのためと言うよりはむしろ不安に突き動かされて旅に出る。私が知っている多くの旅人も、家路につきたがらない人たちだ。どうしても旅をしたいから、さらに先へと進むのだろう。彼らはしばしば故郷や自分の出自についてネガティヴな意見を吐く。故郷の環境に適応できないと感じているからこそ、旅が心の悲しみに効く薬になっていると言うのだ。その好例がボードレールであり、彼はこう書いている。「車輪よ、私を連れて行ってくれ！　遠くへ、遠くへ進ませてくれ。今いるこの地は、私たちの涙で作られたものだ！」

自宅にいる時は落ち着きがない。この場所以外なら人生はもっと豊かになるに違いない、と。そして旅立ちの瞬間には、不安と心配を感じており、落ち着きがない。未知の人と最初に出会う時には、どぎまぎして非現実的な感じを覚える。旅の最上の瞬間は軽い高揚感だが、旅を一年続ければ、また不安になる。人は自宅から離れることはできるが、自分自身からは逃げられないからだ。

旅はいつから奇異な行動になったのか？　旅イコール心理的な病気と言われるようになったのはいつからか？　たしかにアルベール・ダダのように、憂鬱になったり旅の記憶を失ったりするようになれば、もちろん精神病に分類せざるをえない。それは故郷の環境で感じる苦痛からの逃避かもしれないし、心の苦痛を和らげようとする試みかもしれない。そうした行動が過度の場合には、「定義上」病人と呼ばれてきた。ただしアルベールのような患者に対しては、ドイツ語ではロマンティックに徘徊欲と呼んでいる。

ここで疑問がある。それは、たとえば十九世紀に貴重な探検を行って尊敬された「発見旅行者」たちのひんぱんな旅と、アルベールの診断のような病的な逃避行動との境目はどこか、という点である。この疑問を判断する際に重要なのは、歴史を見ると、どちらの種類の旅人も旅先では、故郷から常に疑いの目を向けられているという点だ。個人であれ、また監視を任務とする国家であれ、情熱的な旅人を何らかの方法で阻止しなければならないと考えたのである。

百歳まで続く旅行欲

話は変わるが、アレクサンドラ・ダヴィッド＝ネールはことによると徘徊症だったのかもしれない。彼女がまだ五歳だった一八七三年のこと、彼女は初めて、パリの上品な郊外サン＝マンデの実家から姿を消した。彼女の父親は多忙で何も気づかなかった。母親は、横になっていた大きなソファーから腰をあげる気がなく、ベルギー産のチョコレートを食べていた。アレクサンドラがいなくなったことに気づいたのはベビーシッターだった。捜索が始まった。結局、彼女はヴァンサンヌの森で番人に捕まり、その後ベビーシッターに引き渡された。

「アレクサンドラ、あなた、どこにいたの？」とベビーシッターは訊いた。

「私、森の中で発見の旅をしていたの、自分の木を探すためよ」と彼女は答えた。その顔は不満そうだった。まるで、家から姿を消して、周囲を自力で探検するのは当たり前と言いたそうだった。

　アレクサンドラはこの時すでに家族と対決するつもりでいた。姿を消したのは自分の小さな世界を探検するため、という答えは、その後の彼女の人生の予兆だった。彼女は姿を消すのが大好きだった。自分では持っていないものを探すのが好きだった。ことによると、そうすることにより、自分の面倒を見てくれない母親をイライラさせたかったのかもしれない。母親はいつも男の子が生まれるのを望んでいた。そしてその子がカトリックの司教になってくれればと思っていた。だが女の子では司教になれない。

　その反面、少なくともアレクサンドラの父親は幸運にも、少しは彼女に関心を持っていた。父親は元来子どもを望んでいない人だったが、いざ娘が生まれてみると、ペール＝ラシェーズ墓地に連れて行ってお墓を見せ、共和主義者たちを偲んだ。一八四八年の二月革命と、一八七一年のパリ・コミューン（革命政府）で亡くなった人たちの墓である。

いずれにしても父親はアレクサンドラといっしょに何かをしようとした。幸いなことにアレクサンドラの両親は富裕だったのでベビーシッターを雇った。そしてそのベビーシッターが家庭教師役も果たし、アレクサンドラの面倒を見た。彼女が姿を消すたびに連れ戻してくるのもベビーシッターだった。

アレクサンドラの母親はカトリックで、娘をカトリックに育てようとしたが、一方父親のほうはユグノー教徒で、ひそかにプロテスタントの伝統に則って洗礼を施していた。だがアレクサンドラはどちらにもならず、まったく別の教えに没頭した。

ヴァンサンヌの森に「ハイキング」した年に、一家はベルギーに移住した。アレクサンドラがすでに十五歳になっていたある夏のこと、一家はオステンドで休暇を過ごしていた。だが彼女はまたしても姿を消した。とにかく姿を消したのである。

「アレクサンドラ!」とベビーシッターは何度も叫んだが、返答はなかった。

アレクサンドラはすでに放浪を始めていた。百二十キロメートル北のオランダの港湾都市フリシンゲンまで行っていて、船でイギリスに渡ろうとしていたのである。だが彼女は切符もお金も持っていなかったので、埠頭に残される羽目となった。落胆した彼女は家族の別荘に歩いて戻った。

アレクサンドラが断じて、通常のブルジョア的な家族生活を送ろうとしていないことは明白だった。ボードレールとまったく同様に、家の中で座っているなんて考えるだけでぞっとした。こうして彼女の憧れはどんどん世界へとふくらんでいく。特に関心があったのは東方。そして二十歳になるまでに一人でイギリス、スイス、スペインに行ったし、ブラヴァツキー夫人の神智学協会や、各種のフェミニスト・グループ、アナーキズム・グループに入った。

彼女は家族の友人といっしょに、アナーキズムのマニフェストを作成したり、フェミニスト誌に寄稿したりした。彼女の主張によれば、女性参政権より重要なのは女性の経済的解放だった。そして自活可能な女性が自分の好むことを自由に行うことは当然だ、と言っていた。一方、婦人運動の上層階級に対しては「高価な羽毛にくるまれた愛らしい小鳥たち」と呼び、そうした女性たちは父親や夫たちに生活の面倒を見てもらっているばかりで、女性自活のための闘いを理解していないと批判した。

だがアレクサンドラは寄稿したり回想したりするだけでは飽き足らなかった。行動したかったのである。当時話題になっていたすべての思想に関して論議したかっただけでなく、そのすべてを実践したかった。異国に関する文章を読むだけでなく、その地に旅したかった。世界を知りたいという憧れは、情熱的ではあったが、周囲からはノイローゼにも見えた。彼女はなおも探検のためにしばしば姿を消していたので、家族は何度も警察に頼んで彼女を探す羽目に陥った。

彼女は二十二歳の時に遺産を受け取り、インドまで船旅をし、ヒンドゥー教の哲学を知るために導師スワミ・バスカラーナンダのもとを訪れた。だが異国の宗教に対する彼女の好奇心や多方面の才能は、これで静まったわけではない。彼女はアジアとアフリカ北部を旅し、コーランを学び、ハノイ（当時フランス領インドシナ）とアテネ、チュニスでオペラ歌手として出演した。そしてどこに行っても長らく（最長二年）滞在し、その後、他の場所に行きたがった。文章で読んだ事柄に関する彼女の知識欲は旺盛で、生半可ではなかった。

彼女はチュニスで将来の夫と知り合い、三十六歳で結婚した。相手は鉄道技師のフィリップ・ネール。だがこれで彼女の放浪が終わったわけではない。それどころか数ヶ月後には夫婦で相談し、その結果、友人たちが送っているようなブルジョア的な生活とは似ても似つかない日々を過ごすことに決めた。アレクサンドラは旅と放浪を望んだ。家にじっとしていてレース編みと刺繍などという生活はまっぴらだった。夫のフィリップも妻に味方し、彼女の自己実現を支援することにした。

四十三歳の時、彼女は二度目のインド旅行をする。フィリップが定期的に送金すると約束してくれたので、彼女は一年後には戻ってくると言った。ところがこの旅は十四年も続いた。仏教全般、特にチベット仏教に対する彼女の興味は年々深まっていった。そして、ヒマラヤの僧院で出会った僧ヨンデンの養子になり、跡継ぎになった。二人はいっしょに巡礼の旅に出た。アレクサンドラは、ただでさえ黒っぽい髪を真っ黒に染めていたので、外見はまさにチベット人そのものだった。

チベットは外国人に対して閉鎖的だったが、彼女とヨンデンは一九二四年、禁断の都市ラサ入りに成功する。この旅のことを彼女は『パリジェンヌのラサ旅行』『チベットの神託僧と魔物』という本にしている。

彼女の旅行欲はなおも燃えさかり、百歳の時に新しいパスポートを取得した。彼女がいつまた姿を消そうと考えているか、それは分からなかった。周囲としては、その時の準備をしておくに越したことはない！

だが彼女はそれ以降、外国に出ることはなかった。百一歳の誕生日直前に、フランス領アルプス内の自宅で亡くなったのである。とはいえ、旅自体はそれで終わりを告げたわけではなかった。彼女の死から四年経った一九七三年、一人の女友だちが骨壺を持ってインドのバラナシに向かい、その地でアレクサンドラの灰をガンジス川にまいたのである。

アレクサンドラとアルベールは、旅のスタートがそっくりだった。家出である。だがアレクサンドラは姿を消すに当たって教養と資産があり、明確な目標（知識欲と理解）があった。落ち着きこそなかったが、たとえ夫がいつか送金しなくなったとしても、彼女の旅は建設的だった。

それに反してアルベールは貧しかった！　知識欲もなかったが、もしあったとしても、周囲の人たちは彼の行動を理解できなかっただろう。アルベールには、自分のことを理解してお金と励ましの手紙を送ってくれるような配偶者もいなかった。アルベールは単に無一文で頭が混乱したまま放浪しただけだった。彼の旅が順調に進まず、結局は精神病院に閉じ込められたのも不思議はない。以上二人を比較すると、アルベールはアレクサンドラよりも重症の徘徊症だったことが分かる。だが階級と教養が異なっていただけのことか？

アレクサンドラの人生を振り返ってみると、彼女の強さ、頑固さ、勇気が目立つ。だがアルベールのほうは破滅的な一生だ。アレクサンドラは自由の象徴、英雄的な旅人、そしてフェミニズムの聖者とされるが、アルベールのほうは精神病の基礎資料を提供したにすぎず、やたら旅をするものだから自身も周囲の人たちも苦しむことになった。

17

世界の不安と旅不足

「憎悪に発展する可能性のある不安の九割は、
見知らぬ事柄に対する無知、
つまりは、故郷以外の世界を知らない
経験不足が原因だと私は確信している」

17 世界の不安と旅不足

旅先での無一文

一九九六年九月、ギリシャの島スペッツェス。私は銀行に行き、口座から最後のお金を引き出そうとした。だが計算違いをしていて、残高がゼロになっていた。アテネからスウェーデンに戻る飛行機のチケットは持っていたが、アテネまでの船代は、ポケットの中でカチャカチャ音を立てているコインでは全然足りなかった。

とんだつまずきである。本当に無一文だ。どうしようもない。今までは、放浪者として休暇を過ごしていたので実にすばらしい日々を送っていたのだが、もはや解放感は消え失せ、不安にさいなまれることになった。石だらけの海岸に腰をおろし、リュックサックにもたれ、最後のタバコを吸い、考えをまとめようとする。すぐ近くの埠頭から、フェリーが次から次へと出航していく。悲しげに警笛を鳴らし、黒いディーゼルの煙をなびかせて、ピレエフス（アテネの外港）に向かって消えていく。だが私はまだこの島にいる。甘美な旅が苦い体験になりそうだ。

おなかを空かしたまま、何時間かあちこちの小路をうろつき、レストランのうまそうなメニューを読み、商店のカゴの中にある品々をじっと見つめる。その商品は、誰も見張っていないから、簡単に手に取ることができそうだ。その商品をつかんで、何事もなかったかのようにそのまま去っていくのは簡単なことだ。
二、三時間というもの、「何かを盗もう、でも言い訳を用意しておこう」と考えていた。何も食べるもののなかった私は、「困窮した人は、満たされた人とは異なる倫理観を持っている」と勝手に考えた。
とはいえ私は、社会から追放された孤独な難民、世界中を放浪している難民ではなかった。すんでのところで、自分がスウェーデン人だということを忘れてしまいそうだった。まるでキツネにつままれたかのように、瞬時にして放浪者に変身してしまったような気になった。だが私は幸いにも、休暇中の放浪者なのだ。

公衆電話に近づき、最後のコインを投じてスウェーデンの自宅に電話した。自分の口座に払い込んでもらうためだ。しかし当座の悩みは克服されない。不安な瞬間はまだ続く。私の口座からお金を引き出せるのはいつだろう？　月曜日まで待つなんてまっぴらだ。引き出し可能な時期が月曜日以降にでもなったら、岸辺で寝て、食料品店のカゴからパンとフルーツを盗み、ひたすら待つしかなくなる。死ぬことはないだろうが、その状況は不愉快で屈辱的だ。とはいえ今は、何も飲み食いできずに岸辺にいて、ほこりをかぶったリュックの横に寝そべり、なかば眠るという体たらく。しかも、シャワーを浴びたばかりで海岸の遊歩道をシックな格好でぶらついていく観光客を眺めながらだ。

焼けるように熱い昼下がりの日射しを受けた私は、汗まみれの手のひらとドキドキ打つ脈拍を感じながら銀行に戻り、再度、「お引き出し」というプレートが置かれた机の後ろに座っているずんぐり体型のスーツ姿の銀行員に向かって、お金をおろしたいと言ってみた。

その銀行員はアテネの本社に電話をかけ、ギリシャ語で何か尋ねている。そして長い間じっくり電話の相手の声を聞いた結果、何らかの答えを得たらしい。私はイライラしていた。「OK」か「NO」というだけの話なのに、いつまで話してるんだ？　何か不審な点があるのか？私の口座が止められているのか？　私を詐欺師と思っているのか？　私が履いているぼろぼろのほこりっぽいサンダルと、汚れたTシャツが目立つのか？　私のような格好でお金もない人間は、およそ品位がないというのか？

ようやく銀行員が電話を切った。彼は顔色一つ変えないで私を凝視し、はっきりこう言った。

「問題ありません」

私は彼の視線に対して、これまた顔色一つ変えないで対応した。相手の言葉がまだ信じられなかったのだ。

それから彼が説明してくれた。

「ミスター・アンデション、あなたの口座は問題ありません」

私は破滅的状態を脱した。これで大丈夫だ。盗みをする必要もなくなった。お金のなかったスウェーデン人放浪者は今や、必要なものを手に入れる権利を獲得し、おなかを満たしたり、ふたたび行動に移すことができるようになったのだ。何をやってもいいという気持ちが強くこみあげてきて、ロマンティックな冒険を思い出すようになった。

ついさっきまで、かつてないほど不安だったのだが、今やお金を得たことでふたたび安心というごほうびが手に入ったのだ。お金を持っているということは、それを自由に使えるということだ。しかし振り返ってみると、無一文だった時は、自己の存在を自在に取り扱えなかったのだ。他人の善意にすがるしかなかったのである。これら二つの状態はまったく異なる。

日射しが私のうなじを焼き、少し塩っぱい海風が吹きつけてくる。今や財布はドラクマ紙幣で満たされているので、私はうれしくなって最寄りの店に飛びこみ、水一本とパン一切れを買った。この二つを手にしたことで、不意に大金持ちになったような気がした。そして船会社の事務所に行き、ピレエフス、そして大都会アテネまで行くフェリーのチケットを買った。

いったい、私はどこにいるのか？

一発、二発、三発の爆発。私は目が覚め、ベッドで飛び上がった。衝撃が次々に起こり、爆発音がファサードに鳴り響き、サダー通りに面したシルトン・ホテル、荒廃したこのホテルの部屋の中へ響いてくる。眠っていた私は気が動転し、不安を覚える。ここがどこかを思い出そうとする。町がテロリストに襲われたのか？　戦争が起きたのか？

一九九一年一月のことである。西方では湾岸戦争が起こっていた。スウェーデンからここへ来る時も一日遅延した。ペルシャ湾上の飛行が禁止されたのだ。最悪の恐怖を感じても当然の状況。だが夜半のそよ風が不潔なカーテンを通して入ってくる。くぐもった太鼓音が響いてくるし、乙にすましたフルートの響きと笑い声、歓声、そして叫び声が混じっている。窓から身を乗り出してみる。ほこりっぽい。何かにおいがする。真夜中になると空気は、煙と、もうもうたる湿った霧に満たされ、何百人という人たちが、泥だらけのサダー通り、穴の開いた通りをこちらに向かって歩いてきた。深紅の神の彫刻一体は鼻が青い。制服を着用した男たちはバッグパイプを吹いているし、若者たちは興奮してタブラ（小太鼓）に合わせて踊り、手製のクラッカーを放り投げている。長い影。

私はカルカッタ（現コルカタ）に着いたばかりだった。頭はぼんやりしているし眠くて仕方なかったが、ふたたび眠りに就くのは不可能だった。世界がヘンテコで何が何だか分からない。ただ分かっているのは、ここが自宅とは似ても似つかない場所だということだけ。

私は服を着て、インドの街路に出て行った。まるで夢のよう。赤いジャケット、黒い帽子、白いスパッツ、それに楽団員たちのきらめくバッグパイプが、スチュアート・レイン、フリー・スクール・ストリート、そしてレーニン・サラニ・ロードの灰色の霧を通して見える。太ったティンパニ奏者が全力を込めて拍子をとっている。私は足を止め、その奏者のいかつい首筋に玉のような汗が浮かんでいるのを見つめていた。彼のTシャツを見ると、首まわりの縫い目から汗がしみ出していた。

楽隊のあとから、装飾を施されセンジュギクがついている神像が荷車でやって来た。荷車にはカラフルな電球がつき、渦巻き模様の彫刻で彩られていた。さらにそのあとから一台の荷車が轟音を立ててやって来た。その発電機はもうもうと煙を吐いている。次は制服姿の楽隊。そしてさらに神像一体。そしてさらに……。手製のクラッカーの爆発音がするたびに耳が痛いし、胸が強く押される。

家々の壁沿いはと見ると、ジュート製の袋にくるまれて家族が眠っている。神像を乗せた荷車の照明が家族の顔を照らし、騒音のレベルはロックコンサート並みだ。子どもたちは、何百人という足が巻き上げるほこりの中で旋回している。一人の男性が不意に上を見て目をしばたたかせ、あくびをした。だが特に驚いた様子もなく、すぐにまた目を閉じて眠り続けた。

つまり、ここでは戦争もテロも起きていないのだ。ここで繰り広げられているのはサラスワティ・プジャ（ヒンドゥー教の儀式）だった。芸術と学問の神々に捧げるお祭りである。よく見てみると、バザールと、イギリスの軍楽隊の行進、インドのこけおどしの宗教儀式、そして純粋にして率直な生きる喜びがミックスしたような感じ。不安など抱く必要はまったくない。

見えるものすべてを理解する必要はない、と私は考えるようになった。オールドデリー市内にあるカリム・レストランで、香辛料がきつい夕食を摂ったが、そのせいで脈が速まろうと、こめかみがずきずきしようと、頬が熱くなろうと、唇が焼けるようになろうと、そんなことはかまわない。不安がる必要はない。私は、踊る托鉢僧のように夜の闇の中でくるくる回り、チリ（トウガラシ）を連想させる暑さの中を通り抜けて中庭から小路に入り、それからチャウリー・バザールに行って自転車式人力車の流れに入った。イスラム教徒の男たちは、クローシェ編みの帽子をかぶってモペット（小型バイク）を運転している。彼らのクラクションはとぎれとぎれで、抑え気味な感じ。

びっくりしつつも、あらゆる目印や模様の半分も理解できぬまま、私は、好奇心むきだしの視線と、驚愕の顔つきの中を歩いていった。するとジャマー・マスジッドのミナレットからアザーンのメロディアスな響きが聞こえてきた。にぎやかな区域を通り抜ける。鉄製の黒い壺の横をゆっくり歩く。その中では、ニワトリの脚や子羊肉の断片、衣をまぶした魚が、光り輝く黄色い油で揚げられていた。私はまぶしさのあまりイライラして目を細める。次いで電気フライ機の煙とチリの熱気の間を通る。その熱気はカストゥルバー・ホスピタル・マーグ（病院）の上で揺らめいている。

子どもの物乞いが四人いた。乗っている車椅子は細い鉄管製だが、パステルグリーンの色があせている。子どもたちの脚が歪んでいる。かすかな声で「ルピー、おじさん、ルピー……」と言っている。生きているニワトリがぎゅう詰めにされている小さな鉄製のカゴ。そのカゴの入り口がさっと開けられ、一羽のニワトリが、光り輝いている幅広の包丁であっという間に殺される。切られた首から血が歩道の石畳に飛び散る。

緩やかに流れている黒い側溝から、ニワトリの脚が突き出ている。まるで安いスープから突き出ているみたいだ。

男が、おんぼろな黒い服装で現れる。王笏を片手に持ち、あからさまに変な笑みを浮かべながら、何千人もいる人混みの中へと脚を引き引き入っていく。すっかりいかれてしまっているその男は、次にチャウリー・バザールのほうへと戻っていく。

オールドデリーの古い主要道路ネタージ・サブハッシュ・マーグに近づけば近づくほど、あたりは暗くなってきた。そして私が子ども時代に見た夢の中のように、響きがしだいにはっきり聞こえてきて、においがきつくなり、暑さが強烈になる。いろいろなモノが見えにくくなってくる。

柔らかい茎を踏んだ。茎は足の下でたわんだ。ヒツジの鳴き声が聞こえ、綿と小便のにおいがする。上半身裸で額にバンダナを巻いたやせた男たちが自転車式人力車を停めている。私は、まだ忘れたくない今朝の夢がそろそろ色あせてくるのを意識するだけだ。人力車の連中が吸っているタバコの火は、インドの夜の中で、かみそりのように鋭い光の点のまま。しかし何も恐れる必要はない。

世界の不安はつくられる

「不安は私たちにとって最大の敵だ。私たちは、最大の敵は憎悪だと思っているが、本当は不安なのだ」とマハトマ・ガンジーは言った。不安は、脳の神経細胞ニューロンに関係している基本的な本能だと言われている。その部位は、私たちの感情のネットワーク内で重要な機能を果たしていると思われている。感情形成上大きな役割を果たしているのだ。不安は、脅威や危険な状態において抱くもの、ないしは、物事や状況、あるいは人間に対して激しい抵抗を感じる時に抱くものだ。

また、変化が不安を引き起こすこともある。たとえ短時間であろうと変化が起きれば、自分が危険を冒していて、コントロールを失っていると認識するからだ。だから私たちの多くは、できれば現状維持でいたいのである。なぜなら、今自分が持っているものは分かっているが、これからどうなるかは分からないからだ。

人間の脳には、環境の把握方法が二種類ある。快速システムのほうは自動操縦装置であり、即座に反応して感情に反映する。ゆっくりめのシステムのほうは理性的であり、自分がコントロールしていることを意識し、それにしたがって決断も行動もできる。

私たちは、理性にしたがって合理的・意識的に行動していると思っている。だが実際に自分の気持ちを決めているのはたいていの場合、感情中心の自動操縦装置だと、心理学者ダニエル・カーネマンは著書『ファスト&スロー』の中で述べている。そして不安はこの自動操縦装置において重要な部分なのだ。

それも不思議ではない、と私は思う。不安は、人類最初の日から、生き抜くために必要だった。私たちはヘビやクモ、サメ、閉鎖空間、開けた広場、高所、そして未知の人に対して不安を抱いている。これらすべてに対して不安を抱いている人もいるし、私のようにヘビと高所だけが苦手な人もいる。

この論法で言えば、人種差別と外国人（よそ者）排斥は、自動操縦装置が即座に発している信号であり、ゆっくりとした理性的・合理的な思考の信号ではない。憎悪に発展する可能性のある不安の九割は、見知らぬ事柄に対する無知、つまりは、故郷以外の世界を知らない経験不足が原因だと私は確信している。

スウェーデンの自宅にいる。キッチンの窓外は漆黒の闇だ。照明の光の中で、朝刊の見出しにざっと目を通す。外国のニュース欄を見ると、今日も戦争、テロ、難民、権力濫用、汚職、そして資源不足の記事ばかり。眠気をさますために目をこすり、コーヒーをすすり、世界の出来事を読む。世界は、爆発したり、危機が迫ったり、苦労したり、嘆いたりしている。そこを読み終わると、ほんの一瞬、静かに座ったまま、外の冬の朝をじっと見つめる。外国では絶えず何か不愉快なこと、異常なことが起きているのか！　射撃の応酬、爆弾テロ、ハリケーン。それ以外では、株や議会選挙、軍事クーデター、ないしはゼネストの記事。新聞を読むと、騒動の起きない日は一日もない。私の周囲のような平穏な日常は外国にはないかのようだ。

記事を読んでいくと、世界はすべてがゆっくりと、しかし確実に悪化しているような気がしてくる。外では大粒の雪が窓の光を受けてふんわりと地面に落ちているが、新聞に書かれている世界はスウェーデンの冬の朝と同様に暗そうだ。

高等学校の社会科で学んだところによると、西側民主主義国のニュースは約九割がネガティヴなニュースで占められており——つまり不足、不幸、対立の記事——、一方、旧ソ連および共産主義諸国の東欧の報道は約九割がポジティヴなニュースを伝えているという——つまり生産が当初の計画を上回ったとか、研究所が見事に機能しているとか、橋もすばらしい出来だとかいうニュース——。だが私はもちろん、実態を無視して楽観的に見るようなことはしたくない。独裁体制の嘘に興味はない。偽の牧歌的生活を過ごしたくはない。

とはいえ、分厚い冬のジャケットを着て玄関に立ち、霜が降りた道路に出て行こうとすると、今までの旅で体験したことが頭をよぎる。新聞に記されていないことは何か、それをふたたび考えるのだ。

デンマークとフィンランドの公共放送報道局は二〇一四年に、「事件および争い」についての報道を少なめにする決定を下した。その代わりに、緩慢だが重要な世界的変化を今までより多く伝えようとしたのだ。

「もちろんアフリカにはエボラ、戦争、惨事がある。しかしそれはこの大きくて魅力的な大陸全体の中の小さな部分だ」と語ったのは、デンマーク放送協会の報道局長ウルリク・ハーゲルップだった。「世界のネガティヴな面は少なめに報道する」という新方針を伝えたあとの言葉である。「たとえば、貧困ライン以下で暮らしているアフリカ人の割合は、一九九〇年以降半減した。こうしたニュースは常に、マリやソマリアでの出来事、あるいはエボラに襲われている国々の悲劇の陰に隠れている」

ポジティヴなニュースと言っても、喜ばしい話題やかわいいネコのビデオクリップに限らない。社会問題に注目することは建設的な報道の基本であり、そうした問題をどう解決すればいいかに注視する必要がある。つまり、喜ばしいニュースだけを報道すべきなのではなく、世界を両方の視点から見つめる必要があるということなのだ。あるいは、旅人・文筆家ラッセ・バーリが述べているように、飢餓に苦しむ黒い大陸という決まり文句を排除すること、そしてマスコミがいつも報じているカラシニコフとライオン以外のことも伝えるべきなのだ。

だが、ネガティヴな視点から人類の活動を見るのは、ことによるとそれほど悪いことではないのかもしれない。もし私たちが常に「世の中は、平和と喜びと食べ物に満ちている」と思っているなら、すぐさま経済進歩や社会改革を追求しなくなってしまうかもしれない。独裁体制の厳格な情報統制による牧歌的風景はもちろん社会にとって悪いことだが、開放的な民主主義国に住んでいる私たちが、「人類は今までにどのような進歩を達成してきたか」を認識しなくなって、武力対決が日常だと思い込んでしまえば、私たちは常にスケープゴートを探すようになるだろう。そしてデマゴーグたちは進歩を破壊し、自由と公明正大さを脅すことになるだろう。私たちは過去一千年間に到達した進歩を参考にして、現在抱えている問題を認識しなければならない。

愚昧《ぐまい》に聞こえるかもしれないが、日々の戦争とテロのニュースをそのまま受け入れ、あわせて国連などの統計を検討してみれば、実際には今ほどいい時代は過去になかったのだ。貧困、飢餓、文盲率、児童労働、そして乳児死亡率は、過去二十年間に人類史上初めて急降下したし、平均寿命は過去百年間に二倍になった。ちなみに、それ以前に平均寿命が二倍になるのには、過去に百年前まで二十万年を要したのである。さらには自然災害で死亡したり、戦争に巻き込まれたり、独裁体制に隷属したりする危険は、かつてないほど少なくなった。

世界の豊かさを一人あたりＧＤＰ（国内総生産）で比較すれば、過去二十五年間の増加率は、それ以前の二万五千年間と同率だった。また一九九〇年以降、民主主義国の数は過半数ぎりぎりから、ほぼ三分の二へと増加した。たしかに貧富の格差は以前より大きくなっているが、その反面、世界における極端な貧困は、二十五年間で三十七パーセントから十パーセントへと減少した。世界中の健康、福祉、対立に関する統計を見れば、今ほどいい時代はなかったと言い切ることができる。すべてうまく行っているわけではないが、今後これほどいい時代は訪れないかもしれない。

マスコミが犯罪や戦争、災害にテーマを集中させるのはもちろん、ジャーナリストがネガティヴな出来事を報道するからだ。彼らは悲劇的で突発的な変化を伝えたがる。だからこそニュースと呼ばれるわけだ。社会におけるポジティヴな変化はそれほど悲劇的でもないし、しかも長い時間を要する。ずっと後になって目に見える形になるのだ。危機は即座に訪れるが、改善はゆっくり訪れるのである。

すべてをマスコミのせいにすることはできない。カナダの心理学者マーク・トラスラーとスチュアート・ソロカの二人は、読者がどのような記事を読みたがっているか、それを調査した。具体的には、調査対象の人たちが、ネットのニュース面で政治関連の記事を見ている間に目の動きを撮影してみたのである。その結果、調査対象のほぼ全員が、進歩や幸福を扱ったポジティヴな記事から目をそらし、汚職や詐欺、失敗、悪化といったネガティヴな記事を読み始めたのである。

二人は調査を終えてから対象者たちに「マスコミ全般についてどう思っているか？　どういうニュースを読みたいか？」と尋ねてみた。すると対象者は大半が、「マスコミはネガティヴなニュースに集中しすぎているが、私たち自身はポジティヴなニュースを読みたい」と答えたのである。つまり、読者の意思と実際の行動は異なっていたのだ。

他の調査によると、私たちは赤ん坊、ほほえみ、親切といった単語よりも、癌《がん》や爆弾、戦争といった単語のほうに即座に反応する。こうしたネガティヴな単語に呪文のような引力があるかのようだ。しかし呪術が作用しているのではない。人間の認識にこうした歪み（バイアス）があること、そして人間が悪いニュースに惹かれるのは、他人の不幸を喜ぶ気持ちとは無関係であり、危険に即応できるよう意識が向いているからだと研究者たちは言っている。メディアが伝える「悪いニュース」は、そうした危険を回避する行動をしなさい、という信号だと言うのだ。

驚くべきことに、私たちは危機の情報を知れば知るほどいっそう不安になる。人類は大昔には、ほとんど稀にしか遠方の世界について知ることがなかったので、どこか別世界に、血に飢えた未知の野蛮人がいるとか、怪物や竜がいると想像した。だが新しいニュースを日々知るようになってから、人類は現実の災害や対立を恐れるようになった。デジタル化したメディアを使うようになり、実質的には絶え間なく情報が伝わってくるようになると、不安をコントロールできなくなった。その結果、対立や苦悩、死だけが目に入ってきて、他の事柄が見えなくなった。それに反して旅は、メディアが伝える悲劇に満ちた世界像を疑問視する。蛮行や災害は例外的な出来事であり、悲劇と無縁な善行こそ日常の通例だと分からせてくれるのだ。

私は中東から南アジアに向かって旅していた時、生まれて初めて物乞いと遭遇し、ホームレスや、やせていて歯の状態が悪く目が充血している農業労働者と語り合った。だがその一方で、倒壊していない家々も目にしたし、危機を知らない経済共同体や、健康な老人、さらには、悲劇とは縁遠い毎日を過ごしている子どもたちがクリケットで遊び、宿題をやり、通学している情景も目にした。

十二歳の時にすでにスウェーデンの自宅で朝食中に新聞の外電を読んでいた私は、世界は悲惨な出来事だらけだと想像していた。だがそれは真相ではなかった。まったく平凡な生活がごくふつうに進行し、悲劇ばかりではなかったのである。世界には、資金や資源などなくとも、目を輝かせている人々がいた。私は仰天した。

これが世界なんだ。こういうことをニュース報道は全然伝えていない、と私は思った。しかし、悲劇的な出来事は一つも起きていませんなどという記事を誰が読みたがるだろうか？

「マレーシアの週末は落ち着いている――子どもたちは公園でバドミントンをやっている。日はさんさんと輝いている」

「スマトラ、火曜日の朝。雷が落ち、雨が降り始めた」

「カブールで行われたクリケットのトーナメントの勝利チーム」

「ムンバイとニューデリー間の列車は昨日、一時間だけ遅延した」

そして「北京では、二人の女の子が登校中に立ち止まって花を摘んだが、それについて別段何も考えずに学校に向かった」

記事にならないこうしたことはすべて、一般人が自分の目で見ることができる事柄である。

外からの世界、内からの世界

ムンバイのチャトラパティ・シヴァージー国際空港でのことだが、飛行機の窓から外を見ていると、着陸寸前のほんの何秒間か、民家の中がまざまざと見えた。滑走路の端から家々の塀まではわずか数メートル。ひしめいて建っている掘っ立て小屋の中では、人々が働き、眠り、食べている。そこは空港当局から元来は禁止されている場所だ。そうしたあばら屋は、巨大な飛行機から轟音とともに吹きつけてくるジェットエンジンの風で今にも倒れそうだ。

世界のスラム街ほど恐ろしいところがあるだろうか？　ベルトコンベヤーの横に立って自分のスーツケースが出てくるのを待っている間、私はそう考えた。私はああいう小屋の上を飛んでいるだけの人間。あの小屋の中に住んでいないのは何と幸せなことか！　ナイロビとリオ・デ・ジャネイロ、そしてムンバイのスラム街は、世界が社会的・経済的に平等どころではない明白な証拠だ。

ムンバイに行くたびに、私はあそこのスラム街を遠くから見つめる。まず飛行機から、そしてホテルに向かうタクシーから。他の大半の観光客同様、私は自分がたまたま、下水の悪臭が漂う小路にまぎれ込んでしまったのだと思って驚いてきた。他の観光客やムンバイの住民はこう注意する。一人でスラム街に入っていくな。生きて帰れなくなるぞ。

そう言われても私は、中に入っていくべきだという考えを抑えきれない。大胆にもスラム街に歩いて入っていき、そこで何が起きているかを見るのだ。とはいえ私はひどくおびえていた。

本来はスラム街についての文章を読むだけで満足すべきなのだ。

ある日の朝、コラバ地区にあるお気に入りのカフェ「レオポルド」で座っていると、私の周囲のテーブルにいる大半の旅人はベストセラー『シャンタラム』を読んでいた。その時私はこう思った。その本では、著者グレゴリー・デイヴィッド・ロバーツの分身が、そのカフェから数キロメートルしか離れていないスラムに入り込んでしまう。そのスラム街の住人たちについての描写を読んで、私は驚いた。著者は彼らのことをたいてい誠実、善良、温和に描いている。本当だろうか？　敵対している武装した麻薬ギャングたちはどこだ？　銃を撃ってから要求してくるという一団は？　憎しみと脅し、そして敵意はどこだ？

私はカフェをあとにして、主要道コラバ・コーズウェイから脇へ曲がり、狭いノウロジ・フルドンジ・ロードに入る。タージマハル・パレス・ホテルに行って、何百年来の歴史を誇るこの豪華ホテルの無数の窓を朝日が美しく照らすのを見るためだ。その時、私は標識を見つけた。リアリティ・ツアー&トラベルズと書いてある。そして「当社はスラム・ツアーを行っております」と。

翌朝、私はアジア最大のスラム街の通りに立っていた――ムンバイ中心部にある、知られざるダラビ地区である。前日の晩に少し読んだ資料によると、二平方キロメートルほどのこの地区には約百万人が住んでいて、八百人が一つのトイレを共同使用している。スラム街の住民には、賃貸借契約を結ぶ権利もない。だから、権利を持った所有者はいつ何時でも彼らを追いだすことができるのだ。何たる悪夢！　汚くて、おどおどするばかり。安心していられない。

朝日の中で得た第一印象によって、私は自分が見た光景を再確認できた。下水道の悪臭がする。トタンや合成物質製の板で作られているみすぼらしい家屋が見える。毎年四、五月に気温が四十度になれば、あの中は耐えがたくなる。そしてその一ヶ月後にはモンスーンがやって来て、雨が大量に流れ込んでくる。

私は落ち着かなくなって周囲を見回した。だが、目が充血していて両手に銃を持った若いギャングなど一人もいない。見えるのは、絶えず働いている大人と、制服姿でスラムの学校に登校して行く子どもたちだけ。誰もがやるべきことをやっているようだ。私の二、三メートル前方に、リアリティ・ツアー&トラベルズ社のクリス・ウェイがいる。彼は私と他の観光客グループを率いてダラビをガイドしている。もし私が一人だったらこのスラムの中に入り込みはしなかったろう。だが今は身の安全を確信している。

前日にスラム・ツアーの広告を初めて見た時は、私もひるんだ。これはいったい何なんだ？過激な体験をしたいという客の要求を満たしてやるという悪趣味な宣伝か？　休暇中の客に他人の悲惨さを見せてやろうというエキゾチックな冒険？　セックス・ピストルズの歌『さらばベルリンの陽』にあるとおり「くだらねえ休日　哀れな連中ども」というわけ？　私も乗っているエアコン入りのバスが、スラム街の小屋の前を通りすぎていく。ツアーのお仲間は、でっぷりとしたおなかにハワイ風のシャツを着た観光客グループ。

だが私は『シャンタラム』でスラムの人情味について読んだことがあるので、ことによるとその話は本当かもしれないとも思っていた。私たちはまず歩いた。バスで移動したのではない。

スラム街の住人たちは想像していたほど悲惨そうには見えない。それに第一、ガイド役のクリスは、このスラム街のことで知らないことはないし、彼のことを知らない地元民はいないという人。私たちはスラムの住人たちから好奇の目を向けられ、陽気な挨拶をかけられた。

耳を澄ますと、ボーリング工事のブーンという音、研磨盤とハンマーが吠える音が聞こえる。スラムの住人たちが眠るのは夜だろう。でも今聞こえる音からすると、近くに巨大な職場があるかのようだ。それに、どちらを見ても——失業中でぶらついている男など、交差点には一人もいない。スラムはこんなに……愛想がいいのだ。

ここは活気満々だ。どの家の一階にも作業場かカフェがある。ラッキー・ソープ・センター、クリシュナ・エンブロイダリー・ストアーズ、カリ・レディーステイラーズ。どの店もお金と未来を得ようとして忙しそうだ。ドリルが動き、釘が打たれ、モノが切られ、織られている。ゴミが分別され、プラスチック缶が細かく砕かれてペレットにされ、皮革《ひかく》が着色・洗浄され、料理が作られている。ここダラビのスラムで私は知った。ここにはレストランもあればデジタル式の印刷所もあり、さらには弁護士もいれば銀行もあるのだ。

私たちが狭い小路を歩いて行く間、ガイド役のクリスは左右に挨拶し、ヒラマメが入った鉄鍋をまたぎ、風にはためいている物干しのシーツの間を身をくねらせて前進していく。私たちは下水溝の水たまりをぴょんと跳び、幅三メートル弱の道の雑踏をすり抜けて前進し、幅一メートル弱の日陰の小路のほうに曲がる。

「ハロー、マニ、家族はどうしてる?」

「ハイ、サンジット、すべて順調かい？」

人々は背中をぶつけ合い、握手し、ほほえみ、いろいろなことをおしゃべりする。朝の豪雨のことも話すが、地元新聞がほぼ毎日書き立てている目下の話題のこともちろん話す。それは、「ここのスラムは取り壊すべきだ。そして、テナント入りの十七階建ての建物と、アパートとオフィスの入る摩天楼にすべき」という話だ。現地のことを何も知らなければ、すばらしいプランにも聞こえる。

そしてダラビの次には、ムンバイ市内の他のスラムでも同プランに取りかかろうという寸法だ。この大都会は今まで旧称のボンベイにちなんでスラム・ベイと呼ばれていたが、町全体を一挙に清潔にしようというわけ。スラムを取り壊して灰にし、スラム街のないムンバイに格上げし、国際級の経済中心地、第二のシンガポールに仕立て上げようという計画だ。

クリスは最後に私たちを学校に連れて行った。その学校をダラビのど真ん中で経営しているのはリアリティ・ツアー&トラベルズ社。

「スラム・ツアーはもうけが目的ではないんだ」と彼は言い、勉強机とコンピュータが置かれている小部屋を見せた。

「収入の八割はこの学校に直接注がれていて、当社の姉妹会社リアリティ・ギヴズが経営している。私たちはダラビの住民に何かお返ししたいんだ。だから無料で英語とコンピュータの教育をしている。スラム住民には就職のチャンスを広げてあげたいし、ここから外へ出て行く可能性を与えたいんだ」

スラム・ハイキングが終わったあと、クリスは私にこの運動の初期のことについて説明してくれた。彼は二十一世紀の初頭に世界中を旅し、その時リオ・デ・ジャネイロのスラム街ツアーに参加した。その二、三年後、ムンバイの学校でボランティアを始め、こう考えた――インドのスラム街でツアーを行い、ガイド役を務めよう。こうしてイギリス人のクリスとインド人の友人クリシュナ・プージャリは、ムンバイ初のスラム街ツアーを始めた。その後競争相手が何社が出てきた。観光客側の需要も高まり、シーズンになるとリアリティ・ツアー&トラベルズ社は毎日五つのツアーを実施するようになった。

「私たちは、ムンバイ屈指の高級ホテルに泊まっている観光客をガイドするだけでなく、バックパッカーもガイドする。両者には共通点がある。スラムの生活ぶりに興味があるのだ」

「でもスラム観光は、過激な体験をしたいという悪趣味なものじゃないのかい？　休暇中に他人の悲惨さを横目で見るだけの、エキゾチックな冒険じゃないのか？」と私は挑発してみた。

だがクリスはそうした質問には慣れていた。彼の考えによれば、スラムを訪問すれば理解と思いやりが増す。「大半の客は、スラム・ツアーを終えたあと、じっと考え込んでいる。中には、世界の不正に取り組もうとする人もいる」と彼は言った。

私は、富裕なコラバ地区にあるホテルまで列車で戻るために、スラムの端にある鉄道駅へと向かったが、その途中で公衆トイレの前にたたずんだ。映画『スラムドッグ$ミリオネア』に出てくるスラムのトイレは汚いイメージだが、現実のスラムでは公衆トイレとシャワー施設は日に何度か清掃されていた。また別のトイレでは陶器とタイルはきらきらと輝いていたし、洗浄剤のユーカリの香りもしていた。実際にトイレの水を流してみたので清潔なことはたしかだ。

クリスのグループとその他のスラム観光客たちはもう散会し、私一人になっていたが、別に不安はなかった。スラムはもう怖くなかった。スラムの住人たちと目を合わせることができるようになっていたし、挨拶さえも口にした。私は、ムンバイを初めとして世界中の貧しい都市のスラムについて早急に知りたいと思った。

旅の副作用

旅は人に影響を与える。私は、スウェーデンが取り組んでいる日々の問題を考えると気が重くなり、心が騒ぐ。旅の副作用が良いか悪いか、私には決断できない。旅をすれば、自分の生活に満足し快適に感じもするが、その一方で、世界の実情と比較できるようになった結果、「そのとおりですが、でもあなたがたはムンバイの物乞いを直視すべきです……」といった意見を吐いて、ヨーロッパの諸問題から逃げようとする傾向がある。そう言ってしまったら誰も救うことはできないことは毎回分かっているのだが、それでも、スウェーデンの諸問題がテーマの場合には「世界の他の場所では、おそらくわが国よりはるかにひどい状態になっているでしょう」と主張してしまい、スウェーデンの問題を矮小化してしまう。

私の人生の伴侶は旅をしない人なので、しばしば私の旅を疑問視し、「自分の周囲の人間と社会を調べるために、わざわざ場所を移動する必要はない」と言ってくる。彼女の考えによれば、「旅をせずに本を読めば充分だ。そうすれば心の中で旅することができる」とのこと。たしかにそれも可能かもしれないが、私が受ける印象は本では抽象的すぎるのだ。私自身が旅で実体験する中のごく一部にすぎないのである。

旅をするたびに、私はスウェーデンの豊かさに大いに感謝している。だが感謝は感動になることはなく、むしろ無関心と満足へと変貌してしまう。たしかに旅を通じて私は世界各地の発展に関心を寄せるようにはなったが、究極的には「ヨーロッパと同じような良い状況にはならないだろう」という結論になってしまう。私は異国の何かを変えたいとは思うが、ヨーロッパを変えたいとは思わない。いわば世界を平等にしたいのだ。私たちと豊かさを共有したいとは思わない。私たちは豊かさを享受している。だが、もし私たちが現状で満足し、これ以上改善しようとしなければ、それは危険なことだ。私はそういう人になりたくない。

とはいえ、たいていの場合、外の世界との比較は私にとって助けになってきた。ことによると旅はおおむね、フィクションを読むのと似た働きをしてきた。過度に本好きの人たちと、過度に旅好きの人たちはともに種々の人生に接する。その結果、両者とも「そんなことはないだろう」というより「そういうこともあるだろう」と考えるようになっていく傾向があるのだ。

他方、私はしだいに、旅をしない人が些事と呼ぶような事柄でも興奮するようになってきた。旅は徐々に習慣化する。旅は、町の通りでばったり出会った人たちに対する私の見方を変えた。自宅のあるストックホルムにいて、通勤・通学する人たちをじっと見ていると、彼らは朝のラッシュアワー時には黙ってプラットフォームに沿って歩き、スマホをじっと見て夢中になっている。彼らにしてみれば、周囲は自分の気持ちと何の関係もない。そういう光景を見ると私は不意に、「自分はこの町にそぐわない」と強く感じる。

西側の大都会で過ごしている大半の人にとってはもちろん、ほとんど一言も発せず、通勤・通学中にストレスを感じるのは日常的なことであり、ストレス以外の感情など抱くはずもない。私から見ると、彼らの日常生活はそう思える。興奮することなど何もない。しかし私にしてみれば——そして、ことによると旅をする人たち一般からみれば——、それは「何か間違っている」と感じさせる恐怖の情景である。

二〇〇三年十一月。すべてが大きく変化したように感じられる一件があった。ただし劇的なことではなく、ごくありきたりの出来事だったように思う。インド中部のマディヤ・プラデーシュ州サーンチー村の交差点にカフェが一軒ある。湯沸かしと、へこんだアルミニウム缶、そして壁沿いに木製ベンチ二台が置かれている店であり、客たちで混み合っている。私はティーを注文した。スイギュウの乳と砂糖、それにチョウジをいっしょに煎じるティーだ。

「どうぞ、おかけください」。店の青年が言う。

そのベンチに座っている男女たちは詰めて、私のためにスペースを作ってくれた。他の人と同じくホットのティーを手にする。その後、私たちは横並びにいっしょに座ったまま、暑さを気にせず、ティーをすすって、村の日常生活をじっと見ていた。店が購入した野菜入りの袋が、自転車とモペットで運ばれてくる。鉄の棒と荷物が牛車に積まれる。へこんだブリキのケースが、ジープの屋根の上に麻縄でしっかり固定されているが、車内からは政治的なメッセージのラジオが鳴り響いてくる。

客たちがみんなして同じことをやっていると——ティーを飲み、バス停留所のある砂利の広場を眺めていると——、仲間意識が成立してくる。客同士で異なるのは出身地だけ。会話は当初は言葉も少なめだし、テーマもある程度お決まりだ。

「どちら、から、いらっしゃいました?」と一人の男性がとぎれとぎれに尋ねてくる。

「スウェーデンです」

「仏教寺院、は、ご覧に、なりました?」

「まだです」

これで話題が一つ見つかったというわけだ。その男性にしてみれば、私に寺院を勧めれば、何か返答してくれるだろうと思っているのだ。そしてアドバイスを受ければ、私が旅行プランを変更してくれるものと。ことによると私のことを、一日中、重すぎるリュックを担いでいる人間と見ているかもしれないし、硬い枕で眠ると思っているかもしれない。もっと楽になるよう、私に助言したいのだ。

「毎朝ヨガをやって、枕を使わずに硬いマットレスで眠ればいいのです」と言ってから彼は私の目を見つめ、どの野菜が体の痛みや硬さを和らげてくれるかについてアドバイスを始めた。

それが済むと、私が次に何をする予定か訊いてきた。

「自転車をレンタルして、ビディシャの仏教洞窟に向かいます」と私は答えた。

「なるほど、では自転車の道のりをお教えしましょう」と彼は言って、私のノートの中にあった地図を指さしながら説明してくれた。まず川を一本渡り、次いで左折し、再度左折すればいいと。

　私はその店を去ろうとして、店の青年に六ルピーを渡した。

「ティーは二ルピーです。町中では六ルピーですがね。これをお返しします！」と言って青年は、見下したような顔つきで四ルピーを返してよこした。まるで私が何かをたくらんだかのような顔つきだった。

　これではまるで、悪意を抱いた村人など一人もいそうもない。その瞬間、私はこう想像した。私の両親が実家の調理台近くに座って、日刊紙を読んでいる。バス事故や列車脱線の記事をすべて読み、スリと殺人犯のことを考える。自分たちの息子は今、地球上の物騒な場所にいる。大変なことに遭遇しているかもしれないと。

　国立のゲストハウスであるトラベラーズ・ロッジでは、私が食事をしている間ずっと、二人のウェイターが私のテーブルの前に立ち、私をじっと見つめていた。二人は私がナイフとフォークをどう使っているかを指さし、私の皿の料理を指さし、次いで私を指さした。その間、二人は視線を交わし、時々何か言い合って、笑ったりした。私が二人をじっと見つめると、二人の視線とぶつかったが、二人はそっとほほえんだだけで、はにかみはしなかった。凝視していけないわけはない。私が食べ終わると、即座に請求書が来た。まだ頼みもしなかったし、ほほえみもしないうちに。

　サーンチー村には何日か泊まったが、その間、大勢の人たちが私を凝視した。だが「ありがとう」とか「どうぞ」と言った人は一人もいなかった。私のプライバシーを尊重してくれたのはごくわずかな人たちだけ。これではまるで、通常は私を取り巻いてくれる保護被膜が、この時は破裂してしまい、周囲は私を攻撃しやすくなったかのようだった。

行儀正しいヨーロッパ人は、見知らぬ人を見ると、まるで何もなかったかのようなフリをする。だがインドの村人たちは、見知らぬ人を見ると即座に、どういう人だろうと探りを入れ始める。私は絶えず訊かれる。既婚か、子どもはいるか、何柱の神を信じているか、どの神を信じているか（誰もが私の肌の色から判断してキリスト教だと考える）、インドについてどう思っているか、どこの出身か、どこへ行く途中か。

さらに時にはこういったことを訊かれることもある。月収はいくらか、どういう映画が好きか、牛肉を食べるか、ティーを飲むか、何か慢性的な病気にかかっているか、おなかの調子はいいか。そして「サックスピア」は好きか（「その単語は聞いたことがない」と私は答えた。結局それは「シェイクスピア」のことだと判明した）。

私とサーンチー村の住民は、たがいに何も知らなかった。だからともに不安を抱いたかもしれないし、不信感を抱いたり、距離を取ったかもしれない。これらは、未知のこと・人に遭遇した時の人間一般の反応だ。だがたがいに好奇心も持つ。サーンチー村では結局、好奇心のほうが不信感を上回った。好奇心が失礼でないということになったので、それを隠そうとしなくなった。

明確になったことがある。好奇心と凝視、質問を浴びせられた場合、もし私がヨーロッパで一人旅をしている時にはそれは孤独を意味するが、アジアではそうではないのだ。私はスウェーデンで育った。他人のプライバシーを尊重するという美徳が通用する国であり、いくら好奇心が強くても見知らぬ人をあまり興味本位で見つめてはいけないと学んできた。自分に関係ないことは気にするな。自分のことを考えろ、他人のことはどうでもいい。干渉するな。放っておかれたい人は放っておけ。

私は行儀がいいから、ストックホルムのスーパーマーケット「アバ・アトリング」の店内で尊敬する女優を見かけた時も、気づかないフリをした。彼女の感情を害したくなかった。彼女にもプライバシーがある。

だがインドでは事情は大違いなのだ。ことによると好奇心は社会的規制の強さと関係があるかもしれない。誰もが家族と隣人の職業を知っているだけでなく、自分の住んでいる地域をぶらついている人のことを何から何まで知っている。ある人がどのカーストに属しているか、どのような地位にいるか、どこの国籍を持っているか、親類の誰それの収入はいくらか、子どもは何人いるか。そうしたことを知っているのが重要なのだ。できればそれ以上のことも探りたいのかもしれない。これは地元のヒエラルキーに属する人たち全員にとっては連帯感であり、それがとてつもなく強いのかもしれない。だから網の目のような社会的つながりの中にいながら西側諸国へ移住するインド人はしばしば、孤独にさいなまれ、疎外されているような感じになるのかもしれない。

自分が住んでいる国で権力のトップにいるのが国王だろうと皇帝、あるいは宗主国だろうと、そんなことは南アジアの住人にとってはどうでもいい、と主張する人もいる。ただし前提条件が一つあって、それは、地元のヒエラルキーの中で自分の地位が確保されていることだ。各人の地位が決まっていれば、社会主義も自由主義も発展できそうもない。もちろん、そうした輸入イデオロギーを主張している政治家もいるが、イデオロギーは外皮にすぎず、外面の下には家族関係があるのだ——すべては家族から始まり家族で終わるのである。

私がムンバイ在住のインド人ガールフレンドに向かって、インド東部一周の一人旅をするつもりだと語った時、彼女は即座に自分のスマホ住所録の中で、その地域に住んでいる親類や、友人の友人の友人を探し始めた。私が不意に困った事態に陥ったり孤独感を覚えたりしたらその人に電話すればいい、と思ったらしい。

「何とかなるよ」と私は言った。「助けなんて要らない」

「いいえ、助けは絶対に必要よ。電話できる人がいたほうがいいわ!」。彼女はそう言い張った。

社会的規制はカースト制維持の前提である。カーストの最上層の人々にしてみれば、誰が不可触民かを知ることは重要だ。そうでないと自分たちが汚《けが》されてしまう。だからカースト制下層のインド人は、生まれ故郷では特に抑圧、差別されているので、大都会への移住は解放と同義なのだ。

彼女は私を大きな社会秩序の中に取り込もうとした。私が反対しなかったら、その秩序に結びつけられていたことだろう。だが結局私はもちろんカースト制の差別に悩まされることはなかった。

数日間、ティーを飲むために居城都市ボパールの一流ホテル「ジェハン・ヌーマ・パレス」に行ったが、初日には、制服姿のウェイターから何を注文するかは訊かれず、どこから来たかを訊かれた。私が答えるとそのウェイターは次に自分の出身地（隣国ネパールの低地タライ）の説明をした。故郷の森に生息しているスイギュウとゾウの解説をし、次いで私の故郷について説明してくれと言った。その後ようやく彼は、私が何を注文したいかと訊いてきたのである。ティーが運ばれて来たので、私は本をバッグから取り出した。するとようやく彼はレジのところに戻っていった。だが私が目を上げると、彼はそのたびに探るような視線を私に向けた。彼には感情を害された。これではまるで、体のどこかをくすぐられているみたいではないか。その翌朝、町のバザールの中をぶらついていた時、あることを思いついた。あのウェイターの凝視が、そして彼のしつこい質問がありがたく思えてきたのだ。ああいうウェイターがもう一人いてくれないか、もっと大勢いてくれないかと思ったのだ。彼の視線に込められた好奇心は今も覚えている。

贅沢なストレス

スウェーデンでは私は何事であれ、人付き合いらしい人付き合いもせずに暮らしていた。そして映画館と旅を予約し、授業参観不参加を子どもたちに謝り、健康保険の条件を決めるなど雑事をしていた。さらにはインターネットのフォームに入力し、機械的に響く奇妙な抑揚の回答の声相手に会話していた。スーパーマーケットでは商品を自分でスキャンしていたし、支払いはATMで済ましていた。空港でもチェックインは自動チェックイン機で行っていた。

機械を相手にしていただけだ。機械は正確さを要求する。機械はため息もつかず、白目を剝き出すこともなく、好意を示すこともなく、間違いも認めてくれない。文字やクリックを間違えたら断じて動いてくれない。

空港の機械でチェックインしようとするたびに、私は気分が悪くなる。だが私の左右からもいらだちの声が聞こえてくるからには、我慢できなくなっているのは私だけではないということだ。ストレスがたまって汗をかく。フライトの出発は間近。だが頑固な機械は私の入力を拒否する。どこが間違っているのだろう？　三回失敗したあと、私はディスプレーを殴り始めた。遠くからざわめきが聞こえてきて、職員が一人やって来た。私を落ち着かせようというのだ。機械を殴った私はバカにされ――「そんなことをしてもダメですよ」と何人かに言われた――、結局、航空会社職員が座っているチェックイン・カウンターに連れて行かれた。すべて簡単に進行した。カウンターの女性は私に味方してくれた――「ええ、あのマシンね。頭がヘンになってしまいますよ！」――そして彼女は微笑を浮かべながら搭乗券を渡してくれた。世界中の機械はあの女性と違って理解を示してくれないし、私の失敗を許してくれない。

世界の貧困地域では、労働力は依然として安い。だから商店やカフェ、レストラン、そしてバス停留所には人が群がっている。そうした人々にしてみれば、先進国の自動化された世界が贅沢に映っていることくらいは私にも分かる。だが逆に私の目から見れば、彼らの手動の社会、アナログの社会は特権であり、すてきに見える。弊害や不足を美化したくはないが、私は自動販売機のない世界に憧れているのだ。家族経営の店内でカウンター越しに買い物をすれば、そこにいる人と商品のことで会話ができる。また、会社の給与課に行けば、給料袋を手にすることができる。月給は銀行口座に払い込まれるわけではない。アナログの行動を実際にやってみれば、どのくらい時間がかかり、どんなに非能率に感じられることか、それが身にしみるだろうが、しかし私は誰かとおしゃべりしたいのだ。そしてその他、数限りない昔風の日常生活を送りたいのだ。

世界は急速に変化している。貧困国にも自動販売機が設置されている。だがインドでは、コーヒーや新聞の自動販売機の横には男の人たちが立っていて、どのコーヒー、どの新聞が希望かを客に尋ねている。彼らは私からお金を受け取り、それを機械に入れてボタンを押し、そして私にコーヒーカップないしは新聞を手渡す。だがスウェーデンなどでは仕事はほとんど例外なくモノそのものだけで判断され、その他の付随効果では判断されない。私は絶望してしまう。何と奇妙なことか！　何とバカげていることか！

自動販売機の横に立っている男の人が失業し、私が自分でお金を投入しボタンを押すようになったら、その日は必ずしも喜ばしい日ではない。社会から人付き合いが減り、個人的な会話がなくなり、不安定になるのだ。

だがインドに来ると、自販機の横に立っている人たちなどはいったいどこから来たのだろうかと思う。しかしスウェーデンに戻ると逆に、そういった人たちはみんなどこへ行ってしまったのかと思う。多くのヨーロッパ人にとっては、発展途上国の群集のしつこい質問は脅威だ。

だが私にとっては逆効果で、周囲から見つめられると安心する。

とはいえ、長い間周囲の視線にさらされながら旅をしていると疲れる。時には、好奇の疑問をふんだんに浴びせられると、救いの手を求めたくなる。暑さがひどくなるとエアコンの部屋に入りたくなるのと同じである。インドの田舎を二、三週間旅すると、現代的なセルフ方式、単純で完璧なプライバシーに憧れるようになる。私のようにプライバシー中心の国からやって来ると、絶えず自分が観察されている世界にいずれうんざりするのだ。私が何をしようとかまわないでくれ！　こざかしく先手を打つような真似はやめてくれ！

短時間なら私への関心度の高さに自尊心をくすぐられることもあるだろうが、長い目で見れば疲れを感じる。私が何かを食べて味わっている時、周囲の人たちから絶えず、まるで初の月面着陸でも見るかのように眺められると疲れてしまうのだ。私がどこの出身か、何を体験したか、それを次から次へと説明するだけでも大変である。しかも私の人格は私の国籍だけで推測されてしまう。もっともインドの中心部で遭遇する大半の人たちは、決まり切った質問を何種類か口にするだけだ。たとえば私の故郷がどこかと訊いてくるだけ。だがしばしば私は、スウェーデンがどこにあるかの説明を強いられる――「北欧だよ、イギリスの北」――すると彼らの顔は輝き、うなずく。私のことを理解した気になるのだ。インドの元宗主国（イギリス）は誰にでも分かるからである。

しかし私はスウェーデンに戻ると、インドに戻りたくなる。プライバシーが尊重されない地、好奇心満々の地に。

18

旅の終わりという始まり

「最初の帰郷ほど、つらいことはなかった。
いつでも心的旅行後ストレス障害を感じてはいるが、
旅をするたびに少しずつ症状は軽くなっている」

18　旅の終わりという始まり

故郷へ

私はふたたび故郷に戻った。しかし相変わらずずっと、外の世界に引きずられているような感じがしていた。聞こえるモノ、読むモノがすべて無意味に思える。スウェーデンの新聞をめくっても、私の肌はまだ（暑い地方の）温かさを帯びたままだ。ウーン、新聞はどうでもいいことについてああでもない、こうでもないと検討しているばかり！　すべてが壮大な無意味のように見える。私は自分が宇宙飛行士になって、おかしな惑星に着陸し、無意味な事柄やスモールトークだけが載っている新聞を読まされているような、そんな気がした。日々の生活はガラス製の電灯笠の下で行われているので、狭く、閉鎖的で、息が詰まりそう。

旅の最中は、すべてに意味があり、方向性があった。すべてが重要で新鮮に感じられた。大きな悲しみと壮大な喜びがあり、劇的な自然と驚くような気象現象が発生していた。新聞記事もすべて有意義、会話もすべて重要、そして出会いもすべて特別だった。

私は、スウェーデンではほとんど想像もつかないようなことを体験したことに満足している。スウェーデンのほうが優れているなどと思うのは厳禁であり、憎むべき、うとましい考え方だ。もし優越感を抱いているなら、冷静に考えなおす必要がある。だが私の周囲の人たちがテレビ番組やコンピュータゲーム、そしてスマホのアプリについて鼻高々に語っていても、私は謙虚であらねばならない。そうでないと、私は尊大で高慢な人間と見なされてしまう。

帰郷にともなう憂鬱についてグーグルで調べてみた。旅のページやブログを見ると、帰郷した人たちが、私と似た症状を呈しているという記事が載っていた。つまり疲労感、食欲不振、胸の圧迫感、不安、そして故郷の人たちに理解してもらえないという感じ。そしてその記事を読むと、こうした症状には病名が付けられていると書かれていた。帰郷者の憂鬱は、心的旅行後ストレス障害と呼ばれていたのである。

私は最初の長旅から帰ってわずか二、三日後に、クングスエーの新聞『フォルケット』で職を得た。そんなに早く職と収入が見つかったのだから喜んでしかるべきだが、私には毎日が無意味に思えた。旅立つ前、旅費を稼ぐためにやっていたのと同じ仕事だったが、それが今やまったく無意味に思えたのだ。

だが私が孤立無援状態に陥ったのには、心的旅行後ストレス障害以外の理由があった。ニューデリーから帰国した日に、ガールフレンドに振られてしまったのだ。憧れの旅が終わっただけでなく、もう一つのほうも終焉を告げてしまったのだ。

そもそもなぜ故郷に戻ってきたのか？　なぜあのまま外国にいなかったのか？　ローム質の

畑を覆う四月の濃霧の中に立ち尽くしていた私にしてみれば、メーラレン湖周辺の景色は故郷どころかホラー映画の一シーンのように見えた。

耐えがたかった。そこで、わずか二週間後に退社届けを出し、未払い分の給料でインターレイルパスを購入し、またリュックを詰め直して列車に乗った。暗闇の中を逃亡して、幸せを感じた地へ戻ることとしか考えなかった。四千キロメートル南のマラケシュ（モロッコ）で下車した時、そして狭い小路で人混みにまぎれ込んだ時、不安は和らいだ。

ずいぶん経ってからスウェーデンに戻り、まともな生活を送るようになったが、その時私は、誰に何を期待していたかを考えた。私は、スウェーデンを離れないと決心しているガールフレンドに何を期待していたか？　旅人は、まともな付き合いを維持しようとすると困難に遭遇する。どうすれば私は考え方を変えることができるだろう？「出発はつらくもある」などと、どうして考えることができるだろう？

私は帰郷後、閉所恐怖症になった。実は私の男友だちも同じ体験をしていた。旅人は旅によって自分を変え、故郷に戻った時に息苦しさを覚える。だが旅をしない人たちは以前と変わらない。しかし私のガールフレンドは人生の先を行き、私を捨て、自分を変え、以前と同じではなくなったのだ。彼女が今までどおりの関係を送るのを拒否したことに、私は感心した。私のほうからすれば、私は旅立った時に彼女を捨てたのだ。そして彼女は私が帰郷した時に、はっきり私を振ったのだ。私たちの関係をサッカーの試合にたとえれば、結果は引き分けと言っていいだろう。

最初の帰郷から何年か経った時、私は、たとえ帰郷時に何もかもダメになったとしても絶望することはないと悟った。また出発して旅をすればいいじゃないか。外には、私を見殺しにしない仲間がいる。たしかに彼らは絶えずちりぢりになりはするが、全員が、遅かれ早かれ旅を続ける。各自が各自の方向に向かって旅をする。時には衝突もするが、しょっちゅう新しい仲間と会ったり、旧知の人と再会したりする。新しい仲間が何度もできる。だから仲間は常にいる。

孤独など感じる必要はない。物事が本当に悪い方向に進み、仕事を失ったり、恋愛がおしまいになったり、友だちから電話が来なくなったりしても、手荷物をリュックに詰めて列車に飛び乗り、飛行機に乗り、ハイキング・シューズを履き、安宿に泊まり、カフェに座ればそれでいい……。そして、信頼の置ける温かい仲間に取り巻かれ、故郷に背を向けて、世界に出ていけばいい。永遠の旅仲間のことを考えれば、私の日々は安心だ。別に、しょっちゅう出発する必要もない。考えるだけで安心できるし、別の地をマイホームと感じられたりするのだ。

それ以来も、幾度となく帰郷した。まるで反復が義務であるかのように、姿を消してはまた帰郷した。いわば、抜かれた歯の場所を舌で探してでもいるかのように、こうしたことをいつまでも続けている。最初の帰郷ほど、つらいことはなかった。いつでも心的旅行後ストレス障害を感じてはいるが、旅をするたびに少しずつ症状は軽くなっている。順調だ。だがストレス障害が完全に消えることはないだろう。

カイロ、コロンボ、ムンバイ、クアラルンプール、ジャカルタ、カトマンズ、北京、あるいはコルカタから帰郷すると、最初の二日間は地獄だ。故郷での生活は、耳をつんざく不協和音のようなもの。空虚、静寂、無臭、表面だけ円滑な日々、そしてストレートすぎて神経質なほどあわただしい人間関係。

日常の愛おしさ、そして

私の不安は和らいだ。時々、ストックホルムのアパートの一室を、国際的な仲介会社を通して民泊にしたからである。世界中の人たちが——ロシア、台湾、アメリカ、ドイツ、中国、スリランカ……やって来て二、三泊し、私たちとティーと朝食を摂った。食事しながら各自の母国やスウェーデンのことを語った。コケモモとニシン、カニについても話したし、国際間で広がる溝、増加する物乞い、人種隔離、相違と類似、特徴と食い違いについても話し合った。短時間ながら、まるで広い世界が私たちの小さなキッチン内をうろつき回っているみたいだった。逆に言うと、私自身が旅に出て、見知らぬ町のカフェで座り、他の旅人たちと話し合っているような感じ。

外国からのゲストと話していると、私が若いバックパッカーとして夢中になっていた頃の旅の体験がよみがえってきた。会話は別に深くもなく特殊でもなかったが、各自が自発的だったし正直だった。思いついたこと、おもしろかったことを淡々と語った。

私たちのアパートがもし本格的なホテルだったら、あるいは私が「ヴィジット・ストックホルム」のような公式観光ガイドの職員だったら、私は客間の寝具類をアイロンがけしたり、アパート内のすべての窓をきれいに磨いたり、洗練された朝食を出したりしたことだろう。しかしもしそうだったら、私はストックホルムの欠点を語ることもなかっただろう。観光ガイドとして、つまりいわばストックホルム大使としての任務をまっとうしなければならなかっただろう。私はリュックを背負う旅人なのであって、職業としての観光業が好きではないのだ。私が体験したかったのは、観光客がいるかいないか分からない場所で起きた出来事、自分たちがいなくても「どこどこで起きた」とゲストが語ってくれる出来事なのだ。

旅人が幸せに向かう道は直線的ではない。道には穴もあれば、カーブも多い。私が現在十回目を読んでいる最中の、とても感動した旅行ガイド本がある。それは、エステルスンド（スウェーデンの都市）出身の二十五歳の女性サーラ・ストレームバリが書いた本だ。

彼女はノルウェー北部のボッフィヨールの町に向かって放浪し、魚工場で働き、そこを通じて全世界と遭遇した。彼女は帰郷するなり文章を書き、私たちが旅行誌『ヴァガボンド』で募集した旅レポのコンクールに応募してきた。タイトルは「ボッフィヨール――旅が凝固点に達する場所」。とても個人的な話なのだが、一つの場所だけでなく、旅人の心の中に生じた事柄についても述べている。コンクールの審査員は私やトマス・レクストレームなど。私たちは感激し、サーラを一位に選んだ。そのレポの冒頭はこうだ。

「ボッフィヨールでは、ロシア人が、広場に設置されている古くさい公衆電話から故郷ムルマンスクに電話している。彼らがそこに立って、自宅のスヴェトラーナとナターシャに電話をしている間、海から冷えきった飛沫が彼らの顔にぶつかっている。金歯が顔の中で光っている。海上生活と多量のウォッカで刻まれたしわだらけの顔。フィンランド人は昼の間ここでずっと魚を冷凍し、晩にはバー「スクータン」でコスケンコルヴァ（ウォッカ）を飲む。彼らの腕には魚の鱗がまだくっついていて、それは、彼らがグラスを口に運ぶ時にはまるで装飾品のように輝く」

しばらく経ってから、彼女はこうも書いている。

「ボッフィヨールでは、タミル人が夏季に、スクーター用のオーバーオール姿で凍えている。以前は茶色だった両手が今は灰色に見える。彼らはラインという名の輸入食料品店でジャスミンライス（タイ米）の支払いをする。その両手を見ると、まるで北氷洋のタラが変色したみたいだ。彼らがエキゾチックなジャスミンライスを買っても、肌の変化はそのままである。ボッフィヨールにやって来ても、人は自分が誰か忘れはしない」

それから何ヶ月かが経過した。豊かな体験と大勢の新たな知人を得たサーラにも、別れを告げる時期が訪れ、その後もさらに旅を続けることになる。彼女は友人たちとハグする。彼女はこう書いている。

「私が今からどこへ行くか、誰も知らない。いちばん知らないのは私自身だ。しかしこの旅の凝固点はもうすぎ去ったことを私は知っている。もし誰かから、私がボッフィヨールで魚を洗って金持ちになったかと訊かれれば、答えはノーだ。しかしボッフィヨールで豊かな人間になったかと訊かれれば、答えは断然イエスである。ロシア人たちは、広場に設置されている古くさい公衆電話から故郷ムルマンスクに電話している。そのことを知って、私は幸せな気持ちになった」

この気持ちは、いわばドアが開き、視界が広がり、世界が大きくなったようなものだ。

体がゆっくりと世界に引っぱられている。私はいつもの私にゆっくり戻る。すべてが無意味に思えた感覚は消え失せた。私は日々のルーティンを受け入れる。スウェーデンの新聞を読み、コーヒータイムには日常的なおしゃべりに耳を傾ける。バスの乗客全員が下を向いてスマホをじっと見ているのにも慣れた。誰かが私を凝視し、ほほえみかけてくることなど期待しないでおこう。道路をヤギとウシがうろついたり、たまたま出会った人間が、「どこから来たか」とか「どこへ行く途中か」とこざかしい質問をしてくることも、これ以上期待しないでおこう。結局、私の日常生活は快適なおなじみの環境であり、ここそが私にぴったりなのだ。

だが私は知っている。この気持ちがやがてすぎ去り、憧れがふたたび到来することを。

謝辞

『フォンストレット』の編集者マリア・ウルシュタインに感謝する。彼女は、どうして私たちは旅をするのか、それについて考えてエッセーを書いてくれと私に依頼してくれた。フリーランサーのジャーナリストであるアンナ＝レーナ・ストルナッケに感謝する。彼女はいっしょにコーヒーを飲んでいる最中に、このエッセーを本の形にしようと提案してくれた。オルドフロントに感謝する。彼女は上梓に至るまで作業を進めてくれた。編集者エーヴァ・ステンバリと友人たち（マリア・キューヒェンとキキ・マーレンダー）に感謝する。この三人は原稿を読み、適切なアドバイスをしてくれた。

それからクリスティアン、シェスティン、そしてフランクに感謝する。彼らは一九八六年に、私にとんでもないプロジェクトを提案した。だがそのプロジェクト（独立系の旅行誌発行）は、当初一銭もなかったがスタートし、それ以降、非常に長い旅となって今なお続いている。できれば終点が来ないことを望む。

読めば放浪したくなる旅行記二十二点

『オデュッセイア』（紀元前七〇〇年頃）。ホメロス作。文学史上最古の旅行記。エーゲ海での緊迫した航海を歌っている。

『新世界における家庭』（一八五三年）と『北米とキューバの道のり』（一八六〇年）。フレデリカ・ブレーメル作。二冊とも旅行記であり、一作は北米とキューバ、一作は南欧と中東を扱っている。著者はスウェーデンの女性運動の先駆者。この二作でも各地の状況に情熱的に取り組んでいる。

『西アフリカの旅』（一八九七年）。メアリー・キングズリー作。ヴィクトリア時代のイギリスにおいて、ティー・パーティーには出席せず、赤道直下の人喰いを研究した女性が書いた迫真の旅行記。彼女は「アフリカ人は人喰いではない」と断言してヨーロッパ中にショックを与えた。

『暗殺教団の谷』（一九三四年）と『アレクサンダーの道』（一九五八年）。フレヤ・スターク作。旅行記二作。イギリス系イタリア人の著者は一九二〇〜三〇年代にイラン西部の荒野を放浪し、アラビアの砂漠をラクダに乗って冒険する。

『ウォークス――歩くことの精神史』（二〇〇〇年）と『迷うことについて』（二〇〇五年）。レベッカ・ソルニット作。二作ともエッセー。著者はサンフランシスコ出身であり、『説教したがる男たち』で世界的に有名になった。この二冊は、具体的な放浪についての報告と観察、および形而上学的な考察を内容としている。

『パタゴニア』（一九八一年）と『ソングライン』（一九八八年）、そして『どうして僕はこんなところに』（一九九一年）。ブルース・チャトウィン作。旅レポ二作とエッセー一作。総じて人類の遺伝的な放浪癖について述べている。

『鉄道大バザール』（一九七五年）。ポール・セロー作。劇的で愉快なアメリカ人の一人旅を活写。著者はヨーロッパとアジアを旅して帰国した。

『風と砂と星と』（一九三九年）と『星の王子さま』（一九四三年）。アントワーヌ・ド・サン＝テグジュペリ作。フランス人飛行士の手になる大人・子ども向けの本で、詩的であると同時に冒険心も満載。サハラ砂漠での緊急着陸と放浪について描いている。

『アイルランド日記』(一九五七年)。ハインリヒ・ベル作。ノーベル賞受賞者であるドイツ人の著者が一九五〇年代に行ったアイルランド旅についての本で、天候や風景だけでなく、途中で出会った人々についても活写している。

『パリジェンヌのラサ旅行』(一九二七年)。アレクサンドラ・ダヴィッド゠ネール作。鎖国されていたチベットで一九二四年当時に実施した「禁断の放浪」をテーマとする迫真の旅行記。

『砂漠のダイバーたち』(一九九〇年)。スヴェン・リンドクヴィスト作。サハラ砂漠の旅行記。特に、十九世紀に男装してアフリカ北部を旅したスイス人イザベル・エーベルハルトのことを取り上げている。

『ヴェネツィア』(一九九二年)。ヨシフ・ブロツキー作。ロシア系ユダヤ人でノーベル賞受賞者の作者が、ヴェネツィアの魂を求めて運河と橋の町を放浪する。旅行記兼エッセー。

『海の道』(二〇〇〇年)。マーガレット・エルフィンストン作。西暦一〇〇〇年に、歴史上最初の放浪者ソルビャルナルドーティルと連れだって、グリーンランドとヴィンランド、ローマに向かった大胆な長旅の記録。

『ボンベイ――極限の都市』（二〇〇四年）。スケトゥ・メフタ作。著者はインド生まれのアメリカ人。インド各地で経済の中心地を放浪し、都会が無邪気さを失ったことを確認している。

『ウォーキング』（一八六二年）。ヘンリー・デイヴィッド・ソロー作。著者は、森の中に戻るのを希望したアナーキズム的な十九世紀のアメリカ人哲学者。歩くことの必要性を説いたエッセー集。

『九種の生活』（二〇〇九年）。ウィリアム・ダルリンプル作。インドを縦横無尽に旅した記録。宗教的伝統はグロバリゼーションおよび現代化と衝突するが、時には合致することもある。そのことを各地の種々の出来事で証明する。

訳者あとがき

本書は世界中でベストセラーを連発している人気ジャーナリスト・作家アンデションの初の邦訳である。

著者は、インドを中心として世界各地をバックパッカー、ヒッチハイカーとして、あるいはローカルバスや列車の利用者として旅してきた人であり、本書は彼の自伝的エッセーとも言えるが、それだけでなく古今東西の文学やルポ、そして最新の研究論文の考察も含まれている。

著者の略歴を紹介しておくと、二〇一五年に刊行したデビュー作が母国スウェーデンで驚異的な大人気を博し、その評判はヨーロッパ全域に急速に広まり、ついには世界中の話題となった。

そのデビュー作の内容は、「スウェーデン人女性に恋したインド人男性が、スウェーデンまで自転車旅をし、二人は結婚する」というもので、実話を元にしている。その後二〇一七年に出版された第二作が本書であり、「旅という移動」の躍動感、生々しさがみなぎっているので、前作同様ベストセラー路線を邁進中。ちなみに著者の勢いはとどまるところを知らず、本年（二〇一九年）には第三作が刊行された。内容はインド旅行記である。

インド好きの著者が今までに何度も訪れてきた地の一つは、やはり「インドの都市ムンバイ」だそうで、同地には過去三十年間、通い詰めているそうだ。だからムンバイは本書でももちろん各所に登場してくる。例をいくつか挙げてみよう。

「ムンバイ・ゴア間を五時間遅れのぎゅう詰めの列車の中で片脚立ちしていた」

「私にとってベストの長距離道路はムンバイにある」

「ムンバイに行くたびに、私はあそこのスラム街を遠くから見つめる」

「他の観光客やムンバイの住民はこう注意する。一人でスラム街に入っていくな。生きて帰れなくなるぞ」

「ムンバイの国際空港でのことだが、飛行機の窓から外を見ていると、着陸寸前のほんの何秒間か、民家の中がまざまざと見えた」

「再訪したいところはどこかと訊かれる。私はこう答える。(中略) インドの都市ムンバイには何度でも戻りたいと」

先ほど私は「(著者が) 何度も訪れてきた」と書いたが、彼自身は「ムンバイには何度も『戻る』」という言い方をする。「戻る」と言うからには、彼にとって同地は「第二の故郷」なのだ。そして、なぜそこに戻っていくかと言えば、彼によれば「ジグソーパズルのように」知らなかった面を埋めていくためだという。ムンバイのすべてを知りたがっているのだ。

ただし著者は、母国スウェーデンからインドへの旅のような大きな旅、長期間の旅ばかりを礼賛しているわけではない。本書を読まれると分かるが、たとえば、自宅の近所を散歩しただけで脳の動きに良い影響があることなども強調している。

旅とは移動であり、自宅から外に出て行くことである。とすれば、外界と接触し日常生活から脱却することになり、場合によっては、日頃は表面化しない自分の内面に気づくことも当然ありうる。旅の当初は解放感や緊張感が支配的かもしれないが、期間によっては別の面が出てくるかもしれない。

旅の最中あるいは前後に、もしあなたが「どうして自分は旅に出るのか（出たのか）？」と自問することがあったら、自分なりの答えを出す際に、本書を（どのページでも構わないから）開いていただきたい。そうすれば、きっと新たな発見をすることだろう。

最後になったが、本書に関して刊行にいたるまで総合的な指揮を執ってくださった草思社編集長の碇高明さん、そして、的確な校正と幾多のアドバイスをしてくださった清水浩史さんに心から感謝する。お二人をはじめとする方々の力強いご支援のおかげで、念願の本書刊行が実現できた。感謝する次第である。

二〇一九年十一月

畔上　司

著者略歴――
ペール・アンデション　Per J. Andersson
スウェーデンのジャーナリスト・作家。1962年、同国南部のハルスタハンマル生まれ。同国で最も著名な旅行誌『ヴァガボンド』の共同創業者。過去30年にわたってインドを中心に世界各地をバックパッカー、ヒッチハイカーとして、あるいはバスや列車を利用して旅する。現在ストックホルム在住。2015年刊行の前著（インドからスウェーデンまで自転車旅をし、スウェーデン人女性と結婚したインド人についての伝記）がベストセラーになり、一躍人気作家となる。

訳者略歴――
畔上司（あぜがみ・つかさ）
1951年長野県生まれ。東京大学経済学部卒。日本航空勤務を経て、現在ドイツ文学・英米文学翻訳家。共著に『読んでおぼえるドイツ単語3000』（朝日出版社）、訳書に『5000年前の男』（文藝春秋）、『ノーベル賞受賞者にきく子どものなぜ?なに?』（主婦の友社）、『エンデュアランス号　シャクルトン南極探検の全記録』（ソニー・マガジンズ）、『アインシュタインの旅行日記』（草思社）などがある。

旅の効用
人はなぜ移動するのか

2020年1月28日　第1刷発行
2024年7月30日　第6刷発行

著　者　ペール・アンデション
訳　者　畔上司
装幀者　杉山健太郎

発行者　碇　高明
発行所　株式会社 草思社
160-0022 東京都新宿区新宿1-10-1
電話 営業03(4580)7676　編集 03(4580)7680

本文印刷　株式会社 三陽社
付物印刷　中央精版印刷 株式会社
製本所　加藤製本 株式会社

ISBN978-4-7942-2436-1　Printed in Japan　検印省略